入会権

その本質と現代的課題

中尾英俊
Nakao Hidetoshi

勁草書房

はしがき

私は一九六九年に『入会林野の法律問題』（勁草書房刊）を上梓した。入会林野近代化法施行に伴う入会林野整備事業の実施時期でもあったので、多くの方に読まれ（一九八四年に一部改訂）、入会権（入会地）というものの理解に役立つことができたのは幸いであった。

それ以降、いわゆる土地の開発に伴い入会地を取り巻く事情も大きく変化し、入会権についての紛争も多く見られるようになり、入会権についての一層の研究、理論の組立てが必要となった。いうまでもなく入会権についての条文は民法にわずか二か条しかなく、それも具体的な規定をしていない。

条文の規定がきわめて少ない入会権（その権利の本質、実態）を知るには現実の集落における入会慣習の実態を明らかにするとともに、判決の研究がきわめて重要である。本書は各問題点ごとになるべく多くの判決を取り上げた。ただ、従来しばしば見られたように、単に判決中の例示的な文言や結論だけをもち出すのではなく、その判決がどのような事実において、どのような当事者の主張に対して、どのような理由づけにより、どのような結論（判決）を出したか、を明らかにすることにつとめた。そのため、判決の事実関係を要約し、判決も必要な部分をなるべく多く掲載したので、判決の引用部分が多くなっていることを了承して頂かなければならない（戦前の判決は、判決文のみを掲げ、すべてひらがなの口語体で表わした。戦後の判決では文中、証拠や証言、その他結論に関係ない部分は省略した）。

判決は判旨が確定したものを掲げた。地裁判決として掲げられているものは、その判決限りで確定したか、あるいは控訴、上告されてもその判旨が確定したものである。高裁判決についても同様であるが、必ずしも原審である地裁判決と結論が異なるとは限らず、結論は同じでもその理由づけを一層明確にするため掲載した場合もある。最高裁判決についても同様である。同一事件で最高裁判決と高裁判決あるいは地裁判決と二つ掲げたものもあるが、これは結論が異なるか、理由づけが異なるかによって、それぞれ別に掲げた。最高裁判決、高裁判決の事実関係の中には、その原審判決の一部を取り入れたものもいくつかあるが、これもその判決に至る経過を明らかにするためである。

なお、判決を含め、本書中の市町村名はすべて、いわゆる平成の合併以前の名称である。判決に付した番号は、判決言渡しの年月日順で表示した。同一事件についての判決は同じ番号で、確定した判決言渡しの期日を基準としている。判決について巻末に判決一覧（判決・決定索引）を付け、そこに判決文掲載の典拠も示しておいた。なお、判決文中、個人名については原則として訴えの提起者（第一審原告）をX、その相手方（同被告）をY、訴訟参加人をZ、それ以外の者をA、B、C……等と表示し、二人以上の場合はX_1、X_2……等と、また訴訟関係者ではなく現存しない者は甲、乙……等と表示した。

もとより判決がすべて正しく先例とすべきものであるとはいえず、常識を疑わざるをえないような判決もあることは本文中に見るとおりである。しかしこれらの判決の全体を見る限り、入会権が土地、さらには環境の保全に重要な役割を果たしていることは明らかである。

以上の観点から、本書は入会権の本質と、その現代的意義を明らかにすることを目的としたものである。現在、入会権が環境保全に重要な役割を果たしていることを思うとき、本書が美しい日本の緑や水を守ることに少しでも役立てば、これにすぎるよろこびはない。

本書の刊行にあたり、編集には遠藤美香さんと岡本常雄氏から全面的な協力を得、また刊行には弁護士大塚芳典氏から支援を頂き、勁草書房三好正隆、古田理史氏の配慮をわずらわした。この方々に厚く感謝の意を表したい。

中尾　英俊

二〇〇八年九月

目次

第一章　入会権とは
――沿革と意義――

一　入会とは何か

「入会《いりあい》」ということばは余りなじみのないことばで、聞いたことがない人も多いかも知れない。たしかに都市の市街地に住む人たちにとっては関係がないかも知れないが、農村や山村（最近の市町村合併で村がほとんどなくなったが、しかし農市、山町というわけにもいかないので、いままでどおり農村、山村ということにする。事実、〇〇市といっても昔とかわらぬ美しい、静かな農村、山村集落――あるいは地域――は多いのだから）に住む人々には関係が深く、都市でも市街地を離れたところやその郊外に住む人々には関係がないとはいえないのである。入会とは通常土地のことで、入会地という土地は最も関係の深い農村・山村に住む人々でさえ、聞いたことがないという人が少なくないのである。

入会地と呼ばれる土地には山林原野が多く、村山、仲間山、区有地、共有地などと呼ばれている土地のことである。地方によって呼び名はさまざまで、地下《じげ》山、方限、大字有地、部落有林、そのほかいろいろあるけれども、要は、村《むら》（この村は現在の町村にあたる村のことではなく、大字あるいはその下部組織ともいえる組などの集落をいう――後述）の人々が共同で管理し、あるいは共同で所有する土地のことである。

入会地には山林や原野が多いために、入会林野と呼ばれて山林原野に限って考えられがちであるが、入会地すなわち村持共有地は山林原野のほか、溜池や墓地（いわゆる村墓）あるいは田畑にもある。

入会の意味について「入会という語は広く同一場所、地域を複数の人または村が利用し、あるいはそこから得分（年貢、地租など）を取る関係を意味する。入相とも書く。河川の同じ場所に設けた灌漑用の堰を複数の地域が用いる入会堰（立会堰ともいう）……重要なものは一村の住民または複数の村々の住民が、同一地域の林野や海面を利用して、農・漁民の生活・生産の資材を採取する関係にある」（『国史大辞典1』吉川弘文館、八一八頁）とあるが、一言でいうと、入会とは、人々が入り会って（共同で）利用する関係をいい、そのため共同で管理する土地が入会地である、といえるであろう。事実、昭和三〇（一九五五）年ころまでは多くの農村・山村で、燃料としての薪材や家畜の飼料としての秣草を取るために、土地の人々は共同で（必ずしも一緒にという意味ではない）山や野に立ち入り、それらの土地は薪山とか萱場《かやば》と呼ばれ、人々の生活になくてはならぬものであった。

二　入会地の沿革――成立過程

わが国で入会地あるいは制度としての入会が成立したのは江戸時代中期以降であるといわれている。ここでは歴史的な問題を取り扱うのが主ではないので、ごく簡単に入会地の成立過程を見ておこう。

一五世紀に全国的な検地（いわゆる太閤検地）が行なわれ、領地支配のため従来の村をもとにして新たな村切りにより「村《むら》」の再編成が行なわれた。この「村」は、ほぼ水系を中心として住家と農地のみならず必要な利水（河川または池沼）と草木（秣草および薪材）採取の山林原野がおおむね一つの単位（セット）になっていた。この検地によって石高制が成立するのであるが、この石高制と兵農分離が近世幕藩体制の基礎となるものであった。

石高制とは、検地によって確定した石高の徴収権（知行権）を領主に与え、領主は村ごとに指定された石高の年貢を徴収しうる制度である。年貢および諸負担（公役《くやく》）は個々の村人に対してではなく村に賦課され、村が年貢・諸役負担の責任を負うものであった（村請制）。村が年貢や諸役の各百姓への割当・算用を行ない、個々の百姓の未進《みしん》（年貢や諸役の負担が果たせないこと）が生じたときは村として弁済等の責任を負わなければならなかったし、また村の荒地などの貢租も村の責任であったから、村の惣作にするか、百姓に割り付けて耕作させた。そして年貢を確保するため灌漑用水の管理も村にとって重要な役割であり、また萱場の管理等、村にはかなりの土地支配権限が認められていた。ただ、貢租の基礎である稲作や穀類の耕作は各百姓＝村人各人（各戸）の作業であったから、田畑に対しては村人たる百姓各個の排他的支配権能が認められていた。

貢租の徴収権を有していたのは領主（諸藩にあっては藩主、幕府天領にあっては奉行または代官）であったが、領主は土地の所有権を有してはいなかった。

日本近世社会の土地支配関係を見ると、まず天皇家に土地支配権能がなかったことはいうまでもなく（その支配石高は三〇〇〇石余りであった）、実際の権力者たる徳川将軍家＝幕府もその支配権の及ぶのは直轄地たる天領だけで、石高にして全国二〇〇〇余万石のうち約七〇〇万石にすぎなかった。徳川一門（御三家等）を加えても、徳川の支配地はそれ以外の譜代、外様大名の土地には及ばなかった。それでは、これら大名の支配する藩内の土地は農民と領主（すなわち藩主）の所有地であったといえるのであろうか。

近世江戸期、大名の領地はほとんど豊臣政権あるいは徳川政権によってその支配権能を与えられたものであって、自らその領地を占取した者はきわめて少ない。自らその土地を占有していたのは守護大名であった島津（薩摩藩）・南部（盛岡藩）くらいのもので、戦国大名として自ら土地を闘い取ったのも毛利（長州藩――ただし中国八か国のうち防長二国以外は没収された）・伊達（仙台藩）・鍋島（佐賀藩）などその数は少ない。守護大名であっても、上杉は旧領を没収されて出羽米沢に封ぜられている。しかも、諸大名が封ぜられた領地は、それまでの自己の支配地とは全く関係のないところが多く、また江戸幕府は初期に積極的に国替えを行ない（これは藩の取りつぶし政策と関連があった）、中期以降もしばしば転封を行なっている。天保改革で有名な水野忠邦は肥前唐津藩（それも三代前に三河岡崎から転封になった）から遠江浜松藩に移封されて、老中となったが、失脚後羽前山形藩に移封されている。

転封を命ぜられれば百姓は一人も動かすことはできず、自己の一族とその家臣だけが移動しなければならなかった。「忠臣蔵」で有名な赤穂藩も浅野家断絶で家臣はみな失業した（浪人となった）が、土地、百姓には何の移動もなく二年間幕府直轄の後、新しい藩主が入っている。このことは藩主が直接土地を所有するものでなく、また直接百姓＝領民との支配従属関係になかったことを示すものである。また、大名の家臣も、以前（戦国大名の時期）は領内に知行地を有し、そこに居住し領民と密接な関係を有していたが、近世江戸期にはすべて城下に住まうことが義務づけられ、領主から給付される禄米で生活する給与生活者に似た地位におかれた（薩摩藩の郷士などが例外）。

前に述べたように、領主＝藩主は「村請制」によって年貢の徴収権を確保し、村をつうじて土地、農民を支配したのであり、藩主はもとより家臣たる藩士も直接農民のところに出向いて貢租を取り立てたり人夫に引き立てたりすることはできなかった。したがって、領主＝藩主は領地に対して土地所有権（前述のように限定された意味においてでも）を有せず、有していたのは貢租徴収権だけであった。もっとも藩によっては御留地、御立山などと称して藩の直轄地を有することもあった（それが藩の所有地といえるか否か問題である）が、少なくともそれを除けば、領主＝藩は領内の土地の所有権を有しなかったのである。明治維新後、藩籍奉還、廃藩置県が流血の惨事を見ることなく行なわれたのは全くそのためである（したがって、自らの力で土地を占取した薩摩藩の最後の藩主ともいうべき島津久光が廃藩置県に抵抗したのも理由がないわけではない。もし仮に各藩の土地が藩主の土地であったならば、諸藩主が余り抵抗もなく土地を新政府に差し出し東京に移住したとは考えられないであろう）。

領主の土地に対する所有権がなかったといっても、土地（田畑）に対する農民の権利は時代によって推移はあったが、なお絶対的なものではなかった。近世中期以降、開田や開畑および質地等により地主的土地支配が強まり、土地に対する貢租義務者は耕作者たる小作農民でなく地主となって、小作農民の耕作権と地主の小作料収取権と所有権の重畳関係が成立する。しかし地主といえども村に対し貢租義務を負い、土地処分の自由を有しなかった。したがって、農民の土地支配権の上に領有権に該当する処分権が存在したはずである。

その土地所有権のうちの管理処分権能は村に属していた、と解すべきであろう。このことを具体的に示すのが、「村請制」である。村が年貢・諸役負担の責任を負うものであったから、前述のようにその負担を維持するための村独自の権能が認められていた。

さらに農耕や生活に必要な秣草や薪材などの給源としての山林原野、溜池、井泉などは村の管理支配するところであった。これらの土地には小物成、山年貢などが賦課された（ただし田畑のように生産物がつねにあるわけではないため、賦課されず免租の場合も少なくなかった）が、その貢納義務は同様に村が負っていた。

このように村の支配領域内の土地は、原則として村が管理支配権を握っていたのであり、領主は村請制をつうじてその貢租徴収権を有するにすぎなかったのである。村の管理支配する土地でも、農民が個々に所持進退する田畑・屋敷地などは村の支配権能と農民の所持権能が重畳する所有関係にあり、個々の農民の支配が成立しない山林原野では村の支配権が圧倒的に優位になる。このことは、明治の土地制度改革において顕著な差となって現われる。次にその推移を見ることにしよう。

三　近代土地法制の展開

明治初期に行なわれた一連の土地制度改革は、わが国近代的土地所有権の出発点であった。まず明治元（一八八六）年太政官布告で農民の土地私的所有が認められ、翌明治二（一八六九）年藩籍奉還によって領主の貢租徴収権は廃止された。そして明治六（一八七三）年に地租改正が行なわれ、土地所有者と認められた者に地券が交付された。それに伴い地租が一律に金納（当時地価の百分の三）とされ、土地の売買譲渡には地券が必要とされた。田畑や宅地などは以前から年貢の負担などで個人の支配が明らかであったから、所有（権）者が誰であるかは格別問題はなかった（ただ田畑について地主か耕作する農民か問題になることがあった）が、山林原野には個人支配が少なく、村持・共有が多く、また帰属未定のものが多かった。翌明治七（一八七四）年に土地所有権者を確定するために、土地官民有区分が行なわれた。庄屋とか地主などの個人有となったほかはおおむね「村持」とされたが、ただ山林原野はその村の支配領域が確定せず村々入会の土地も少なくなかったので、それらは文字どおり村々共有とされ、村に地券が交付された。また山林原野は田畑のように必ずしも年貢の負担を伴わなかった（山年貢、冥加金などで貢租負担したところも少なくない）ため、村持、個人持の土地が、村や個人としての所有の根拠がない、という理由で少なからぬ山林原野が官有地（国の土地）に編入されてしまった。いまの国有林の中にはそのような土地が少なくない。

近代国家として出発した日本は、明治二二（一八八九）年に大日本帝国憲法を公布、ついで翌二三（一八九〇）年に国民の生活に関係の深い民法を公布した。ところがこの民法は、家族制度を軽視するものだという非難が主な理由で実施延期、事実上廃案となり、新たに民法典を作成することになったが、この民法廃案の理由の一つに、民法中入会権の規定がない、ということもあったのである。ちなみに、同じ明治二一（一八八九）年市制・町村制（どちらも法律の名称。いまの地方自治法に相当する）の施行により現在の市町村が生れ、いままでの村《むら》のほとんどが町村内の大字と呼ばれることになったが、そのことは後述する。

そこで新しく法典調査会という組織が設けられ、民法典立法の作業に入った。民法だけでなく近代法はすべて個人単位、個人的権利を主体としていたから、個人主体でない村持や組共有の土地財産をどのように規定するかはかなり難しい問題であった。当時、国民の八割以上が農村、山村、さらに漁村の生活者であったから、薪材秣草、灌漑用水、そして漁村にあっては漁撈の権能を権利として保障することは絶対に必要であった。しかしながら法典調査会の起草委員たちにも入会に対する十分な理解がなかったようで、その権利を「入会権」として民法に規定を設けることにしたものの、その制定までかなり難儀を重ねたようである。以下その成立の経緯を見ることにする。

四　民法制定と入会権

明治二三（一八九〇）年に民法が公布されたが、その施行をめぐっていわゆる民法典論争が起こり、結局施行に至らず民法総則、物権、債権の三編は明治二九（一八九六）年（法八九）、親族、相続編は明治三一（一八九八）年（法九）として制定され明治三一（一八九九）年七月一六日から施行された（親族、相続編は昭和二三（一九四八）年一月全面改正）。この旧民法が施行されなかった理由は主として親族、相続編にあったといわれるが、財産編にも問題があった。それは入会権の規定のなかったことで、法典調査会で次のような意見が出されている。

「断行論者ハ必ズ民法ニハ習慣ヲ採用スルコトヲ許シテアルカラ御前ノ云フコトハ其習慣ニヨリサヘスレバ宜シイト云フノガ断行論者唯一ノ逃道デアル、例ヘバ入会権ノ如キ入会権ト云フモノハ民法中殆ド立派ナ規定ハナイト言ツテモ宜イ。是ハ何ガ故ニ民法ニ規定ガナイカト云ヘバ是ハ慣習ニ一任シテアルト云ハレル……此習慣ヲ其中ニ入レナカツタノハ誠ニ遺憾ナガラ法典編纂ヲ急ギ法典ノ取調ヲ急イダガ為ニ之ヲ入レル暇ガナカツタマデノ話デアル。習慣依然トシテアリ、此習慣ヲ認メ出来得ベクンバ規定ニ載セル必要ガアルノデアル」（第三議会衆議院、三崎亀之助）

当時、国民の大多数にとって薪材草肥、用水（農業用生活用水）、そして漁村にあっては漁撈の権能は不可欠であったから、これらの権能を権利として保障する必要があった。ところがこれらの権能の主体すなわちその所持形態が村中持、一村共有あるいは村々入会（共有）と、共同体としての村持であったため、個人主義的所有権に立脚する市民法体系にはなじみ難いものであった。

そこで民法改正案起草委員会では「入会権ハ之ヲ地役トシ其効力ハ慣習ニ依ルヘキモノト定ムルコト」とする原則を定めた。しかし委員会においても入会の慣習を十分調査してこの原則を定めたわけではなかったので、明治二六（一八九三）年五月二六日第三回主査委員会の審議で、入会権が果たして地役であるか否かについて議論が紛糾し、意見の一致をみなかった。そこで「入会権ノ性質ヲ更ニ十分ノ材料ヲ集メテ以テ起草委員モ調ベ吾々モ調ベルト云フ事ニシテ民法物権編ノ制定ニナルマデ十分攻究シタナラバ果シテ今日ノ如ク地役デアルカ或ハ入会権ハ一種ノモノトシテ章ナリ節ナリ設ケルト云フ事ニスルカト云フ事ニシテ遅クハアルマイ」（「民法調査会議事速記録」、箕作麟祥）ということが提案され、これが容れられて入会権に関する議案は改めて調査してから決定することになった。

この決定により同二六（一八九三）年六月法典調査会総裁から農商務大臣、府県知事を経由して各郡長により入会権の例規等の調査が行なわれた。この調査は同年一杯で打ち切られたが相当膨大な資料が集められたようである。その資料の整理検討を短期日にすることは容易なことではなかったようであり、そこで「入会権ニ付テハ重ンジナケレバナラヌト云フコトデ特ニ各府県ニ照会シテ慣習迄モ取調ベタ位イデ……之ニ依ツテ先ヅ分ル丈ケノコトヲ研究シテ見タ所ガ此内ニハ共有ノ性質ヲ帯ビテ居ル様ニ見ヘルモノモアリ夫レカラ地役ノ性質ヲ帯ビテ居ル様ニ見ヘルモノモアル」（「日本近代立法資料叢書2法典調査会民法議事速記録二」第三〇・三一回、梅謙次郎）という、必ずしも明確でない判断のもとに、次のような条項を提示した。

「第二六三条　共有カ入会権ノ性質ヲ有スルトキハ各地方ノ慣習ニ従フ外本節ノ規定ヲ適用ス」

そしての提案理由として、次のように説明されている（以下この章で特記しない限り同速記録）。

「此入会権ト云フモノノ性質ハ一様デナクシテ多クノ場合ニ於テハ共有ノ性質ヲ持ッテ居ルト思ハレマス夫故此前ニ掲ケテアル所ノ規制ヲ加ヘル当嵌マラヌトナッテハ余程困ッタ結果ニナラウト思フ例ヘバ持分ヲ随意ニ譲渡スルコトガ出来ル何時モ請求スルコトガ出来ル然ウ云フ様ナコトハ皆嵌ル方ノ規定デアルト思フ夫故ニ此特別ノ規定ガ必要ト考ヘマシタ」（富井政章）

この原案に対して二つの立場から削除意見が出された。その一は、入会権公論的立場からの削除意見で、「私ノ考ヘル所デハ入会権ノ八九分迄ハ町村制ガ既ニ慣習ヲ認メテ居ル其町村制ニ設ケテアル慣習ノ外ニマダドウ云フ入会権ガアラウ」（都筑馨六）、入会権は「一定ノ区域ニ住居シテ居ルタメニ持ツテ居ル権利デアルてりとりいデアル以上ハ町村制ノ範囲内デアツテ独リ陸ノ方ノ規定ノミナラズ海ノ方モ公法ノ規定ニ依テ入会権ヲ持ツテ居リマスカラ是レハ寧ロ民法カラハ削除セラレムコトヲ希望シマス」（同前）とする主張である（後述のように当時すでに町村制（法律）が施行されており、その中に入会地に関する権利についての規定がおかれていた。一九〇頁参照）。

これに対する起草委員の意見は「民法ハ民法ノ領分ヲ守ッテ此ノ規定ヲ設ケタノデアリマス　町村制ノ規定ニ対シテ夫レハ無論此法律ハ効力ヲモタヌノデアリマス」（富井政章）というように甚だはっきりしていない。しかし「入会権ノ目的物タル土地ガ公有ノモノデアルト無論民法ノ範囲外デアルカラ夫レ等ハ民法ニ於テ規定スル考ヘモナシ無論規定シテハナラヌコトデアリマスケレドモ……入会権ノ目的物ガ私有ノ不動産デ然ウシテ……其上ニアル数多ノ人ガ入会権ヲ持ッテ居ルト云フ場合ハ公法デ関係シナイ……夫レニ付テハ地役ノ部分ニ一箇条此二六三条ト類似シタル規定ヲ設ケネバナラヌト思フ」（梅謙次郎）と、私有入会地があること、そのため私権として入会権保護の規定を民法に設けること、の必要性が強調された。

第二に、別の見地から削除意見が出された。すなわち「入会権ノコトハ既成法典ニナイト云フノガ殆ンド延期ノ一理由ニナッタ位デ是レハ地方ノ慣習ニ従フト云フコトデ十分ノ様デアリマスガ是レデハ入会権ノコトハ総テ規定シナイト云フコトデアリマシテ……更ニ親切ニ一章ナリ一節ナリニシテ少シク人民ノ苦痛ヲ避ケラレル様ナ法文ヲ御起草ニナルコトヲ願ヒタイ……此ノ場合ニ於テ本条ヲ削除アラムコトノ意見ヲ提出致シマス」（磯部四郎）としてさらに詳細に規定すべきであるという、削除意見というよりもむしろ修正意見である。

しかしこの意見に対して、この条項が削除されると、入会地が「共有デ何時デモ分割スルコトガ出来ルトシテハ大変」（梅謙次郎）ということで、結局削除説は少数で敗れ、原案どおり確定した。しかし原案の表現が適切でないというので後に現行法（平成一六年改正前）のように修正された。同時に、共有の性質を有しない入会権についても規定する必要があるとされて、他に地役権の章にも一か条入会権の規定がおかれることになった。

この条項は現在（平成一六年改正前）のように「共有ノ性質ヲ有スル入会権ニ付テハ各地方ノ慣習ニ従フ外本節ノ規定ヲ適用ス」と改められたが、最終的には次のように説明されている。

「入会権ニ付テ……共有ノ性質ヲ有スルモノハ本節〔第三節　共有――筆者注〕ノ説明ニ従フヘキカ如シト雖モ、入会権ヲ有スル村民ニシテ皆自由ニ持分ヲ譲渡シ又ハ何時ニテモ分割ヲ請求スルコトヲ得ルモノトセバ各地方ノ慣習ニ背キ其弊害極メテ大ナル可キヲ以テ主トシテ各地方ノ慣習ニ従フヘキモノトセリ」（広中俊雄編著『民法修正案（前三編）の理由書』有斐閣、一九八七年、二一六頁）

共有の性質を有しない入会権については当初地役権の章の中に次のように提案された（同前民法議事速記録二、第三五回）。

「第二七九条　土地ノ所有者ハ他ノ土地ノ便益ノ為メニ地役権ヲ設定シテ其所有地ノ使用ヲ制限スルコトヲ得但第三章第一節中ノ公ノ秩序ニ関スル規定ニ違反セサルコトヲ要ス

共有ノ性質ヲ有セサル入会権ハ土地ノ便益ノ為メニセサルモノト雖モ各地方ノ慣習ニ従フ外本章ノ規定ニ依ル」

もとよりここでも種々議論されるが、とくに重要な議論は「地役権ノ性質ヲ有スルト書イテ」はいけないかという質問（箕作麟祥）に対して、起草委員（梅謙次郎）は「狭クテイカヌト云フノデハナイ入会権ト云フモノハ対人地役デアル、所ガ本案デハ対人地役ハ認メヌ然ウスレバ原則トシテ普通ノ地役権シカナイ併シ乍ラ入会ハ性質カラ言フト従来言フ対人地役デアル」とこたえている。つまり共有の性質を有しない入会権の本質は「対人地役権」である、ということである。

この条項も法案の整理会で現在のような表現の条項に改められ、最終的には地役権の章の末尾二九四条に独立の条項として規定された。このように共有の性質を有しない入会権——入会集団の有する入会権行使の地盤が入会集団に帰属しない場合の権利――が民法上用益物権と規定されたのであるが、その権能は決して草木採取や材木育成等に限られるものではない。仮に入会権の内容がそのようなものに限定されるものであるならば、この入会権は「地上権又ハ永小作権ノ規定ヲ準用ス」と規定されたはずである。そうでなく、地役権の規定を準用すると規定されており、適用でなく準用ということはその立法趣旨からも明らかに人的地役を認めることを意味する。

わが民法の地役権は、他人の土地を自己の土地の便益に供する権利（民法二八〇条）と規定し、自己の便益に供する権利を認めていない。民法上は「地的地役権」のみ認め、「対人地役権」を認めていない。つまり、土地の所有者は自己の土地のため他人の土地上に通行地役権を設定しうるが、土地所有者でない借地人その他の者は通行地役権を取得することはできない。また土地所有者でない限り、他人の土地で狩猟する地役権を設定することはできない。しかしながらこの入会権は対人的――つまり特定の土地のためにでなく、人々のための――地役権なのである。ただし対人的といっても設定ないし取得する権利の主体は入会集団なのであるから、一定地域内に居住する者に限られ、入会集落の地域のためという制約があり全く土地から離れた個人のための権利とはいえないにしても、特定の土地のための便益ではなく、集落の人々のために地役権が保障されたのである。草木採取や育林放牧等以外の土地利用もしくは便益とは利水、墓地使用等であろうが、ほかに狩猟、温泉利用等を目的とする入会権も現に存在する。

それのみならず、地役権の権能として重要なのは土地保全権能である。入会地には山林原野が多く、しかも集落に接した位置にあるものが少なくないから、入会地の収益行為の如何を問わず、入会地を放任すれば崖くずれやその他災害を生ずるおそれがある。入会地は一般に水源涵養、保水、土砂崩壊（崖くずれ）防止、防風等の保安的な機能をもっていることが多いが、その機能こそ入会権の機能であり、それによって入会集落（の人々）の便益に供している、ということができる。入会地がこのような機能を有することは共有の性質を有する入会地においても同様であるが、もとよりこのような保全機能を維持するために管理してゆく必要がある。したがって共有の性質を有しない入会権とは、自己の所有に属さない土地を積極的に使用収益するばかりでなく、集落の保全のために土地を管理する権利である、と規定することができる。

五　入会権の意義と権能

上述のように、民法にわずか二か条であるが慣習を第一次法源とする入会権の規定を設けたことは、入会権を物権として認めた、ということのほかにきわめて重要な意義をもつものであった。その一つは住民の入会権能が物権すなわち私権とされたことである。現在ではこの点余り実益はないが、旧憲法下においては私権であるが故に入会権の存否等について通常の司法裁判所に出訴することができた（公権であれば一審限りの行政裁判――明治二三年法律四八号、行政裁判法による――に付される可能性があった）。第二は、入会慣習すなわち、入会諸秩序を法源として、同時に入会集団を権利主体として承認する、という意味をもつものであった。つまり、個人主義的所有権を基調とする現民法体系に、個人所有とは若干異質の集団所有（後述のようにしばしば総有と呼ばれる）を、そしてまた個人でも法人でもない集団（これもしばしば実在的総合人と呼ばれる）の存在を認めたことである。

民法が入会権という、ある意味では異質の権利を認めたことのもっとも重要な要因は、民法制定時そしてその後も、国民の大多数を占める村の人々にとって必要不可欠な薪材や草肥等を確保することであったことは疑いない。そのため生活共同体である村の管理権能を入会権として認めたのであるが、採草採取のための入山機能が非常に強調され、そのため入会といえば採取もしくは収益の機能と誤解されかねない結果を招くようになった。しかしながら入会という語は単に収益のみを意味するものではなく、基本的には土地の支配（共同支配）を意味するものである。

「入会」という語の意味を示す明確な資料がある。明治二〇（一八八七）年内務省地理局編『地方行政区画便覧』（復刻版、一九七七、象山社）は当時すなわち明治町村制施行前の全国の郡区町村（これに準ずる島、新田等を含む）名をすべて掲載したものであるが、その中に、新潟県北蒲原郡各村の中に「山倉村外六か村入会地先飯山秣之内」（二二七頁）、石川県鹿島郡各村の中に「舟尾村奥原村入会」（七二三頁）と記載されている。そして町村制施行後であるが、民法施行時の明治三二（一八九九）年『新旧対照市町村一覧』（訂正第五版、中村鍾美堂、初版は明治二八年発行）にも、前者は同郡山倉村（旧三二村）のうち「山倉村外六か村入会地先飯山秣ノ内」（五三頁）と、後者は同郡端村（旧七村）のうち「舟尾奥原入会」（二四六頁）と記載されている。同書によればこのような入会地の例はほかにもあり、たとえば東京府荏原郡玉川村（旧八村のほか二村飛地）のうち「奥沢村入会地」（五頁）、千葉県千葉郡千葉城村（旧九村）のうち「金川村千葉寺村入会地」（八九頁）が掲げられている。このように合併前の旧村名の中に入会地として掲げられている例は他に富山県、岐阜県に見られるが、その例がわけても多いのが千葉、富山の両県である（その他の府県は一、二例にすぎない）。これらの土地はいずれも（村々入会地であって）、それぞれの村人の採草採薪等の用の供せられており、しかも境界も定めない古典的な共同利用であってそれぞれの村の領分が定められなかったため、村々入会地として残ったのであろうが、いずれにせよここにいう入会は、本来の意味の入会すなわち数村持のことである。それ故に入会という用語は文字どおり「入り会い」、いわばなわばりであり、土地に対する支配権能を意味するものである。

以上、入会権の成立過程で明らかなように、入会権は民法上の物権として認められたが、他の物権についてはその権利の内容・効力等が規定されているのに、入会権については二か条とも「各地方ノ慣習ニ従フ外……」所有権または地役権の規定を適用または準用する、というだけで、その具体的な内容について規定されていない。要は、入会権は各地方の慣習が第一次法源となる、ということである。

このことは、個人主義的権利を基本とする民法の中に、社団ではない人々の集団（当時法人でない社団は存在しなかった――後述）、そしてその構成単位としての世帯が権利の主体であること、かつ通常の共有と異なった（譲渡処分、分割請求ができない）共同所有といういわば民法とは若干異質の法理を認めた、ことを意味する。民法がこのようなある意味では異質の権利である入会権を認めたのは、民法制定当時そしてその後も、国民の大多数を占める農村や山村に住む人々にとって必要不可欠の薪材や草肥、そして用水を確保すること、そのための維持管理秩序を確保するためであった。

入会権は「各地方の慣習に従う」という、その慣習とは、民法の立法過程で明らかなように、入会権者が入会地に対する自分の持分を自由に他に譲渡したり持分にもとづく分割請求をしない、それらのことをすることができない、というしきたり、取り決めである。さらに、この慣習には入会地の使用収益や持分の得喪（入会権者の地位の得喪）等も含まれるが、それらについては各集落（むら）によって異なることであるから、「各地方ノ慣習ニ従フ」ことにしたのである。事実、入会地の使用収益は地方・集落によって異なるし、持分の譲渡についても全く認めないところも、あるいは同じ集落内であれば認める、などと取り決め習俗の異なる点にあるので、各地方の慣習を規範としたのであって、この地方とは集落もしくは各集団の意味に解してよい。

六　二つの入会権

入会権について民法は「共有の性質を有する入会権」（二六三条）と「共有の性質を有しない入会権」（二九四条）との二種類に分け、どちらの入会権もまず各地方の慣習に従うほか、前者の入会権については共有の規定を適用し、後者の入会権については地役権の規定を準用する、と規定している（以下便宜的に、前者の入会権を「共有入会権」、後者の入会権を「地役入会権」と略称することもある）。したがって、前者の入会権は入会地の土地（地盤という）が入会権者たちの共同所有である場合、後者はその地盤が入会権者以外の第三者の所有である場合をいうことになる。しかし、このような解釈ははじめから確定していたわけではなく、裁判所はかつて次のような解釈をしていた。

大審院明治三七年一二月二六日判決〔4〕

〔判旨〕「民法第二六三条にいう共有の性質を有する入会権とは土地毛上ともに入会権者に属する場合を指したものではなく、土地は第三者もしくは入会権の中の一、二の者に属しその毛上だけを入会権者が共有して共同収益する場合を指したものと解釈すべきである。もし、土地も毛上もともに共同収益者の共有に属するのであればそれは純然たる共有である。」

つまり、林野などで草木を共同で採取している場合、その土地が採取する人々の共有であるならば、その権利は純然たる共有権であり（入会権でなく）、その土地が採取する人々のごく一部かあるいはそれ以外の第三者に属する場合が入会権である、というのである。同じような判決はなお続くが、それはおそらく、一村入会や村中入会はあくまで村中共有であり、村々入会や他村入会こそが入会である、という考えによるものと思われる。

このような判決に対して多くの反対意見がよせられた。その理由は次の二点にあった。

① 共同で所有し共同で使用収益している土地が入会地でなく共有地であるというなら、その土地はいつでも分割できることになる。

② 入会権者以外の第三者が所有する土地を入会権者が共同で収益する権利を共有の性質を有する入会権というなら、共有の性質を有しない入会権というものは存在しないことになる。

このような批判に対して裁判所も解釈を変えざるをえなかった。それは、集落の住民一七名共有名義で登記された入会地について、集落外の第三者がその一七名の一人から共有持分を買い受け移転登記をすませたところ、集落入会権者の代表者が、この土地は集落の入会地で慣習により集落外の者に売買することは禁止されているから、この売買は無効だという訴えを提起したが、原審裁判所は大審院明治三七年一二月二六日判決〔4〕を理由に、この土地は収益している者が共有する土地であるから入会地でなく共有地だ、と判示したので、それは入会権の解釈を誤ったものであるという理由で上告した、という事件についてである。大審院は次のように判示して、原判決を破棄して裁判のやりなおしを命じた。

大審院大正九年六月二六日判決〔12〕

［判旨］「共有の性質を有する入会権と地役権の性質を有する入会権とを区別する基準は、入会権者の権利が共

有の土地の上にあるかあるいは他人が所有する土地の上にあるかによって決めるべきである。……若し共有の性質を有する入会権が土地を共有することなくただ毛上のみを共有する入会権であると解するならばわが民法上地役権の性質を有する入会権は存在しないことになる。このような解釈は正当なものではないから、前述の見解に反する大審院の従来の判例は変更するのが正当である。」

つまり、共有入会権は入会権者が入会林野などの土地を共有している場合をいい、地役入会権とはその土地を入会権者が所有せず、第三者が所有している場合をいう、というのである。判例の態度はその後変わりなく、またこれに反対する意見もない。

したがって、共有の性質を有する入会権とは、入会権を有する人々（集団）が土地を共同所有する権利で、共同所有権の特殊形態、共有の性質を有しない入会権とは、人々の集団以外の者が所有する土地を管理し利用する権利で、地役権の特殊形態だ、ということができる。具体的には、いわゆる共有地、部落有地は共有の性質を有する入会地であり、市町村有あるいは入会権者でない第三者の所有地は共有の性質を有しない入会地である。村山と呼ばれていてもそれは昔の村《むら》の山のことであって町村有地ではなく共有入会地である。区有地というのも部落有地というのと同じく共有入会地であるが、ときには共有でなく「財産区有」の場合もある。財産区有であれば市町村有の場合と同じく共有の性質を有しない、地役入会地となるが、このことは後述する。

以上の経緯から改めて民法二六三条の規定を読むと、「共有の性質を有する入会権については、その共有持分の自由な譲渡の制限、持分による分割請求の禁止という慣習に従うほかは、所有権のうちの共有の規定に従うべきものである」ということである。したがって、共有の性質を有する入会権は、持分の移動や自由な分割が制限された、特殊の共同所有権にほかならないのである。それ故に、入会権をおしなべて産物の採取もしくは土地を使用する権利と解することが誤りであることは明らかであろう。

それでは「共有の性質を有しない入会権」とは何か。これは民法の地役権の章におかれているので、他人の土地上に成立する権利であることはいうまでもない。そして民法二九四条に「共有の性質を有しない入会権は各地方の慣習に従うほか、この章〔地役権——筆者注〕の規定を準用する」と規定されており、入会権者としての持分権の得喪やその譲渡処分の制限等も慣習に従うことは共有入会権と同様であるが、この入会権が地盤所有権を含まないことは当然としても、単に入会地上で草木の採取あるいは植林、放牧等のためにのみ使用することのできるだけの権利ではない。

地役権について民法は、同じく他人の土地の上に成立する民法上の用益物権である地上権や永小作権のようにその内容について具体的に規定せず、他人の土地を自己の土地の便益に供する権利と規定しているだけである（民法二八〇条）。地役権の代表的な例として、他人の土地を通行する地役権、地上一定の高さの位置に送電線をとおす送電線地役権等、他人の土地の一部使用（作為）ともいうべき権利と、他人の土地を使用はしないが一定の制限を加えること（不作為）を内容とする地役権もある。水田に隣接した土地で、田ざわり、蔭切りなどと呼ばれて、稲の生育に妨げになるような草木を育成してはならない、自生した草木は伐採してよい、とされている土地がその適例である（ただ、これは契約によって設定されたものでなく、ほとんどが慣習によるものである。いわゆる日照権もこの種の権利といってよい）。また、これらの権利はすべて自己の土地の便益のため設定されるものであって、自己＝人の便益のために設定することはできない。しかし、共有の性質を有しない入会権は前述のように入会権者（入会集団）という人（人々）のために必要な権利であるから、地役権の規定を適用でなく準用することにしたのである。

共有入会権はそれまで（民法成立前）の村有地、村中入会地の権利を特殊の共同所有権として認めたものである。地役入会権はそれまでの他村持入会地の権利を一種の用益物権として認めたものであるが、その権能は地盤所有権を含まないものの、実体はさまざまで、採草、採薪、放牧、利水等のほか、立木伐採、農作物の作付け、採石、養魚、そしてそれらの作業のために小屋（ときには宿泊を伴う）の設置に至るまできわめて多種多様であった。したがって、その内容を具体的に規定することができず、そのため民法上用益物権の一つである地役権の規定を準用する、とせざるをえなかったのである。したがって地役入会権にいう便益についてはとくに制限はない。もとより土地所有権（者）との関係で制約されるのは当然であるが、積極的な立入り、採取行為ばかりでなく、たとえば防風や崖くずれ防止のために立木伐採の差止めや、土砂の採取を差し止めるなどの保全行為、そしてそれを求めることをも含むものである。

ところが入会権について最高裁は最近の判決で「一般に、一定の地域の住民が一定の山林原野等において共同して雑草、まぐさ、薪炭用雑木等の採取をする慣習上の権利」（最高裁平成一八年三月一七日判決〔90〕）と判示しているが、これはいわゆる導入句、前書きのようなもので、この判決ではそれ以外の入会利用も認めている（一一三頁参照）。しかし一般に「一定地域の住民が山林原野で団体の統制のもとに草木採取など使用収益する慣習上の権利」と説明されることが多い。しかし、これらの定義は誤りでないとしてもきわめて不正確であることは明らかであろう。

七　入会地に対する政策

入会権は主として地域的、集団的な土地の所有や管理等にかんする権利で、他の権利のように全く個人的な権利でないから、土地自体がもつ公共的性格のため行政とのかかわりが深く、また民法の条文がきわめて簡潔であるので他の法令との関連も少なくない。民法上入会権制定のいきさつはすでに見たとおりであるが、その制定の（法典調査会での）議論の中に町村制の問題が出されている。事実、入会地はもともと村持の土地であったといってよいのだから、明治以降も町村との関係はきわめて深かった。

幕末から明治初期の間、村《むら》の性格はそのまま変わらなかったが、明治一一（一八七八）年に「郡区町村編制法」が施行されて従来の村がほぼそのまま行政単位として認められ、行政機関として戸長がおかれた（なお、ここでの区は現在の区とは全く関係なく、むしろ現在の市に相当する）。戸長および戸長役場は必ずしも各村ごとにおかれたわけではなく、いくつかの村ごとにおかれた方が多かった。戸長の任務は、租税、戸籍、兵事、学制等であった。当時の村は単に行政組織であるだけでなく、村の人々の生活の共同組織でもあった（生活共同体）。農事（田植え、用水等）、入会（山入りの時期や採取の範囲など）、祭礼、土木工事（道普請、家の改築などのいわゆる公役）をすべて管理しており、その代表者は総代（庄屋）と呼ばれていた。このような生活共同体としての機能は必ずしも一つの町や村がもっているとは限らず、その下部組織ともいうべき組や郷がもっている場合もあった。

明治二二（一八八九）年に市制・町村制が施行され、新しい行政体（現在の地方公共団体＝公法人）としての市町村が生れた（北海道、沖縄県および一部の離島地方を除く）。いままでの村《むら》のいくつか（平均して五つくらいの村）

が合併して地方自治体（現在の地方公共団体）である町や村が生れた（中にはいままでの一つの村《むら》がそのまま新しい一村になった例もある）。これによって従来の村は行政体としての機能を失ったが、新しい町村に移ったのは以前戸長が管理していた租税、戸籍、兵事、学制等だけであって、それ以外の農事、入会、祭礼、公役等はすべて村人の集団である生活共同体の管理するところであった。以前の「村」は地域的には「大字」とされ、集団としては区あるいは部落等と呼ばれ、これらの管理主体として社会的活動を続けていったのである。ただ、法典調査会での議論に見られるように、もと村持の入会地（とくに山林原野）が新しい町村の所有となったという考えもあったし、また事実、そのような例もあったのである。ともあれ、いまの市町村有林というのはこのときはじめて生れたもので、このことは後に「市町村・財産区有地の形成過程」（一九〇頁参照）のところで取り上げることにする。

明治二〇年代から三〇年代はじめにかけて、わが国の法制度がほぼ整ったといってよく、入会権を規定する民法は明治二九（一八九六）年に公布され（ただし民法のうちいわゆる家族法は明治三一（一八九八）年公布）、同三一（一八九八）年から施行された。そして翌三二（一八九九）年、土地の権利に関係の深い不動産登記法が施行された。しかしこの法律には、登記できる権利の中に入会権は含まれていなかったので、入会権と登記とをめぐっていろいろ問題を生じたことは後に見るとおりである（なお、地租徴収のために土地台帳が作成され、土地の所在を示していた）。

これに先立つ明治三〇（一八九七）年に森林法が施行されるに伴い、同三二（一八九九）年国有林野法が施行された。これにもとづいて国有林経営が行なわれてゆくのであるが、それに伴い、官民有区分で国有に編入された住民の入会地の利用が次第に困難になった。もっともその後、国有林経営上余り適切でない土地はもとの入会集落もしくはその集落の属する市町村に売払われた。

なお海の入会といわれた入会漁業（主に沿岸漁業）については明治三四（一九〇一）年漁業法が制定され、漁業法上の漁業権とされた（したがって土地の入会権と似ていてもその権利は入会権ではない）。河川については明治二九（一八九六）年河川法が制定されたが、これは治水を目的としたものであって、利水についての規定はない。溜池その他灌漑用水の管理機構として明治四一（一九〇八）年水利組合法が施行されているが、利水の権利については制定法がなく、一般に慣習に委ねられた。

ちなみに入会権についての審議の中で、河川については次のような議論が交わされている（前掲法典調査会議事速記録　第三二回）。

都筑馨六君　然ウスレハモウ一ツ伺ヒタイノハ河川ノ入会権ハトウテセウカ河川カラ引イテアル用水路ヤ河川カラ引イテアル悪水路夫レカラ池沼抔ノ入会権ハ此処テ御認メニナッテ居ルノテアリマスカ

富井政章君　河川ニヨリケリテアラウト思ヒマス河川テモ適用スルコトノ出来ルモノカアレハ矢張リ本条ノ適用ヲ受クルト思フ併シ多クハ適用スルコトノ出来ヌモノト思フ是レモ性質上公法ノ支配スルモノテアラウト思フカラ本条ノ適用ハ受ケヌト思フ

明治期には、入会地とりわけ入会林野は薪材柴草採取地として非常に重要な役割を果たしていたが、他方で山が荒れ治山治水の問題を生じ、そのため植林が必要であった。しかし入会地の所有者である集落には植林に必要な資力が乏しかったので、その入会地を市町村の管轄下において植林するという意見が出され、また明治四〇

（一九〇七）年ころ、地方財政を強化する必要からこれら旧村持の入会地を市町村の財産とする方策がとくに政府筋から出された。そこで打ち出されたのが、いわゆる「部落有財産統一政策」である。これはもと村《むら》（現在部落）持（多くの場合、村人の共有）の財産（主として山林原野）を市町村に寄附統一する、というもので、法律上の根拠はなく、強力な行政指導によって行なわれたもので、大体明治末期から昭和一三（一九三八）年ころまで行なわれた。現在、各市町村有林野のほとんどがこの部落有林野統一事業によって成立したものである。詳細は「公有地上の入会権」（第五章）で取り上げることにするが、ただこの統一事業は法律上の根拠がなかったので、すべての部落（区）有地が市町村有地となったわけではない。なお、この統一事業に伴って入会整理事業も行なわれた。これはそれまで村々入会地で境界や収益等についての争いが多かったので、これを整理して各一村持地に分割整理することと、また入会地中の一部の入会利用を整理して市町村直轄地とするということも行なわれた。

戦後は農地改革にはじまる一連の土地制度改革が行なわれ、入会地も一部が未墾地買収の対象となったが、入会権の制度、法制には変化がなかった。昭和二二（一九四七）年に市制・町村制が廃止され、かわって地方自治法が施行され、町村有財産に準ずる財産所有の主体として財産区が設けられ、ついで昭和二八（一九五三）年ころから市町村合併が行なわれたが、これらは入会地についての行政に少なからぬ影響を及ぼすことになった。

昭和三〇年代以降、いわゆる燃料革命あるいは車輌の普及等によって直接生活用材の供給源としての入会地（林野）の役割は減退したことにより、これらの土地を主として育林経営や農業用利用に積極的に活用することを目的として入会地の利用、流通を容易ならしめるために、入会地を解体して個人もしくは法人所有とすることを助長する「入会林野等に係る権利関係の近代化の助長に関する法律」（略称＝入会林野近代化法）が昭和四一（一九六六）年に施行され（法一二六）、これにもとづいていわゆる入会林野整備事業が行なわれた（二二四頁参照）。

第二章　入会権の主体
――入会権者とは――

一　入会権の主体――集落と住民

1　主体としての村

入会権は、基本的に藩制時代から明治初期にかけての村《むら》の権利、すなわち村の土地に対する支配の権利をほぼそのままのかたちで民法上の権利として認めたものであるから、その権利の主体（権利者）はその村である。この村はすでに述べたように、明治二二（一八八九）年の町村制の施行により新しく生れた地方自治団体としての町村が行政機関となり、これまでの村（地名としては大字となる）は行政権能を失い、生活共同体として、区とか部落とか呼ばれ、入会地や水利、祭礼等の管理主体として存在を続けてきた。そのかつての村（以下「集落」という。なお「村落」「部落」と呼ぶこともある）が入会地を所有するのであるが、それは単に「集落」という団体が入会地を所有するのではない。前述のように、入会地は、一村共有地あるいは村中共有地などと呼ばれていたが、これは村人共有の意味である（一つの村が土地を共有することはありえない。一つの村が他の村と共有するのであれば、それは村々共有、数村共有である）。集落の構成員は村人＝住民であるが、入会権について集落と住民との関係を、判決がどのように解釈していたかを次に見ることにする。

裁判所はかつてこの関係について次のように判示していた。

大審院明治三六年六月一九日判決〔3〕

［判旨］「旧時にあっては、山林原野等其の附近の村駅〔部落のこと――筆者注〕の各住民に属する入会権に関して契約のような法律行為をするにあたり其の村駅の庄屋若しくは用掛において各住民を代表し又は村駅の名でするという一般の慣習があったことは当時の裁許状等に見られるところであるから、原裁判所が一村の住民全体を表示するのに村の名でする慣習があると判示したのは違法ではない。」

この判決は、部落の各住民がもつ入会権に関する契約などは、部落（村）の名でしてもよい、といっているのであり、部落住民が入会権を有するものであることを明示している。そして集落と住民との関係は、集落は住民の集合体であることを間接的に示している。

次の判決は、入会権者は集落住民であって、集落は権利を有しない、という主張に対するものである。

大審院明治四〇年一二月一八日判決〔7〕

［判旨］「村駅の名を以て表示し、又は村駅の用係が契約した入会権はすべてその村駅の住民に属する入会権であるということはできない。なぜなら、村駅そのものが入会権を有することは古来から慣習の是認するところ

だからである。」

次の判決も、入会権を有するのは集落住民だと判示している。

大審院明治四一年六月九日判決〔8〕

［判旨］「毛上物を採取する権利は町村若しくは部落そのものに属し各住民はその権利にもとづき事実上収益する場合と、また町村若しくは部落の住民各自に属する場合とがあり、ともに之を入会権と称する。……維新前に名主年寄町役人等において物事を処理したのは今日のいわゆる法人の代表機関として処理したのだと断定することはできない。住民各自が自己の権利として入会する場合においては住民各自を代表し其総代として事に当ったとみるべきである。したがって入会権が住民各自に属する場合は、町村役人が対外的に事を処理したという事実をもって町村又は部落が団体又は法人として入会権の主体であった、と断定することはできない。」

この判決は入会権の主体が集落である場合と住民である場合とがあるという前提に立っているが、名主年寄等村の代表は今日の法人の代表機関と同じではない、といっている点は注目される。

その後も大体同じような判決が続き、集落と住民との関係は余りはっきりしなかったが、次の判決がこの点を明らかにした。

大審院昭和三年一二月二四日判決〔15〕

［判旨］「徳川時代から明治初年に至るまでの我国の村並びに村内の部落は法人格を有したけれども、現在の法人とは多少其性質と観念を異にし其住民全体から成る総合的実在的団体にほかならないというべく、従って村又は部落の所有物は同時に其の住民の共有物であり、ただ住民が其の土地を去るときは入会権を失ない、他より入って新たに其住民となる者は之を取得する。従って原判決が、本件山林が部落の単独所有であると認定しながら他方之を部落住民の共有地であると判断したのは矛盾していない。」（傍点筆者）

この判旨は、入会権の主体である集落は総合的実在的団体であるから、その（団体の）所有物は構成員である住民の共同所有物である、というのである。総合的実在的団体はまた実在的総合人とも呼ばれているが、一般の団体（社団という――後述）のようにその構成員とは別個に（観念的に）存在するものではなく、その構成員の総体そのものである。したがって、実在的総合人である集落の財産は構成員の共同財産にほかならず、構成員各自が有する財産の総和が集落の財産なのである。重ねていうならば、村（集落）持の入会権（財産）は村人（集落構成員）全員の共同所有権（財産）なのである。

2　村（集落）集団は住民総体

このように集落の所有する入会地が構成員である入会権者の共同所有地である、ということが必ずしも十分に理解されず、入会の実態からかけはなれた説が唱えられ、それがいくらか混乱を招いている。

その一は、集団と構成員とを別個のものと考え、入会権においてはその管理処分機能は集団に帰属し、使用収益機能は構成員に分かれて帰属する、というものである。したがって構成員は入会地の管理処分行為をすることができず、他方、集団は自ら使用収益することが（でき）ない、ということになる。

これは明らかに誤りである。入会地の使用収益については第三章で述べるが、入会地のもっとも古典的な利用形態では、構成員である村人は入会地の中であればどこでも立ち入って自由に雑木や雑草を採取することができた。しかしおそらく全国どの集落でも自由に立木を伐採することはできなかった。これらの立木はすべて集落が管理し、伐倒して氏神社や橋梁の用材として使用するか、あるいは順次各構成員に家（住居）用材として割当使用を認めたりしてきたのである。比較的最近では、立木を集落の集会所その他の施設用に充てたり、後述のいわゆる留山利用のように薪炭用材や建築用材として処分することがあり、集団自らが使用収益することは古くからあったし、入会地の留山利用の多い現在ではむしろ集団が直接使用収益することの方が多いくらいである。

他方、構成員は入会地に対する管理処分権能を有しない、というが、後述のように入会地の管理行為と処分行為は別個の行為である。たとえば山入り（山菜採りのため）の時期の決定とか、地上産物の売却（換金）などは管理行為であって、構成員の多数（正しくは過半数）で決定することができる。しかし、入会地の売却は全員の共同財産の処分行為であるから、全員の意思によらなければならない。集団の機関（総会や役員会など）の決定（多数決）ではすることができない。したがって構成員とは別個の集団が処分権能をもつと解するのは正しくない。

その二は、入会のような共有＝共同所有を総有と呼び、総有には持分がない、という考えである。

もともと総有とは「村中入会は総合人たる一村の総有する山野に其組織員たる村民各自が入会ふものであるから、其入会権は村と村民とに共属する総有権の一分派にほかならない」（中田薫『法制史論集二巻』第二版、七八八頁）と説かれていた。

総有という用語が入会地についての判決に現れてくるのは昭和一〇年代であるが、それは町村有地に住民が総有する権利は（町村制上の公権でなく）民法上の入会権である、といっているのであって、総有の意味についてはふれていない。戦後では、最高裁昭和四一年一一月二五日判決〔40〕が「入会権は権利者である一定の部落民に総有的に帰属するものであるから、入会権の確認を求める訴は、権利者全員が共同してのみ提起しうる」と訴訟適格の前提として総有という用語を用いているだけで、その意義内容についてはふれていない。そのほか、入会における構成員の権利は総有である、と判示した戦後の下級審判決がいくつかある。その中には持分の有無についてふれず、右の最高裁判決と同様に、入会集団構成員の一部ないし大部分（全員でない）の者の訴訟適格についての判断の前提としての理由づけである。つまり入会権は総有的な権利で持分がないから、入会権についての訴訟は総有権者全員でしなければならない、というのであるが、これは入会権についての訴訟にかかる問題であるので第八章で検討する。

ちなみに総有について最高裁判所が最初に判示したのは、法人ではない労働組合に関するものであった。労働組合が分裂状態になり、脱退した組合員からの持分相当の財産分割請求に対して「権利能力なき社団の財産は、実質的には社団を構成する総社員の所謂総有に属するものであるから、総社員の同意をもって、総有の廃止その他右財産の処分に関する定めのなされない限り、現社員及び元社員は、当然には、右財産に関し、共有の持分権又は分割請求権を有するものでないと解するのが相当である」と判示し、その請求を認めなかった（最高裁昭和三二年一一月一四日判決）。そしてさらに、同じく法人でない労働組合の財産について「権利能力のない社団というためには、団体としての組織をそなえ、そこには多数決の原則が行なわれ、構成員の変更にもかかわらず団体そのものが存続し、しかしてその組織によって代表の方法、総会の運営、財産の管理その他団体としての主要な点が確定しているものでなければならないのである。しかして、このような権利能力のない社団の資産は構成員に総有的に帰属する」と判示している（最高裁昭和三九年一〇月一五日判決）。

これらの判決の重要な判旨は、脱退した組合員には組合財産に対する分割請求権がない、ということである。その前提として組合財産には持分に相当するものがない、というのであるが、それはよいとして、さらにその前提として総有に持分がないというのは不当である。

いうまでもなく総有は共同所有の一形態である。持分の有無はおいても、法人でない社団の財産を総有すなわち共同所有と称することが誤りである。

法人である社団も、また法人でない社団も一般に多数決の原理によって運営される。財産の処分、変更も多数決（特別多数決も含む）によって行なわれ、また社団の解散（当然財産の処分を含む）さえ構成員の三分の二以上をもって可能である（一般社団法人及び一般財団法人に関する法律一四八条三号、四九条二項六号。平成一八年改正前民法六九条では四分の三以上）。法人である社団は多数決によって処理され、その所有財産についても同様である。ところがその社団が法人格を有しない場合、その実質的所有財産は構成員の共同所有財産であり、全員の同意がなければ処分できない、などとまともに考えている者はいないであろう。法人である社団の財産は社団の所有に属することは自明であるが、法人でない社団の財産も同様に解すべきである。社団の財産が、社団が法人でないときは構成員の総有（共同所有）に属し、法人になると同時に総有でなくなり社団の単独所有になると考える者がいるとすれば、それは法律家の独りよがりといわざるをえない。

3　入会権と持分

入会権における共同所有を総有と呼ぶと否とを問わず、持分がないということは、民法の立法過程――入会権の規定がおかれたいきさつ――から見て誤りであることは明らかである。その持分は自由に譲渡処分することもまた分割請求もできないために、あたかも持分がないように思われるのであろうが、入会に持分がないとか、あるいは持分はなかったとはいえないのである。

入会地のもっとも古典的な利用である採草や採薪等の共同利用の場合（前述のように自由な採取を禁止された産物、あるいは立入りを禁止された場所を除いて）、入会地内ならばどこに入ってもよく、場所が指定されているわけでもなく、また個別的ななわばりもなく、いわば早い者勝ちであった。しかし秣草や薪材等をいくらでも勝手にとってよいというものではなかった。秣草の量は、その権利者の耕作面積や飼養する家畜の頭数に応じて、薪材は家族人員の数に応じて、いわゆる「分相応」に採取することができたのであり、その分を超えて過分に採取することはできなかった。この分が入会権者＝入会集団構成員として有する「持分」にほかならない。この「持分」はもとより自由な譲渡も分割もできないものであることはいうまでもないが、この持分の量というものは絶対的なものでなく、集団構成員の増減、耕作経営の拡大あるいは縮小等により変動を来すことがあるが、理由もなくその持分を侵されることはない。

入会地の利用目的やその方法、形態が変化してくると、各入会権者の持分ないし持分の意識は明らかになってくる。具体的には次章に述べるが、入会地の割地利用になると各権利者の支配領域が決められ、それに伴って各自の持分が明らかになる。そしてその持分は原則として平等である。もとより絶対的な平等とはいえないが、割地の場合、その面積、肥沃度、住居からの距離等によって平等になる措置がとられる。

この持分が平等であるということが逆に入会に持分がないように受け取られていると思われるが、この持分平等とは権利の平等を意味するものである。したがって入会地の運営、集会での議事など、一人（一世帯）一票の権利に差がないのが一般的である。

しかしながらこの持分はつねに同等であるとは限らない。この持分を「株」あるいは「持口」などと呼び、一人（一戸）一株でなく二株以上もつ例もあり、半株というところもある。二株またはそれ以上の持口を有する、というのは、その者（世帯）の祖先が入会地について功労があった（国や町村からの払下げ、あるいは村々入会地の整理などに尽力した）などの事由によるものと、転出者の持分（倒れ株などと呼ぶこともある）を取得した場合とがある。半株とはいわゆる「女世帯」や「老人世帯」がそれに該当する。半権利ともいうが、それは入会地に対する出役、負担が一人前でないことの反射である（具体的に広島高裁松江支部昭和五二年一月二六日判決〔46〕（八一頁参照）は二株の、福岡高裁昭和五八年三月二三日判決〔61〕（一一八頁参照）は半株の権利を認定している）。かつては入会地への出役には立木伐倒、搬出、枝打ちあるいは溜池の水さらえ等の重労働があり、それには女は半人前であるという理由から、六〇歳以上の高齢になった男も同様の理由で（さらに高齢になると出役免除となる）権利が半人前ということになるのである。また、分家等により新たに入会権者として認められた「新戸」も、権利者として認められてから数年間は半株、というところも少なくない。これは入会地に対するこれまでの貢献度という理由によるもので、加入後一〇年もしくはそれ以上、入会地に対する出役等を果たせば、一戸前の株となるのが一般的である。

これらの二株、半株は、入会地からの収益金配分が一般の者の二倍あるいは半分ということを意味するが、その理由は入会地もしくは集落の諸役負担に対する反射である。それ故に二株を有する者は出役など二人役を出さなければならない。

このように入会権者の持分に差のある場合も少なくないのであるが、権利の量に差があるだけで、権利の質・内容に差があるわけではない（ただ、集会での議事について二株を有する者（二人分出役を果たしている者）は二票を行使しうる、というところはあるかも知れない）。半株という理由で決議権が半分ということはなく、またある事項に参画できないということもない。入会権者の持分に差がある場合でもそれはあくまでも権利の量の差であって、権利の性格は同じである。

以上のように、入会の持分は等質であり、かつその支配範囲が流動的であって固定的でないために、持分がないように思われるのであろうが、入会には持分がないと考えるのは誤りである。入会と持分について最高裁は、「共有におけるような持分権を有するものではな〔い〕」（最高裁平成六年五月三一日判決〔72〕）と判示しており、また「この権利〔入会権――筆者注〕は、権利者である入会部落の構成員の総有に属し、個々の構成員は、共有におけるような持分権を有するものではなく」（最高裁平成一八年三月一七日判決〔90〕）と、いずれも持分がないのではなく、「共有におけるような持分」すなわち譲渡処分が自由な、分割請求が可能な持分はない、といっているのである。

4　入会権者である世帯（主）

入会権を有する集落（集団）が所有する入会地は集落住民の共同所有に属するといっても、集落の住民のすべてが入会権者であるわけではない。そして入会権者といってもそれは個人でなく、集落内の「世帯」もしくは世帯の代表者としての世帯主である。判決もすでにこの点明示している。

盛岡地裁昭和五年七月九日判決〔16〕

［判旨］「入会権は部落住民全部が之を有するのではなくて、部落の住民で一戸を構える（主宰者である）戸主又は世帯主としての資格を有する者だけが之を有し、その家族や使用人は戸主又は世帯主の権利の補助者又は代行者として使用収益しうるのがふつうである。」

戦後においてもこのことは変わらない。

秋田地裁昭和三〇年八月九日判決〔25〕

本件は入会地内に植栽した杉を他の入会権者から譲り受けたと主張するXに対する権利取得の原因についての判示で、係争地は秋田県北秋田郡釈迦内村（現大館市）沼館部落である。

［判旨］「入会権は一定の部落に居住する者又はその部落の世帯主である者がもつことが要件であって、その部落より他に移住すれば当然入会権を失ない、又たとえ入会権者相互間においても他に譲渡することは勿論、相続によっても移転することはできない。」

右の判決は世帯主としての入会権者の地位ないし資格にもふれているが、これについて、次の最高裁判所の判決がある。

最高裁平成一八年三月一七日判決〔90〕

沖縄県国頭郡金武町の入会山（杣山といわれる）がアメリカ軍基地として接収され、その補償金が町をつうじて金武集落に支払われていた。同集落では入会権者を昭和二〇（一九四五）年四月当時の、同集落世帯主の男子孫世帯主に限り、女子孫は権利者として認められなかった。補償金の一部が各権利者に毎年配分されていたが、男子の分家には配分され、女子で集落外出身の男と結婚した者（世帯）には配分されなかった。これを不当とする、女子孫Xら二六名が、女であることによって入会権を認めないのは不当であるという理由で、入会管理団体たる部落会に対して入会権者としての地位の確認と補償金相当分の支払を求める訴えを提起した（この原告たちはほとんどが世帯主である夫の妻、または息子の母たちである）。

第一審の那覇地裁平成一五年一一月一九日判決〔90〕は、男女という性差によって権利を認めないのは不当であるとしてXらの権利を認めたので、部落会は控訴して、入会権者とは集落内の世帯主であって、Xらはいずれも世帯主でないから入会権者の資格はない、と主張した。第二審**福岡高裁那覇支部平成一六年九月七日判決〔90〕**は次のように入会権は世帯（主）に認められるものであると判示して、Xらの権利を認めなかった。

「本件土地についての入会権は、金武部落の構成員（部落民）に総有的に帰属する権利であるが、ここでいう構成員（部落民）とは、当該共同体に居住する家族を含めた居住者全員を指すものではなく、金武部落内に世帯を構える一家の代表（戸主ないし世帯主）を指すものと解すべきである。そもそも入会権は、家ないし戸を基本単位とする封建社会の生活共同体において、当該生活集団としての部落を構成する部落民に総有的に帰属する権利として発祥したものであるという歴史的沿革に照らしても、入会権の帰属主体としての部落民とは、生活の基本単位である家ないし戸の代表者を指し、入会権は、家の代表者からその後継者へと承継されるのを原則とすると解するのが自然な理解というべきである。このことは、入会権については当該地方の慣習に従うと規定し、原則として民法の個人法的相続原理に服しないこととした法の趣旨にも合致するところである。

このことからすれば、入会権者は一世帯につき一名のみであることを前提にその資格を一家の代表としての世帯主に限定する慣習は、入会権の本質にも合致するものであって何ら不当ではない。むしろ、上記の入会権についての負担が各戸を単位として割り当てられてきた従前の経緯からすれば、各戸は平等に扱われるべきであるにもかかわらず、Xらの主張を前提にすると、入会権者の子孫であって金武区域内に居住する者は、乳幼児に至るまで全員が当然に本件土地の入会権を取得し、入会権者として控訴人に財産の分配を請求することができ、居住者の多い家族ほど多額の分配金を受領できることとなってしまい、かえって、各戸間の不公平、不平等が生じるという不合理な結果を招来してしまうことになる。したがって、入会権者を一世帯につき一名のみとすることが不合理ということはできないし、これを前提にその資格を世帯主に限定する慣習が公序良俗に違反し無効であるともいえない。」

最高裁判所も次のように判示して上告棄却したが、上告人中、事実上世帯主と思われる二名（夫を失っている）については審理をつくすよう破棄差戻した（一一二頁参照）。

［判旨］「……入会権の内容、性質等や、原審も説示するとおり、本件入会地の入会権が家の代表ないし世帯主としての部落民に帰属する権利として当該入会権者からその後継者に承継されてきたという歴史的沿革を有す

るものであることなどにかんがみると、各世帯の構成員の人数にかかわらず各世帯の代表者にのみ入会権者の地位を認めるという慣習は、入会団体の団体としての統制の維持という点からも、入会権行使における各世帯間の平等という点からも、不合理ということはできず、現在においても、本件慣習のうち、世帯主要件を公序良俗に反するものということはできない。

　しかしながら、本件慣習のうち、男子孫要件は、専ら女子であることのみを理由として女子を男子と差別したものというべきであり、遅くとも本件で補償金の請求がされている平成四年以降においては、性別のみによる不合理な差別として民法九〇条の規定により無効であると解するのが相当である。その理由は、次のとおりである。

　男子孫要件は、世帯主要件とは異なり、入会団体の団体としての統制の維持という点からも、入会権の行使における各世帯間の平等という点からも、何ら合理性を有しない。このことは、旧部落民会の会則においては、会員資格は男子孫に限定されていなかったことや、金武部落会と同様に杣山について入会権を有する他の入会団体では会員資格を男子孫に限定していないものもあることからも明らかである。……そして、男女の本質的平等を定める日本国憲法の基本的理念に照らし、入会権を別異に取り扱うべき合理的理由を見いだすことはできないから、……本件入会地の入会権の歴史的沿革等の事情を考慮しても、男子孫要件による女子孫に対する差別を正当化することはできない。

(3)　X_3らについては、前記のとおり世帯主要件は有効と解すべきであり、家の代表者としての世帯主であることの主張立証がないというのであるから、本件入会地の入会権者の資格を取得したものとは認められず……。

　他方、X_1X_2は、金武部落民以外の男性と婚姻した後に配偶者の死亡により世帯主として独立の生計を構えるに至ったものであるというのであるから、現時点においては、世帯主要件を満たしていることが明らかである。……原判決のうちX_1X_2に関する部分は破棄を免れない。そして、以上の見解の下にX_1X_2の請求の当否について更に審理を尽くさせるため、上記部分につき、本件を原審に差し戻すのが相当である。」

入会集落においては世帯ごとに入会の管理や作業等に出役してきた以上、入会権者は世帯主（世帯主という個人でなく世帯の代表者）である。

入会権は各地方の慣習にもとづくものであるが、その慣習がいわゆる公序良俗や強行法規に反するものであってはならない。たとえば単に性別や出自のみで入会権者の資格を認めないとか、入会地の処分を少数で決定するような慣習は無効である。

このように本判決は入会権者（集団構成員）が世帯（主）であることを示すとともに、入会集団の慣習であっても公序良俗に反するものであってはならないことを判示した重要な判例である。

入会権は世帯（主）がもつ権利であるから個人的な財産ではなく、相続の対象にはならない。

盛岡地裁昭和三一年五月一四日判決〔27〕

本件は岩手県二戸郡浄法寺町（現二戸市）杉沢集落で、ある土地が入会地であるか否かが争われた事件で、入会権の性格についての判示である（詳しくは九六頁参照）。

［判旨］「入会関係における権利取得はいつも原始取得であり、承継取得はない。部落の住民としての資格を得

れば当然に原始的に権利を取得し、部落外に出てその資格を失えば当然に喪失するのである。相続の場合も同様である。相続人は被相続人の共同収益権を承継取得するのではなく、相続の結果被相続人の地位を承継し部落の世帯主となったことによりその権利を取得するのである。」

仙台高裁昭和三二年七月一九日決定〔29〕

これは、入会権が相続されるかどうかが問題となった家事事件に関する決定で、入会権者である世帯主Aが死亡した後その家業を継いだXと他の共同相続人との間でAの遺産分割について相談がまとまらなかったので、家庭裁判所に審判を申し立てたところ、家庭裁判所は町有入会林野の入会権を分割（したがってその利用地を分割配分）する旨の審判をしたので、Xは、入会権はAの遺産ではないからこれは分割するのは不当である、と仙台高等裁判所に抗告の申立てをした。

〔決定〕「本件入会権は被相続人Aがその部落住民としてもっていた収益権であることは明らかであるが、もともとこのような意味での入会権の得喪は専らそれを保有する者の属する部落団体の慣習的規範によって定まるものであって、右規範によらない相続や譲渡によって生ずることはありえない。」

入会権は世帯主が亡くなればその世帯の承継人（跡継）がその権利を承け継ぐ。世帯主が亡くなるのでなく、高齢になったので世帯主の地位をその息子等に譲る、いわゆる隠居、世帯譲りによってその権利が新しい跡継に承継されることも少なくない。

二　入会持分権の得喪

1　入会権者としての地位

何人、つまりいかなる世帯が入会権者であるかは、民法にあるとおり「各地方の慣習に従う」、つまりそれぞれの集落のしきたりあるいは取り決めによって決められるが、地方によって多少の相違はあれ、全体として一定の基準がある。そこでいかなる場合に新たな入会権者として認め、またどのような場合に入会権者としての資格を失うかが問題とされる（以下、入会集落を「集団」、その構成員である入会権者（世帯）を単に「入会権者」と呼ぶことにする）。

入会権者の地位、資格について、裁判所は早くから次のように判示している。

大審院明治三三年六月二九日判決〔1〕

［判旨］「入会権は住民としてその土地に居住することに伴なって有する権利であるからその住居を移転すれば権利を失ない他から移住して住民となればその権利を取得するのがふつうである。」

住居を他に移転すれば権利を失うのはともかく、他から移住して住民となっても必ずしも権利を取得する（入会権者となれる）ものではない。かつては小作人には入会権を認めなかったというところもあり、また村《むら》（集落のある地域をいう）に住んでいても、駐在所の巡査とか、社宅に住んでいる電力会社の職員など、定住性のない者はその資格は認められない。入会権者となるということはその村の一員として入会権という権利をもつことを意味するのであるから、その村に定住して一定の義務を負担する者でなければならない。新しく入会権者としての資格、基準はおおむね次のようなものである。

①　入会権者の分家（別れ家、新家）

②　入会権者の親族（世帯主の娘婿――氏が異なり分家ではない――、世帯主の妻の親族など、血族、姻族もしくはその延長線にある者）

③　入会権者が土地と貸借関係のある者（地主、借地人など）、あるいは転出者から持株を譲り受けた者など

④　右のほか、集落内に一戸を構えて定住して集落に加入金や一定の負担金を納め（村入りして）、集落の共同作業に参加従事する者

右の①②③に該当する者も当然④と同様の義務負担が必要である。④に該当する者は加入が認められるまでに三年あるいは五年以上など一定年限、居住生活していることが条件となる。①②の場合はその出自が明らかであるから、独立して一戸を構えてから比較的早期に入会権者としての資格を認められる。なお、入会権者が外部に転出すれば後述のように権利を失うが、再び帰村すれば入会権者として認められることが多い（なお集落によっては一切新たな加入を認めないところもある）。

戦前にあっては村人の移動もそれほど多くはなく、集落の人々は農耕を営む者が多く、村人として生活するには自家用の燃料や農耕用に草肥としての草木が必要であり、その供給源として入会地は不可欠の存在であったから、前述④の要件を充たせば入会権者として認められるところが多かった。しかし現在では集落の人々の変動が多くなったが、生活資材を入会地に求めることも少なくなり、かつ生活、職業の多様化により、その集落の住民

となっても必ずしも入会地利用が必要ではないという事情と、また入会地の割地利用等の事由により新たに入会権者として加入させる余地が少なくなった等の事情により、新たな入村者や分家でさえも入会権者として認めない例が多くなった。

2　入会権者（構成員）として認められた例

次に、分家や外来者等（新戸）が入会権者であること（加入）を求めた判決を見ることにしよう（この「新戸」に対して在来の入会権者を「本戸」と呼ぶことにする）。

青森地裁昭和三三年二月二五日判決〔31〕

係争地は青森市（旧東津軽郡新城村）大字鶴ヶ坂支村部落の大字有の山林で、この集落では、在来の本戸のほか分家等の新戸も一定の加入金を納付し労力を提供することによって平等に使用収益する権利が認められてきた。しかるに、本戸の人々は係争地は明治三四（一九〇一）年国からの特売により、当時の住民たる本戸の共有となった、という理由で新戸の権利を否認するので、新戸Xら一四名は本戸Yら一一名を相手として、右の慣習を根拠として係争地上に本戸と同等の入会権を有することの確認を請求した。

【判旨】「本件（二）山林には数反歩の秣場が存在し毎年一定の時期を画して部落全員でくじを引き平等にその位置を配分草刈をなして来たこと、他の部落有とせられ入会権の存在する山林原野等における場合と同様本件各山林についても毎年四月上旬から入梅時までの間に山火防止のため部落の各戸より二、三人宛交替で順次見廻りに従事し、又山道の修理及架橋工事に際しては部落民全員が平等に労力を提供し、部落民全員で火入をなし、その公租公課も部落全員で平等に分担し、分家者又は他からの転入者である原告等に対してもいわゆる本家側に属するY等の何人とも差別なく取扱われて来た事実が認められる。

右認定の各事実と、Y等において本件山林と同時に支村部落民に縁故払下があったと主張する山林について夫々X等のうち分割協議があったとする当時のXをも含めて平等分割の決議が行われている事実とに徴すれば支村部落民は本件山林につき古来から少くとも後記の分割に絡む悶着が発生するまでの間は新なる他からの転入者又は分家者をも加え、いわゆる本家側とも称すべき従来の居住者と区別するところなく平等に使用収益し、義務を負担して来たことが明らかであって、これによると本件山林は支村部落の入会地であり、従ってX等は同地につきY等と同等の入会権能を有するものと解するのが相当である。」

秋田地裁大曲支部昭和三六年四月一二日判決〔33〕

係争地は秋田県仙北郡西木村（現仙北市）西明寺部落で、同部落有林野は大正一二（一九二三）年に林野統一により西木村有となり、従来の権利者（本戸）八八名に村から賃貸の形態がとられたが、入会慣行はそのまま継続し、同部落では分家し一戸を構えた者は右林野において入会稼ぎの権利を取得するという慣習があった。昭和二九（一九五四）年に右林野は旧戸Yら八八名の共有名義に売り払われたが、間もなく登記上所有権者となったYら八八名が新戸の権利を否認するようになったので、新戸Xら四五名がYらを相手として係争地上に入会権を有することの確認を求めた。

【判旨】「昭和二五年当時『既存権利者』（賃借名義人となった八八人）以外の者も平等に無料で本件土地に入会していた状況が認められる。しかもその状態は、少くとも昭和三〇年四月本件紛争が起る直前まで続いたことは明らかである。

そうすると、部落有財産統一により本件土地の賃借人となった者八八名は、要するに部落民全体のために賃借名義人となったのであり、その賃借権なるものの実体は部落民全体の入会権であったものと認めるのが相当であって、もともと部落民全体のものであった本件土地について、右の八八名の独占的使用権が設定されたものとは到底認められない。かりに、右の八八名が賃料を支払ったというような事実があったとしても、それは何ら右の認定を左右するものではない。何故ならば、前述のとおり入会の問題は、近代法の世界に残された前近代的法現象の問題なのであるから、その法的外観を超えて社会的実体に即して考えなければならないからである。

しかし、右の八八名は、名義だけの賃借人とは言っても、兎も角賃借権という名義の保持者であるから、入会地利用関係において、次第に住民に対して優位の立場に立つ傾向が生じたことは自然の勢である。そこに、X等の言う『有権者、無権者』の区別が発生する理由があり、又Xらのいうとおり一部の部落民が米金銭等を部落に寄附し、或いは有権者に金を払って入山させてもらうような現象も起って来る原因があると思われる。しかし、それらの現象が、社会的事実としての入会権の全面的崩壊の程度に達していたものと認められない。」

長野地裁昭和四八年三月一三日判決〔54〕

係争地は長野県須坂市（旧上高井郡井上村）の井上・幸高・九反田・中島四集落の共有入会地で、各部落住民

の採薪採草等の用に供されてきたが、大正一四（一九二五）年に各部落で入会山を分割してそれぞれ留山とし、共有山林管理会を設けその管理のもとに植林を行なってきた。登記簿上一部は各財産区名義、一部はA ら一〇名の共有名義となっている。ところが係争地上の立木処分代金の配分が四部落本村の住民に対してのみ行なわれ、Xら新村（未解放地区）の住民に対して行なわれなかったので、Xら六九名は本村住民Y_1ら五一九名（選定当事者Y_1ほか一〇名）を相手とし、Xらが係争地上に入会権を有することの確認を求める本訴を提起した。Y_1らは、係争地は入会地であったが大正一四（一九二五）年の入会の分割整理により入会権は解体消滅し、近代的な権利関係に転化している、と抗弁した。

[判旨]「入会権取得の要件——本件入会権取得の要件として、慣習上、(1)井上村各四大字地籍に引き続き満三年以上居住し、右地籍内のいずれかの部落に所属していること、(2)世帯主として独立した一個の世帯を代表するものであること、(3)前記部落より他に転出した時は入会権を失うこと、とされていた。

二、以上の事実関係に基づいて、Xらが本件土地の入会権者であるか否かについて検討する。

徳川時代から明治初年に至るまでのわが国の村が、一方において、租税徴収等のごとき、政治的支配を支える統治的な行政組織としての側面を有すると同時に、他方において農民共同の財産たる林野、用水等を支配し、農民の私的農業、私的生活を可能ならしめる目的のための私的自治団体であるという二重の性格を有し、したがって、その時代においては、経済的な生活協同体たる村の地域と、形式的一村を構成すべき村の地域とは一致するのが原則であった。ところが、明治二一年以降、町村制が施行されてから、右の二重組織は次第に消滅し、村は、私法集団、例えば入会主体としての『村』と、公法集団すなわち、地方行政の組織単位ないし地方公共団体としての『村』とに分化するに至った。行政単位としての村と、生活協同体としての村とは理論上も、実際上も区別されるべきであるが、前者はその行政目的に則して、後者とは無関係に抽象的公法人化する傾向がある反面、これに反し後者は、相対的に、総合的実在人としての機能を益々発揮する傾向にあるといわれる。したがって、慣習に基礎を置く入会権の主体たる村を究明するにあたっては、右行政単位としての村にとらわれることなく、そこに住む住民の生活の実態をみきわめる必要がある。

しからば、行政単位としての村とかかわりなく『一つの生活協同体としての村』もしくは『入会を目的とする総合的実在人としての村』を構成しているところの実質的基礎は何かといえば、それは住民の協同感、協同の生活であり、具体的には、入会と水利の利益が最も重要である。入会権についていえば、行政単位としての村からみれば、同一村の村民であっても、当該の生活協同体内部に包摂されることなき者は、入会権者たる資格がなく、逆に、行政単位としては別個の村に属していても、当該の生活協同体に参加を許された者は入会権利者であるというべきである。

先に認定した本件土地の利用関係、登記簿関係、Xらの生活関係からみるならば、これら四部落が本件入会山の関係での入会集団でありXらが、Yらとともに右生活協同体を構成してきたものと認めるのが相当であり、したがって、Xらは本件入会山の入会権者であるというべきである。」

共有の性質を有する入会地には数名の共有名義で所有権登記されているものが多い。共有名義人が多数でそれがほぼ入会権者に近い場合、もしくは同数である場合、その登記共有者だけの共有地、あるいは入会地だと考えられることが少なくない。それを登記にかかわらず入会権者としての地位を判断したのが右の判決であるが、入会権と登記の関係は後に検討するとして、次の判決は登記によって入会権者としての地位を判断している。

仙台高裁昭和五五年五月三〇日判決〔52〕

岩手県気仙郡住田町大字世田米の中沢郷集落の入会地で、本戸六七名共有名義で登記されていた入会地に、分家等新戸も加入金を支払って入山の権利を認められていた（ただしその持分は本戸の半分またはそれ以下とされていた）。ところが昭和三五（一九六〇）年ころ新戸の権利について争いを生じたため、三八戸の新戸のうちXら三五名（戸）が本戸Yら六七名を相手として共有権（共有の性質を有する入会権）を有することの確認を求める訴えを提起した。第一審盛岡地裁昭和四七年五月一八日判決〔52〕はXらの主張をほぼ認めたのでYらが控訴して、この土地は明治九（一八七六）年、Yらの先代六七名が地券の交付を受け明治三八（一九〇五）年にその六七名共有名義で所有権登記されているからYら六七名のみの共有地であって、部落の入会地ではない、と主張した。

〔判旨〕「本件山林が明治九年に中沢郷民六七名の全員（戸主または世帯主と推認される）に払下げられ、右六七名の共有とされたうえ右六七名をもって構成する中沢郷会なる団体（寄合）において管理収益した事実関係に徴すると、山林については旧藩時代から中沢部落全員による入会慣行が存したものと推認される。

然りとすれば、前記払下により、当時の中沢郷住民の全員である六七名は入会地の地盤を共有するに至り、本件山林につき共有の性質を有する入会権を有するに至ったものというべきである。しかして入会権の内容は各地方の慣習に従うものであるが、本件弁論の全趣旨によれば、本件払下前の明治五年には既に中沢郷会の組織が存在していたことが認められ、払下後は現在まで右郷会において本件山林を直轄支配してきているのであるから、右は払下の前後を通じ、いわゆる団体直轄の利用形態による入会であると認めるのが相当であって、払下により入会権が解体し、通常の共有権者による共有物の共同利用関係に転化したと認めることはできない。このことは、旧加入者六七名の共有持分権は常にその相続人の一人に限って相続承継され、これらのものが中沢部落の住民でなくなったときは、権利を放棄するか、他の共有権者もしくは中沢部落の住民の一人に権利を譲渡している事実や、払下後まもなくの明治二一年から明治四五年までの間に中沢部落内に分家した一四名の者が郷会への加入を認められ、本件山林の管理収益に参画してきたこと、その後も引続き同様に二三名の者が加入を認められたことからも裏付けられる。したがって、中沢郷会への加入を認められた、いわゆる新加入、新加盟の者は本件山林につき共有の性質を有しない入会権を有するものといわなければならない（ただし、その権利の内容は慣習によって定まる。）。

Xらは、加入金を支払い又は物品を提供して郷会に加入することにより本件山林の共有者の一員となったと主張する。なるほど、新加入者の加入金は払下時の旧加入者の拠出額と較べて相当の額と考えられる。しかしながら本件山林については明治三八年三月三〇日前記六七名のために共有による所有権保存登記がなされたが、右登記のなされる以前の明治二一年から明治三七年までの間に郷会に加入したX_1ほか九名の者は右の登記を受けていないことが認められる。この事実からすれば、右所有権保存登記のなされた明治三八年当時においては、新加入者が本件山林の地盤の共有権を取得したものとは理解されていなかったといわなければならない。」

この判決は、この入会地は明治三八（一九〇五）年に所有権登記がされたが、当時、明治九（一八七六）年に地券の交付を受けた本戸六七名のほかに、明治二一（一八八八）年以降に分家等によって集落に加入した新戸が九名いたにもかかわらず、本戸六七名のみで登記されたから、本戸六七名の共有入会地となった。したがって本戸六七名は共有の性質を有する入会権を有するが、新戸三五名は土地の所有権を有しない、つまり共有の性質を有しない入会権を有する、というのである。

この判示は登記に対する無理解を示したものというよりほかはない。明治九（一八七六）年当時全体で六七戸であったから六七名で地券の交付を受け、六七名共有で土地台帳に登載されたのであるが、後述（第四章）のとおり、はじめてする所有権の登記（保存登記）は土地台帳の所有名義人（またはその承継人）の名でしかできないのである。したがって入会地の所有権保存登記はその当時入会権者（入会地の共有権者）が何名であろうと、土地台帳に登載された者以外の者は登記できないのであるから、必ずしも登記された者だけが共有入会権者であったとはいえないのである。もっとも六七名以外に九名の入会権者がいたのであるから、六七名で保存登記した後九名を共有権者として追加（持分移転）の登記をすればよかったのであろうが、当時のことであるから人々は登記をそれほど問題にしなかったものと思われる。

すでに述べたように、一般に一個の入会集団の中で構成員である入会権者の権利は同質、平等であるが、必ずしも同量、同等を意味するとは限らない。この集落においても本戸と新戸との間で持分に差はあったが、入会地での作業はじめ集落のつとめを一戸前に果たしている以上、その権利に差はないはずであり、それ故に本件の第一審判決は新戸も本戸と同じように共有の性質を有する入会権を有することを認めたのである。それが控訴審裁判官の登記に対する認識不足から、一つの集落の中に土地共有者、非共有者集団という分裂した集団の存在を認めることになった。

なお本判決は、新戸の入会権確認の訴えは全員三八戸中三戸が参加していないから不適法だとして訴えを却下した。新戸が上告し、訴訟参加者の点については破棄差戻されが、新戸らの権利については上告棄却（最高裁昭和五八年二月八日判決〔52〕——一三七頁参照）され、土地の共有持分が認められなかった。

長野地裁上田支部昭和五八年五月二八日判決〔63〕

係争地は長野県八ヶ岳山麓、南佐久郡小海町稲子のいわゆる共有山林で、明治四五（一九一二）年、当時の村落住民七六名で所有権取得登記が行なわれた。この七六名は在来の旧家ばかりでなく分家して間もない者も含まれており（これは「本戸」）、その後分家や入村によって一戸前と認められた者（新戸）も係争地に対する権利を認められたが、これらの人々の共有持分取得の登記は行なわれなかった。戦後、係争地からの収益金の配分が行なわれたが本戸と新戸で差がつけられ、昭和四三（一九六八）年に登記上の共有権者たる本戸Yら七六名が協議の上共有林の一部を西武開発会社に売却したので、新戸Xら四五名はYら七六名を相手として、共有林中残りの部分につき、新戸が本戸とともに共有の性質を有する入会権を有することの確認、第二次的に新戸が共同使用収益権（共有の性質を有しない入会権）を有することの確認を求める本訴を提起した。

〔判旨〕「稲子部落においては、分家し又は他から転入して稲子地区内に一戸を構え、独立した生計を営み、永住の意思を有する世帯主は、組入りすると同時に、本件土地等について使用収益するとともに部落の出役義務を負担すること、即ち、一方において、稲子部落住民である名義人（本家）と共同して、右土地に立ち入り天然産物を採取し、右土地について稲子部落の行う造林事業に参加し、右土地に生育した薪炭材・パルプ材の競売において右名義人と同様に買受資格を有し、右名義人との間に格差があるとはいえ、右土地に生育した立木売却代金の配分を受け、他方において、右土地についての造林作業、道路・農業用水路の作業等について右名義人と平等に出役業務を負担すること、右のような要件を備えた非名義人（分家及び寄留者）は、右名義人と平等に、稲子部落の管理機関である役員会の構成員の選挙権・被選挙権を取得すること等が認められる。

稲子部落では、前記の要件を備えた分家・寄留者は、かつて寄留者に入山料が課されたり、立木売却代金の配分において配分方法・配分額の点で名義人と差異がある、ということはあるものの、他は稲子地区に居住する名義人と平等に、本件土地・西武への売却地を使用収益する一方、労役提供の義務を負担してきたこと等からすると、一応、その取得する権利は右名義人と同一の権利即ち共有の性質を有する入会権であるかの如くである。

しかし、明治四四年一二月の競売前に開かれた同年一月一八日の区民総会において、分家、寄留者は、分家或いは寄留によって当然にではなく、相当の費用を出金してはじめて本家と平等の権利を得る旨協定しているが、Xらにおいて右費用を出金したと認めるに足りる証拠はない。稲子部落では名義人から非名義人に対し、売買・贈与による持分譲渡がなされ、迅速にその旨の登記がなされているところ、これによると、分家・寄留者は前記要件を満せば当然に入会権を取得しうるにも拘らず、中には更に売買・贈与により持分を取得した者がいることになるが、新規取得者と更に売買・贈与により持分を取得した者との権利が同一であるとするのは合理的でないし、また部落住民相互間でも持分の譲渡がなされているが、譲渡人及び譲受人が譲渡前と同一の権利を有するとするのも不合理である。名義人と非名義人とで、立木売却代金の配分方法・配分額に差があること右配分において、名義人であっても持分を譲渡したときは以後非名義人として配分され、非名義人であっても持分を取得すると、以後名義人として配分されることが認められ、また寄留者は大正一二年頃まで義務金と称する本件土地等への入山料を払っていたことからすると、稲子部落住民であっても、名義人と非名義人とではその権利に差があることが窺われる。

以上の事実によると、分家・寄留者は、前記の要件を具備することにより、共有の性質を有する入会権を取得するとは認め難く、共有の性質を有しない入会権を取得したと解するのが相当である。尤もこのように解すると、一つの入会団体の中に共有入会権を有する者と地役入会権を有する者とが併存するという事態になるが、元来、入会地の利用形態の変遷、記名共有登記の経由及びその後の入会団体構成員の意識の変化等により、慣習は変化するものであるし、入会団体の権利関係も当該団体の慣習規範により決まるものであるから、法理論上ありえないとはいえない。そして、入会地の管理処分は右の入会権者全員の同意を要することであるから、実際上も不都合は生じない。」

このように、新戸は地役的入会権を有すると判示したので、新戸は共有入会権を認めなかったことを、本戸は新戸の入会権を認めたことを不服として双方控訴したが、第二審東京高裁平成七年八月三〇日判決〔63〕はともに控訴棄却した。

本戸も新戸もみな入会権者である。だが登記名義人である本戸は土地所有権を有するから共有の性質を有する入会権、新戸は登記上土地所有権を有しないから共有の性質を有しない入会権を有する、というのが、これら判決の主旨であると思われる。前述のように、このように分類することは、一つの集落の中に共有（入会）権者集団と、土地を有しない集団との二つの集団を認めること、すなわち一つの集落を二つに分裂させることになる。

入会地に対する公租公課を一切本戸側だけで負担し維持管理責任はすべて本戸が負い、新戸は一定の使用料（入山料）を支払うか、そうでなくてもただ入山利用するだけ、というのであれば事実上二つの集団の存在を認めなければならない。しかし、入会地に対する公租公課を集落の費用で支払い、入会地の管理義務をみなで負担している場合（通常はこのような形態）であるならば、登記名義の有無をもって、土地所有者集団と非所有者集団とを区別するのは適切ではない。

もっとも登記はともかく、先祖代々の住民（登記上共有権者であることが多い）と、一戸前の世帯として仲間入りして何年にしかならない新戸とでは、入会地に対する貢献度も異なるから、本戸と新戸との権利に差があるのは当然だ、ということであれば、それなりに理由がある。

しかし権利が平等であるということは必ずしもその内容が同等、同量であることを意味するものではない。前述のように、入会権の持分に差があり、それによって入会財産からの収益金配分に差がつけられ、あるいは割地の面積に広狭の差があるのは当然であるか、少なくとも不当ではない。このような権利の量の差が問題なのではなく、権利の性格、権利の質――つまり所有と非所有という――の差が問題なのである。この差を認めることにより、地盤所有者たる本戸は新戸の意思とかかわりなく地盤所有権を処分できる（そのことによって新戸の入会権が直ちに変動を来すことはない）、また本戸は地盤所有者として新戸の入会権行使に対して規制を加えることができる、ということになる。

しかしながら、社会経済事情の変化により入会地盤が取引価値を有するようになり、地盤所有権に対する意識が強くなる。その意識が登記と結びつき、とくに記名共有名義の入会地では登記上の所有者（のみ）が入会地盤所有である、と観念されることが多い。とくに記名共有名義の入会地の一部が売却されたことがあるような場合

（前掲仙台高裁昭和五五年五月三〇日判決〔52〕、前掲長野地裁上田支部昭和五八年五月二八日判決〔63〕においてもどちらの集落もそのような事実がある）は、売買に伴う所有権移転登記手続等を経験しているので、所有権登記と入会地盤所有とが結びつき、登記上の所有（共有持分）権者のみの共有地もしくは入会地であると意識するようになる。その結果、新戸の権利を拒否するか、あるいは入会権能を認めるとしても地盤所有権を認めず、地役入会権能しか認めない、ということが多い。

入会林野の伐開、跡地の植林や溜池の浚渫等を新戸、本戸全員で行なったなどの場合は格別、入会地の取得や造成に参画していない新戸は入会地盤の所有権能を主張することが難しい。そのため入会地盤所有権すなわち共有入会権の主張でなく地役入会権の主張をせざるをえなくなる。

以上のような事由により一つの入会集団の中に地盤共有集団と非所有集団という二つの集団が生れることになるのであろうか。

以上挙げたのはすべて記名共有名義の共有の性質を有する入会地についてのものであるが、次に挙げるのは共有の性質を有しない、市町村有の入会地に関するものである。共有の性質を有しない地役入会地、その代表的な市町村有入会地には、集団内で地盤所有権について問題となることはなく、その権能に差異を生ずる、つまり本戸は使用収益権能は割地利用が認められているのに対して、新戸は留山に対する権利しか認められないなど、たとえば次に挙げる判決がその一例である。

熊本地裁宮地支部昭和五六年三月三〇日判決〔60〕

熊本県阿蘇郡南小国町黒川は阿蘇山間の部落でかつてひなびた温泉地であったが、昭和三〇（一九五五）年以降温泉観光地として発展し、在来の農家で旅館や商店に転業する者、また旅館や商店としての外来者が急速に増加した。この部落の入会地は大正末期に町（当時村）有となり、採草、放牧に利用されてきたが、昭和に入ってから、人工造林が行なわれるようになった。温泉地としての発展に伴い、入会地を採草放牧に利用する者はYら二〇余戸の有畜農家（牧野組合を組織した）に限られてきたが、立木については売却代金の三割を町に納め、残りを部落の共益費に充ててきた。ところが、放牧地上の雑木をYらが伐採したことに端を発し、部落住民の非農家のうち、入会権者でかつ農家であった者および外部からの転入者で一戸を構えているXら四〇名はYら牧野組合員を相手として、自分たちもYらと同じく町有地上に入会権（ただし採草放牧の権利を除く）を有することの確認を求める訴えを提起した。

〔判旨〕「黒川部落には古くから部落住民によって組織される部落会があって、規約を有し、最高決議機関として部落総会がある。部落総会では、会計報告の承認、役員の選出、入会地内の天然木であるくぬぎの保護撫育と伐採の決定、分収林契約の同意等の入会地の利用方法の決定ないしその変更、入会地内のくぬぎ等の産物の売却収益の利用方法の決定、入会地の防火線刈り、防火線焼き、野焼き、道作り、学校林の下刈り、各種祭り等の部落行事の決定、各種行事に不参加の場合の出不足金と称する過怠金の決定、他の入会集団との紛争あるいは本件入会集団構成員による統制違反形態の入会権の不正行使（たてだし）問題の処理等が取扱われる。

部落会の収益のほとんどすべてが、古くから、黒川部落集落内の道路の設置・維持、街灯の設置・維持、消防器具の購入、学校施設の整備あるいはその他住民生活に必要な共益費に充当されてきた他、分収林の設定ないし伐採のための経費等にも使用されている。

黒川部落住民のほとんどは農業を営んでおり、牛馬を所有する者も多く、入会地に入って採草、放牧をし、あるいは各自必要に応じて薪炭用原木を採取していた。このほか入会権者各自の入会稼ぎの他、入会集団が薪炭原木を入会権者中の希望者又は第三者に競争入札により売却し、その売却代金を取得することも、古くから何度も行われたが、その収益は、すべて一旦部落会計に入金された後、共益費として利用され、入会権者個人に分配されることはなかった。戦後、殊に昭和三〇年以降家庭用燃料として、プロパンガス、灯油、電力等への需要が高まるにつれて、薪炭の需要が減退し、かわってくぬぎが椎茸原木（なば木）として高い商品価値を持つようになってきた。入会集団ではこのような変化に対応して、昭和三〇年頃から、くぬぎを薪炭用に伐採することを禁止し、椎茸原木として保護撫育して行くことになった。そして入会地の利用がこのように貨幣経済的契約利用形態に変化していったとしても、それは入会権の用益方法の変更にすぎないのであって、その収益が入会集団構成員の総有権の客体となっており、総手的意思の統制に服している以上は、入会権者らが何ら入会地の利用に与っていない等と解すべきものではない。もっとも本件入会地における従来の分収契約は、こうした発展した形でのそれでなく、黒川部落民の多くが造林組合員として参加し、収益も組合員個人に分配されることはなく、部落会計に入金されたりして共益費に使用されているのであって、契約利用形態というよりも、既存の入会権の用益方法の変化形態であるといえる。

この間にあっても、黒川部落民の脱農化が進行し、また農業の機械化によって牛馬を所有する者も減少し、家庭用燃料需要の変化、等もあって、次第に入会地に入って採草、放牧等入会地の古典的利用をする者も減っていった。牧野組合員の多数の者のように、採草、放牧等の古典的利用に与る者が入会地の利用に与っていることは明らかであるが、牧野組合員でない者も入会地上の立木その他の産物の処分収益を入会集団の総手的意思に基づき共益費に使用することによって入会地の貨幣経済的利用に与っていることは明らかであって、それが入会集団の構成員としての地位に基づいている以上は入会権の行使方法なのである。

入会権者は、慣習上、労役の提供等の一定の義務を果すことが必要で労役としては入会地と国有林境及び民有林境の防火線刈り、防火線焼き、野焼き、入会地内の牧道及びこれに通じる道路の整備、くぬぎ保護撫育地の下草刈り、牧柵の設置、維持、部落内の県道、町道等の整備等があった。不参加の場合出不足金の制度は古くから存在した。

入会権者となった場合には、入会権者としての権利義務においては、平等であって、従来からの入会権者世帯を承継した者（旧家）、分家、転入、帰村等入会権取得の態様によって、そこに差がもうけられることはなかった。もっとも、ここにいう入会権者の権利義務の平等とは、いわゆる入会権者としての資格に基づく形式的な平等であって、全く同一の取扱いがされていたことを意味するものではない。従って、現実に牛馬を所有している者だけが採草、放牧に与ったり、牛馬を所有している者の中にあっても、分家、転入、帰村による新規の入会権者に対しては、面積が限られている干草採草地の割地が容易には認められなかったり、または、将来、仮に入会地からの収益を入会権者個人に分配することがあるとしても、入村金支払の有無、入会権者としての義務履行の程度等の合理的基準に基づいて収益の分配に差がもうけられることがあっても、あるいは採草、放牧に与る者が採草、放牧に与らない者よりも、採草、放牧に関連する労務に関してより多くの出役をしていても、これらが入会集団の総手的意思に基づいており、しかも資格において同等である限り、入会権者の権利義務において平等である。」

このように非農家である転入者たちが入会権者であることを認めたが、その理由づけにやや不明な点がある。まず、「牧野組合員でない者も入会地上の立木その他の産物の処分収益を入会集団の総手的意思に基づき共益費に使用する」（傍点筆者）というが、総手的意思とは何のことか、明らかでない。入会地からの収益で集落の道路や集会所が建設されそれを利用しているからといって、それによって入会権者すなわち入会集団構成員であるとはいえず、それはその地域に居住することによって得る反射的効果であって、権利とはいえない。また、村落の共同作業に出役しているからとて、それが直ちに入会地と関係があるとはいえない。しかし、Xら原告の中には、本来入会権者であるが現に牧野を使用していない者がおり、その者たちも集落のつとめを果たす限り、入会権者としての地位を失うものではない。本判決はこの人々と同様に、転入者で入会地を直接使用しない者でも、集落の諸作業に出役する者等に（制限的ではあるが）入会権者としての地位を認めたものとして意義を有するというべきであろう。

3　入会権者（構成員）として認められなかった例

次は新戸が本戸に対する入会権者であることの確認を求めたにもかかわらず、それを認めなかった判決で、その数は少ない。次に挙げる新潟地裁昭和二九年一二月二八日判決〔24〕は神社所有名義、仙台高裁平成三年八月二八日判決〔56〕判決は本戸の記名共有地であるが、ともに共有の性質を有する入会地である。そしてどちらも、新戸の従来の林野利用を本戸の恩恵措置にすぎない、と判示している。果たして新戸は本戸の恩恵に頼らなければ生活してゆけないのであろうか。

新潟地裁昭和二九年一二月二八日判決〔24〕

係争地は新潟県東蒲原郡日出谷村（現阿賀町）水沢集落の入会地で、以前本戸四五名共有の入会地であったが、大正初期に入会慣習を尊重するという条件つきでY_2神社有に寄附された。明治以降生れた新戸は入会地の稼ぎに本戸と差をつけられ、本戸が係争地上の立木を売却処分したとき本戸のみに代金が配分され新戸は配分を受けなかったので、Xら新戸一二名は水沢部落（代表者Y_1）およびY_2神社を相手として、新戸が係争地上に入会権を有することの確認と立木売却代金の配分を請求する本訴を提起し、新戸は係争地がY_2神社有となる以前から引き続き入会稼ぎをしてきたと主張した。Y_1らは、新戸が入会稼ぎをしたのは本戸の恩恵的措置によるもので権利を有するからではない、と抗弁した。

〔判旨〕「本件土地は明治以前から水沢部落四十五戸四十五名の共有であって、共有者は之に入会して栗拾い、柴刈等を為し該土地より生じた収益は右入会共有者間で協議処分して来たのであって、その入会共有者は順次各自の相続者に権利が承継されて来たのであった。その相続者というのは戸籍上の相続人の謂でなく事実上祭祀家業を承継して世帯主となった者を指し家業を継がなかった者はその権利を承継せず又他に転出したものはその権利を失うことになっていたこと、その権利の得喪については共有入会権者の協議により決定していたこと、而して右四十五戸四十五名は右祭祀家業の承継の関係、転出、廃絶家の関係より現在は四十一戸四十一名に減じていること、右関係以外の分家者転入者は本件土地に関し右四十一名のような権利はなく、唯恩恵的に栗拾い、芝枝採取に入山することが許容されていたが、これとて、単に恩恵的のものであって権利としてではなかったこと、X等は右四十一名以外の分家ないし転入者であって従て右のような共有入会権を有しなかったものであることを肯認するに足り、前示四十五戸中四十五名の子孫であって正当相続人であっても本家の祭祀家業を継がず事実上これを継いだ分家者がある場合には、共有入会権者協議の上事実上右の事実上祭祀家業を継承した者を権利者となし戸籍上の本家相続如何には拘泥しなかったこと、又他に転出廃絶家した者は入会権を喪ったものであるところ、X等主張のA_1の各系統はいずれも右各人の先代又は先先代等において事実上本家の祭祀家業を継承した関係上分家者なるに本件入会権の取得を承認され、その代り本家相続人は入会権を喪失し、Y等主張のA_2についてはその先代等が事実上祭祀家業を承継せず分家者において事実上これを承継したため入会権を喪失したものであることが肯認され右事実ないしその他X等主張のような事実があったとしても未だ前示認定を覆えすには足らないといわねばならない。然らばX等が当初より甲部落民として本件土地に対し入会権を有していたというX等の主張はその理由がない。」

仙台高裁平成三年八月二八日判決〔56〕

岩手県の東南部大船渡市赤崎町のうちの合足《あったり》という集落の共有林は、明治初期の官民有区分によってYら一三名所有名義となり、大正八（一九一九）年Yらの共有地として保存登記され、Yら住民の入会地として採薪、採草の用に供されてきた。Xら六名は昭和一三（一九三八）年頃から約二〇年の間にYらの家から分家した新戸で、分家後採薪、採草のため入会地に立ち入っていた。しかし昭和二七（一九五二）年ころ立木を伐採売却した代金の分配も受けず、その後YらがXらの権利を否認する態度に出たので、Xら六名はYら一三名を相手として本件土地上に同じく共有の性質を有する入会権を有することの確認を求める本訴を提起して、Xらはそれぞれ分家独立したのち、本件山林に立ち入り、小柴下草の採取をし、Yらと同様に植林刈払等の義務を果たしたことを理由に入会（持分）権利者であると主張した。

第一審盛岡地裁一関支部昭和五一年三月二六日判決〔56〕は、共有地の沿革、従前の慣習を詳細に審理して、XらがYらと同じく共有の性質を有する入会権を有することを認めた。Yら控訴。第二審では、Xらの収益行為に差があることや、近隣の集落では入会権者となるため加入金を支払っているが本件では加入金を支払っていないことを理由にXらの権利を認めなかった。

〔判旨〕「本件山林はYらが組織する山主会が管理、利用し、同会が専ら費用を負担し、また殆んど労力を提供して杉、松など造林してきたこと、Y_4又はその先代は分家と同時に当然に本件山林の権利を取得したのではなく、加入金を支払って加入を承認されたものであることが窺われ、Xらも昭和二七年の一村議定書審議会の審議までは権利を主張したことがなかったこと、一村議定証記載の他の山林の最寄り部落においても、山林の権利を取得するには総会などの承認を要し、入会金を支払うこととされていること等の事実に照らすと、本件地区に居住する世帯主が当然に入会権を取得する又は入会権者の世帯から分離独立して本件地区内に居住する世帯主が当然に入会権者になるのではないことが認められる。

したがって、Xら主張の入会権の資格要件を前提としてXらが本件山林の入会権を取得したとのXらの主張は前提を欠くものとして採用できない。

もっとも、Xらが本件山林において天然の雑木の枯損木を自家の燃料用に採取することは従前より認められてきたところである。しかし、本件地区においては、本件山林以外の個人所有の山林についても、Xらが右のような枯損木を自家の燃料用に採取することは黙認されていたことが認められ、右事実に照らすと、Xらが本件山林において枯損木を採取することも、Yらが恩恵的、好意的にこれを黙認してきたことによるものと認められる。

以上の次第で、Xらが本件山林について共有の性質を有する入会権を有することの確認を求める主位的請求及び共有の性質を有しない（地役権類似の）入会権を有することの確認を求める予備的請求はいずれも理由がない。」

次は同じく新戸の本戸に対する権利確認請求に関するものであるが、対象地は墓地、いわゆる村墓地である。

佐賀地裁唐津支部平成一六年一月一六日判決〔92〕

佐賀県唐津市佐志集落には、いわゆる村墓が二、三か所あり、本戸約一三〇戸の共有とされ、本戸はそれぞれ自家の墓地（墓碑墓石）を有していたが、新戸（とくに戦後の分家や入村者）は墓地をもたず、ごく少数の者がそのうちの西墓地と呼ばれる整備されていない墓地内に卒塔婆だけの墓をもっていた。昭和四〇（一九六五）年ころ、前記本戸約一三〇名（地主組合Y）は、西墓地を廃止・転用する方針を決め、それによって、卒塔婆をもっていた数名は他の墓地もしくは寺院墓地に納骨した。しかしそれまではまだ遺骨をもたない（世帯内で死者が出ていない）者は納骨する墓地がなくなると反対して、墓地保存会を組織し、Yと交渉、その結果、昭和六三（一九八八）年に、他に然るべき代替地をYが提供するという条件のもとに、西墓地の廃止転用に合意した。

ところがYは、適当な代替地を提供せず（提供したという土地は集落の所有地であるが、道路沿いの帯状の土地で墓地としては不適である）、西墓地を駐車場に転用したので、墓地保存会代表者X_1X_2（選定当事者）はYを相手として、墓地使用確認と原状回復を求める訴えを提起した。

［判旨］「本件土地はかつて佐志地区内の住民が共同で管理運営するいわば村墓として使用されてきたものであることに争いはなく、そのような場合の墓地使用権は住民という集団構成員及び地位と結びついた古くからの慣習に基づく、いわば、入会権類似の物権であると解される。

そして、およそ、墓地使用権とは、先祖の霊を安置するという宗教的意義を基礎としつつ、神聖かつ宗教的礼拝の用に供するための祭祀財産である墳墓を所有するという特定された目的のために特定の場所において設定されるものであり、墳墓そのものが容易に他に移動できない施設であり、しかも、その施設が墓地と一体になって墓石などの特殊の標示物によって公示されるために固定性を具え、さらに墳墓の所有権は祭祀主宰者に受け継がれ、承継者が断絶して無縁とならない限り、原則として永久に承継されていくものであって、そのように墳墓と墓地使用権は一体不可分の関係に立つため、永久性を有し、民法施行前から慣習上生成した権利であって、民法施行後も同一内容をもって社会慣行上認められているものである。そして、村墓においては土地を複数の使用者ごとに区分して共同使用し、各使用者は割り当てられた使用区域に墳墓の施設を所有して当該区域を専用するが、墓地使用権自体は当該区域のみならず、土地全部につき成立し、各使用区域の侵害に対してはもとよりのこと、残土地全体を墓地として墳墓所有のために使用する権利に対する侵害状態が現に存する場合にはいわゆる物権的妨害排除請求権が認められ、各権利者がそれぞれ侵害者に対し、侵害の排除を請求しうる。

入会権的な墓地使用権の消滅ないし放棄には、墓地使用者全員の合意が必要となるところ、まず、その当時までに家族の一員が死亡して埋葬、納骨の必要がなかったものにはそもそも同墓地使用権は認められない。

この点、X_1X_2は、当時仏様をもたなかった者、つまり、墓石や墓標等を有しなかった者にも入会権的な墓地使用権が認められる旨主張するが、同墓地使用権は物権であるのだから、物権という強固な権利を認める以上、その権利を有する者は家族の一員が死亡して埋葬、納骨の必要がある者に限定されるべきである。」

ここでは新戸は村持共有墓地所有権にはふれず（本戸の共有と認識していると見られる）墓地使用権のみ主張しているが、墓地である限り（その改廃は行政庁の許可を要する）売買、変更されることはないから、地盤の所有権は格別問題にしなくともよいと思われる。それにしても、家族の一員が死亡して遺骨の埋葬を必要とする者でなければ墓地の使用権をもつことができないというこの判示はまともなものであろうか（仮にそうであるとすれば、先祖伝来の墓をもたない者は自分の生存中に墓地を求める権利がないことになる。そのような観念は国民一般に受け入れられるものであろうか）。ちなみに本判決の第二審福岡高裁平成一八年五月二六日判決〔92〕は、地主組合が提供した代替地は組合が所有しない（他人所有の）土地であるはずはないから、本件での代替地は地主組合唯一の所有地である帯状の土地しかない、という理由でXらの訴えを認めなかった。

入会権の主体である集落が外部からの転入者等によって世帯が増加し、いわゆる都市化し、在来の入会権者たる本戸も含めた地域居住者によって町内会、自治会等の組織が生れることが多い。在来の入会権者による入会地の共同利用が行なわれない状態にあって、入会地の一部が売却されたりあるいは貸付け（契約利用）により収益金を受けたとき、あるいは売却または貸付利用の可能性がある場合など、これらの転入者などが集落の住民として自らも入会集団構成員であることを主張することがある。この場合、在来の入会権者のみによって入山利用されていないこと、在来の入会集落が世帯の増加によって町内会、自治会に発展変容したという理由で、個々人ではなく町内会、自治会等の名で入会地に共同所有権（必ずしも共有入会権とはいわない）を有することを主張し、その当否が争われることが少なくない。

福岡高裁昭和四八年一〇月三一日判決〔44〕

係争地は福岡市に北接する福岡県糟屋郡新宮町下府《しものふ》部落所在の海岸近くの砂山である。もと国有地であったが、下府および隣接の夜臼《ゆうす》両部落住民に売り払われ、両部落の代表者三名共有名義で登記された。昭和二七（一九五二）年頃から海水浴場や魚乾燥場として貸し付けられて、その貸付料は部落の諸経費に充当された。下府部落は昭和三〇（一九五五）年頃から宅地化が進み、勤め人等の外来者や商店等が増加したが、主として農家である在来の住民と生活条件を異にするので、同三四（一九五九）年にこれを分離して第二部落とし、在来の住民集団を第一部落とした。その後、係争地の賃貸、交換等をめぐって係争地の所有権に争を生じ、第二部落は、第一部落および夜臼部落ならびに係争地の記名共有者三名を相手として、係争地が下府第一、第二部落および夜臼部落の共有に属することの確認を求める本訴を提起した。第一部落側は、係争地は下府、夜臼部落の在来の住民八九名で組織する山組合が国から売払いを受けて取得し当時の山組合代表者三名の共有名義に登記したもので、部落所有の財産ではなく、当時は山組合員と部落住民はほとんど一致していたが、山組合規約により在来の山組合員のほか一定の金員を負担する分家以外の者は新たに組合員になることはできないと抗弁した。

第一審福岡地裁昭和四二年九月二二日判決〔44〕はほぼ第一部落の主張どおり、明治三六（一九〇三）年在来の下府部落住民が、もと下府部落（村《むら》）持で明治初期国有に編入された山林の下戻しを受け、その山林を管理するため行政上の部落とは別に山組合を組織し、その山組合が昭和一〇（一九三五）年国から係争地を買い受け、組合の代表者三名共有名義で登記し一定の慣習のもとに権利の得喪を認めて使用してきた事実を認定し、行政上の部落の所有に属するという第二部落側の主張を認めなかった。

第二部落側は控訴して、係争地は山組合の所有でも、行政体たる部落の所有でもなく、地域共同体としての三部落の共有に属する、と主張した。

〔判旨〕「新宮町大字下府はもと下府、夜臼の二部落があったが、明治八年地租改正の際もと村共有林として両部落民が多年にわたり支配してきた山林が誤って国有林に編入されたため明治三一年四月森林原野下戻し法の発布に伴い、当時の部落住民（ただし寄留人を除く）が下戻し申請をなし、明治三六年五月これが下戻しをうけて所有権を取得し、翌明治三七年頃下戻しを受けた当時の両部落民をもって部落とは別に「森林保護組合」なる私的団体を組織した。同組合は多年の宿願であった前記山林がようやく手に戻ったのを機会に、以後同山林を荒廃させるにおいては数十年に及ぶ払下げまでの苦心を無に帰せしめることになるとして同山林の補植繁茂を目的に組織されたものであるが、同組合規定によれば組合員は別紙人名簿記載のとおりであり、その資格は家督相続（本家）により承継され、分家した者は当然にはその資格を取得せず一定の金員を支払って独立の資格を取得することになっており、また、有資格者が他町村及び他大字に移転、転籍した場合には資格を喪失するが、再び当大字に帰籍した場合には資格を回復することになっており、組合員には一定の手続を経て右山林の伐採や落松葉の採取が許されることになっていた。

(ロ)　そして何時の頃からか前記山林を一号山から五号山までに五分し、組合員も右一号山から五号山までにそれぞれ分属して各担当山林の維持管理に当るようになり、各号山それぞれに役員を定め、夫役に出ない場合の賠償金（ミシンと称した）の徴収、枯木、伐木の売却代金、落松葉採取の権利金等の収入や樹木の補植費用、寄り合いの茶菓代その他の支出、貸付金、分配金等の収支を明らかにするようになり、自然に前記組合を山組合と称するようになった。もっとも山組合には各号山全体を通じての役員というものは昭和三六年頃までは定められず、山組合全体の問題については各号山役員の合議という形で運営されてきたが、これは山組合発生の当初部落民と組合員は殆ど一致していたので部落の有力者は山組合でも有力者であり、それらが双方の役員を兼併することが多く、山組合の寄り合いも部落総会の催されたのち引続いて開催するような慣行が定着し、山組合員にとって部落と峻別された組合としての山組合の意識が薄く、自己の所属する個々の各号山については直接利害関係があるだけに関心の的になっても全体としての山組合と部落との相違についての関心はなく、その必要性を感じるような問題も起らなかったからである。

(ハ)　本件土地は右山林に接して海岸に帯状に広がる砂浜地帯で砂の採取以外に格別の利用価値はなく、国有地ではあったけれども記念碑山の管理と同様に各号山で担当区域を定めて松などを植林してきたような事情があって昭和一〇年に亡A_1ほか二名の名義で国から山組合が払下げを受けたが、法人格を有しない同組合としては所有権公示の方法もないので登記を前記三名の共有名義にすると共に新宮町役場の課税台帳の名寄帳には昭和一〇年九月から部落財産として登載し、固定資産税も昭和三七年頃までは部落名義で納入してきた。永い間このことについて深く怪しまなかったのは前叙の如く部落と山組合全体を峻別する意識に乏しかったからに他ならない。

㈡　他方、全体としての山組合の意識とは逆に各号山においては時の経過と共に担当山林に対して殆ど権利主体と同様の意識をもつようになり、大正末期から各担当山林（土地）を賃貸し、更に昭和の初め頃から土地を売却するようになり、それら賃料や売却代金を各号山組合で貯金したり組合員に分配したりするようになった。特に終戦後に売却処分が相次ぎ、現在の下府第二部落はほとんどが右の如くして入手した土地の住民で占められるようになった。終戦後の昭和二〇年代後半に入って今迄あまり利用価値のなかった本件土地まで塩干魚製造場とか海水浴場敷地として利用価値が高まると共に専業農家である組合員以外の雑多な職業について意識も異なる新入部落民の数が増加するにつれ、それらの新興勢力の発言に押されて従来から全体として機能し得る充分な組織を有せず且つその意識も薄弱だった山組合は部落との区別がいよいよあいまいになって内部的にはとにかく、対外的交渉や記録のうえでは部落のかげにかくれるような有様となった。たとえばB会社からの海水浴場敷地賃借の交渉等は部落がなし、山組合自体としては若干の謝礼を貰って甘んじるような恰好となって前記の如く部落財産の収支決算報告書にもそのような記載がなされてきた。もっとも塩干魚製造場敷地など土地の賃貸は部落内部の人との間になされているので従来どおり山組合との間になされている。

(ホ)　ところが昭和三〇年代に入るや下府部落は専業農家で山組合員を中心とする下府第一部落と種々の職業について生活基盤や利害感情を異にした新入部落民を中心とする下府第二部落とに分裂するようになった。部落分立後、下府一、二部落と夜臼部落の三部落間で覚書がかわされて次のような妥協的解決が計られた。すなわち記念碑山の交換については多年にわたる管理の謝礼として山組合に右山林の交換時の営林署評価額を支払う、以後山組合員はその管理を『大字下府部落民』に移す、交換成立後の取得地及び立木並びに記念碑山交換残地についても『大字下府部落民』平等の権利義務のもとに処理するという骨子であった。右覚書には三部落代表以外に山組合を代表して$A_1A_2A_3$が名を連ね調印しているが、山組合としても時の流れには抗し得ないし、名目は如何ようであれ、営林署の評価額にしろ記念碑山代金を貰えるということで了承したものである。

(へ)　これが契機となり、他に海岸の砂窃取問題が起ったりして山組合にも全体として組織の必要が感じられ、昭和三六年頃に山組合全体の代表としてA_4が選ばれ、従来の部落と混淆されるような記録方法も改められ、固定資産税等も山組合名義で支払われるようになった。

前認定のいきさつからすれば、本件土地は山組合の所有というべきであって部落有として第二部落にもその持分権ありとはなし得ない。」

大阪地裁堺支部平成八年二月二三日判決〔84〕

本件係争地は、大阪府堺市草部にある通称鶴田池で、旧草部村ほか六村立会いの用水池であったが、土地台帳(登記簿表題部)上、「大字草部六大字　共有地」と登載されており(権利登記はされていない)、これらの集落の住民(農民)によって農業用利水の溜池として共同管理されてきた。

当地区一帯もいわゆる都市化が進み、溜池用水を使用する農家も減少してきた。昭和四七(一九七二)年ころ、溜池管理権を有する「光明土地改良区」が鶴田池の一部をゴルフ場打ち放し練習場として、観光会社に貸し付けた。これに対して、草部地区住民団体である草部住民自治会ほか二自治会(Xら)が、この草部三自治会が大字草部と同一の団体であり、昭和一五(一九四〇)年ころ鶴田池の所有権を取得して黙示的に土地改良区に管理を委託していたが、土地改良区がゴルフ場として観光会社に貸し付けたのは管理権の濫用であり自治会に対する背信行為である、という理由で、光明土地改良区と観光会社を相手として、土地の明渡しならびに不法行為による損害賠償を求めた。

【判旨】「現在『町内会』あるいは『自治会』と称せられる団体は、その来歴や形態等において様々であり、一概には論じがたいけれども、一般に相互扶助や共同活動の必要性を背景に、農業の合理化等に伴う住民構成の変化（特に非農家の増加）や戦時体制下における政府による設備などを契機として、発生し組織化されてきた歴史を持つ住民の自主的組織である。Xら二自治会も同様の経緯で昭和一五年ころに発足したものと見られ、もと大字草部の一部をその地域とし、そこに居住するほぼ全世帯である約三五〇世帯が加入するが、加入は任意であり、現在農家は一〇世帯程度にすぎない。

当時の各水利共同体である『むら』は、末端の行政組織でもあり、また、住民はほとんどすべて農民であったと見られるから、水利共同体を住民全体と同視することも必ずしも不可能ではないかもしれない。Xらも、地券が交付された『草部』は水利共同体ではなく『草部』地域に居住する住民全員であると主張するとともに、仮に『草部』が水利団体を意味していたとしても、当時は、居住者全員と同義であり、その後、池の地盤の所有権が重要な価値を持つようになって、水利団体ではなく住民全体が権利主体となってきたとして、当時の『草部』地域と同じ範囲の明確な地域を有し、居住住民全員で構成される草部三自治会は、地券の交付を受けた『草部』と同一の団体であると主張する。しかし、『むら』が生活共同体としての面と行政組織としての面を合わせ持っていたのは、明治以前であり、明治以降両者は分化し、行政組織としての『むら』は、明治五年の区制、同七年の大区小区制から、同二一年の市制、町村制とその前後における町村合併を経て、近代的公法人としての市町村の一部に組み入れられる一方、非農家の住民も次第に増加していった。そして、Xら自治会は、自主的住民組織として現在の行政組織の最小単位である堺市からは一定の独立性を有し、しかも、ほぼ全世帯で組織されてはいるけれども、加入を強制されない任意団体であって、必ずしも住民全員を組織し代表していると見ることもできない存在である。したがって、Xらの現在の自治会が住民のほぼ全員で組織され、末端の行政組織としての権能を一応果たしているとしても、もはや、行政組織としての『むら』を承継した団体であるとはいえず、ましてや、地券の交付を受けた水利共同体との同一性を肯定することはできないというほかはない。また、池の地盤の重要性の増大に伴い権利主体が水利団体から住民全体に移ってきたという旨のXらの主張も、その根拠が必ずしも明らかではないし、慣習法の形成を根拠とするとしても、それ自体、後述する鶴田池の一部の売買の経緯や自治会役員らの認識を理由とするものにすぎず、明確かつ合理的な根拠に基づくとは到底いうことができない。さらに、Xらは、池が水利権者の集合体である水利団体の所有であるとすると、池の水を利用する農家が皆無になれば所有権が消滅することになって不合理である旨指摘するけれども、だからといって、原告ら自治会に所有権があるということにはならない。

前記認定のとおり、明治の初期、鶴田池の所有権は、地券の交付により、実在的総合人ともいわれる住民の総体である『むら』（水利共同体）の連合体にあるとされたが、その後『むら』の中で次第に水を利用する農家が減少し、地域の住民と水利共同体とが著しくかい離するようになって、所有権の所在の認定が困難になった。現在において『むら』の権利を承継している主体が誰なのかが次の問題である。確かに、Xらの指摘を待つまでもなく、例えば、農家がごく少数、特に皆無になった場合を考えれば分かるように、その承継主体を単純に水を利用する者の集合体と捉えることはあまりにも不合理であるというほかない。しかし、逆に、池の地盤が価値的に重要になったからといって、これまで水利に関わることのなかったものが突然池の所有者となるわけでもないのである。したがって、池を管理支配してきた『むら』の承継主体が何かを考えるべきである。もちろん、池の管理利用主体とその所有主体は必ずしも一致するわけではないが、現在の管理者、管理状態などが、所有主体を決定する一要素であることは否定できない。」

入会権者となるためには必ずしも入会地を利用することを必要とするものではないが、ただ入会地ないし入会財産を利用している――たとえば山菜採りに山入りしているとか、共有の雑種地を作業の物置場に使用しているなど――だけで権利が認められるものではない。重要なことは入会地の維持管理の労働に集団の一員として果たすことである。集団の一員となるためには、集団の諸行事にも参加することが求められることが多い。行政的に同一の地域（区や町内会など）であることは必ずしも必要ではないが、ただ同じ地区内に長く居住しているだけでは権利者となることができるものではない。

三　入会権利者としての地位喪失

入会権者であること、すなわち持分としての入会権を有することは、入会集団の構成員であることによって認められるものであるから、その集団の構成員でなくなればその権利を失う。

どのような場合に権利を失うかについて前掲大審院明治三三年六月二九日判決〔1〕が、「その土地から住居を移転すれば権利を失う」というように、その集落から転出すれば入会権者でなくなるが、転出しなくとも、集団構成員の資格を失うことがある。入会権者としての義務を果さなければ権利を失なうのは当然で戦前に次のような判決がある。

安濃津地裁明治四五年二月二〇日判決〔9〕

〔判旨〕「本件山林に付ては古来西区に住居し且つ独立して部落の費用を支出する者に限り共同でその山林を支配しその地盤を共有すると共にその土地及毛上の使用収益をなすべき権利を有し、一旦その村を去り住居している事実がなくなるか又は部落の費用を負担しなくなったときは当然右山林に対する権利を失ないその後は再び右の要件を備えるのでなければ何の権利をも取得することができない。」（傍点筆者）

この判決に示されるように、入会権者であるためには部落に一戸を構えてかつ部落の費用を負担するのは当然であるから、費用を負担しなかったり、数回にわたって必要な出役をしなかった場合など、義務を履行しないのであるから権利を失うのは当然であろう。どの程度義務を果たさなくなれば権利を失うかは、各集団の取り決めによって決められるが、不当な（たとえば政治的、感情的な）理由で権利を失わせることのないよう留意すべきであろう。

「転出失権」の原則は入会権における基本的な慣習といってよく、戦後の判決も早くからこのことを判示している。

盛岡地裁昭和三一年五月一四日判決〔27〕

これは岩手県二戸郡浄法寺町（現二戸市）杉沢集落における入会権の存否についての争いにおいて入会権者の地位について示したものである（九六頁参照）。

［判旨］「入会関係における権利取得はいつも原始取得であり、承継取得ではない。部落の住民としての資格を得れば当然に原始的に権利を取得し、部落外に出てその資格を失えば当然に喪失するのである。」（傍点筆者）

まさにそのとおりであるが、交通が便利となり、また行政区画の変動などが行なわれる現在、どのような場合が「転出」なのか、また転出すれば一切の権利を失うのか、が問題とされる。「転出」というのは、その集団から抜ける、つまり集団構成員としての付き合いをせず、そのつとめを果たせない状態になることをいうのであるから、単なる行政区画の変動や、たとえば区会や自治会が新たに分離独立して別組織となったとか、大字境の外数百メートルのところや字境の川向うに移転した、などということだけでは転出したことを意味しない。ただそのことを理由として集落との付き合いをせず、新たに別の集落の入会権者（単なる住民ではない）となれば、いままでの集落住民でなくなり、入会権を失うことになる（一人（一世帯）が二つの入会集団の構成員であるということはありえない）。

しばしば問題となるのは、共有の性質を有する入会地において、登記上所有権者である入会権者が集落外に転出したとき、登記上所有権者がそのままであるため、転出しても何らかの権利（土地共有権）がある、などと主張されることがある。

しかし、転出失権とは、入会権者としての共有持分権を失うことであるから、入会地に対する使用収益の権利だけでなく土地の持分権も失うのであって、登記上共有持分権の登記があってもそれは実体にそぐわないものであり、登記如何にかかわらず転出によって一切の権利を失うことは、次の判決以来確定した理論である。

最高裁昭和四〇年五月二〇日判決〔37〕

広島県三原市の釜山谷集落の入会地は四五名記名共有名義で登記されており、割地利用が行なわれていた。入会権者であり登記上共有権者であったAが外部に転出し、登記上の持分四五分の一を集落外のXに売却した（Xは持分権移転登記）。一方、割地（分け地）の権利は集落の新戸Y（登記上持分権を有しない）に与えられ、Yが割地上の立木を伐採したところ、XはYを相手として、その土地に共有持分権を有することの確認と、立木伐採禁止を求める訴えを提起した。

第一審は、土地は四五名の共有地であるという理由でXの主張を認めたので、Yが控訴した。第二審**広島高裁昭和三八年六月一九日判決〔37〕**は入会地利用の変化について詳細に説明した上（一〇八頁参照）、次のように判示してYの主張を認めた。

「釜山谷部落は町村制実施以前においては隣接する生田谷部落と共に釜山村なる一村を構成していたものであって、釜山谷共有林は生田谷部落の同様山林と共に明治初年頃迄は釜山村村民共同の平等的な使用収益の目的に供せられ、右村民は自由に右両山林に立入り柴草、薪炭材等を採取していた。ところが明治初年頃右両山林は右両部落によって各別に支配管理されるようになり、その後程なく釜山谷部落においては部落全戸を地域的に四組に分けて釜山谷共有林の大部分を右各組に割当配分し、右各組においては夫々更にその割当区域中一部を組持の共同使用収益区域に残した上で残余をすべて組所属の各部落員に分け地として配分し、部落民各自は割当を受けた分け地については地上立木の独占的な使用収益を享受するようになった。しかし、右分け地を配分するようになったのは、部落民の山林乱伐による荒廃を防ぐためであったから、柴草の採取のためには分け地の制限なく、毎年節分から算えて一二〇日目禁止期間の終了（これを山の口があくという）をまって、部落民はみな何処にでも自由に立入ることができることになっていた。そして、部落民が家をたたんで部落外に転出したときには分け地はもとより右共有林に対する一切の権利を喪失し、反対に他から部落に転入し又は新たに分家して部落に一戸を構えたものには、組入りをすることにより、右共有林について平等の権利を取得するならわしであった。

明治初年頃釜山谷部落とは別々に部落山林を支配管理するようになった生田谷部落においては、当時より現在に至るまで、部落居住者はすべて組入りの権利を有し、組入りをした部落民は平等の資格で部落山林の使用収益をすることができ、部落を去ったものはすべて右権利を喪失すること、右使用収益の方法については柴草については部落民の自由であり、立木については或程度規制されているが釜山谷の如き分け地はなく、最近では組単位で毎年一定時期に各組の伐採すべき区域を決めて伐採し、その収益の一部を以て公租公課の負担に充てて残余を各組員に分配するが、右伐採の仕事に出なかったものには分配しないこと等の慣習が行なわれている。

明治三六年の分け地配分の転出者として分け地の配分にあずからなかった者は、たとえ登記簿上の共有名義人であっても、右共有持分権等を取得するに由なく、反対に右配分を受けた部落民は、登記簿上の名義はなくとも、その後部落民たる資格を喪失していない以上右共有持分権を取得した筈である。
Aが明治三六年前記分け地配分の際釜山谷部落に居住していなかったものであることは弁論の全趣旨に照らして明らかである。従って、同人が右配分により本件山林につき入会権者としての使用収益権を取得した事実はなく、もとより本件山林の所有権はおろか、釜山谷共有林について共有部分を取得すべき筈もない。そうすると、同人より更にXがこれを買受けて所有権を取得した旨のXの主張は採用しえないことが明らかである。」

Xは、分け地を入会地と判断したのは誤りであるという理由で上告したが、最高裁判所は次のように判示してYの主張（Xが権利を有しないこと）を認めた。

〔判旨〕「釜山谷共有林は、釜山谷部落民共同の平等的な使用収益の目的に供されていたが、明治初年頃右部落全戸を地域的に四組に分けて釜山谷共有林の大部分を右各組に割当配分し、右各組においてはそれぞれ更にその割当区域中一部を組持の共同使用収益区域に残した上で、残余をすべて組所属の各部落民に分け地として配分したが、柴草の採取のためには分け地の制限はなく、毎年一定の禁止期間の終了をまって、部落民一同はどこにでも自由に立入ることができたし、部落民が部落外に転出したときは分け地はもとより右共有林に対する一さいの権利を喪失し、反対に他から部落に転入し又は新たに分家して部落に一戸を構えたものは、組入りすることにより右共有林について平等の権利を取得するならわしであったこと、そして、明治三六年分け地の再分配を行なったが、右共有林自体に対する部落民の前記権利について他の部落民又は部落民以外の者に対する売買譲渡その他の処分行為がなされた事例は、少なくとも大正六年頃までは認められないというのである。しからば、原判決が右分け地の分配によって入会権の性格を失ったものということはできないとした判断は、正当であって是認できる。」

この判決以後、転出した登記名義人に権利を認めた例はない。本来登記名義人であった入会権者は、入会権者であることによって登記上所有（共有）権者とされたのであるから、入会権（共有持分権）を失うことによって登記上の所有（共有持分）権を入会集団（登記上は他の共有入会権者）に移転登記をすべきであるのに、それをしていないためこのような状態が生ずるのである。しかしながら登記上の所有権者であった入会権者が転出して事実上権利を失っても、必ずしも共有持分権の移転登記が行なわれるとは限らないため、登記を理由として入会地に対する権利があると考える者が稀でなく、それらの者に対する持分の移転登記についてしばしば問題を生ずることは後に見るとおりである（一七二頁以下参照）。

次は、登記名義とは関係なく、入会権者であった者が転出後も入会財産からの収益金の配分を受けたり、逆に入会集団に送金している場合など、入会地に権利を有しているのか否か、という問題である。

広島高裁松江支部昭和五二年一月二六日判決〔46〕

島根県隠岐島、隠岐郡西郷町（現隠岐の島町）東郷部落（地下《じげ》）のいわゆる共有林（部落代表九名共有名義）は同部落住民地下前《じげまえ》（共有林の持株）を有する者の出役によって造林が行なわれてきたが、戦後造林木が売却されてその代金の一部は部落共益費に充当され、一部は地下前を有する者の名簿に記載されている者に配分された。ところがその中には部落に居住していない転出者Xらが含まれていたため、次回の配当からXらは除外された。

そこでその配当を受けなかったXら三名は同部落を相手として収益金の配分を請求する本訴を提起した。これに対して部落側は、同部落が入会団体であって係争地は同部落入会集団構成員の共有の性質を有する入会地であること、ならびにXらがその構成員でないことの確認を求める反訴を提訴した。

第一審松江地裁昭和四三年三月二七日判決〔46〕は、係争地に権利を有する者が部落住民全員でないこと、権利が譲渡されまた相続により承継されていることを理由に、係争地は地下前権利者の合有財産であって入会財産でないと判示し、Xらの請求を認めた。東郷部落は控訴して、係争地が当部落有入会財産であって、地上立木売却代金は部落公共費に充当するのが原則で、個人に配分するのは例外的にすぎず、地下前権利者は部落内に現住して一戸を構え財産の管理その他作業等の負担をする者に限られるから、その資格を欠くXらは地下前権利者ではない、と主張した。

【判旨】「(1)　地区住民の中に地下前を有しない者が存すること、換言すれば、地区住民の総員が地下前権者ではないことは、本件共同財産が入会権の目的であるか否かの問題とは無関係である。江戸時代の『村中持』の主体は、一定地域の居住者の総員であったのではなく、むしろ村持集団の構成員として承認されない居住者が存在するのが常態であったし、今日各地にみられる入会団体においても異なるところはないからである。一般に『入会権は一定地域の住民全体に総有的に帰属する。』と言われるが、右の『住民』とは、『居住者』を意味しているのではなく、『入会団体の構成員として承認されている人』を指しているものと理解すべきである。

(2)　地下前権者が死亡した場合に、その『家』を継ぐ者が地下前を承継するという慣行は、他の多くの入会団体におけると同様に、現行民法施行後も一貫して維持されている。

(3)　地下前の譲渡は、規約制定以前においても地下前権者の自由に委ねられていたわけではなく、部落の統制のもとにおかれていた。すなわち、譲受人は、在村者に限られており、かつ、総会の承認を得て初めて権利者として認められた。

右地下前の譲渡が行われている（その結果として地下前を二口有する者も現われている。）ことからして、地下前権者には一種の持分があると認められるが、このことをもって部落が入会団体であることを否定することはできない。地下前権者の有する持分は、本件共同財産に関する権利義務の総体ないしその基礎としての『集団構成員たる地位』として把握されるのであって、この意味における持分は、入会権についても存在するものと考えられるからである。

1　東郷部落において、不在者に対しては、入会権者の基本的な権利である総会への出席権が認められておらず、また総会の結果も報告されていない。この事実は、不在者がもはや部落の構成員として扱われていないことをうかがわせる重要な事実である。

2　不在者は、昭和二三、四年頃これを差し止められるまで、代人により造林作業に出役しており、部落もこれを受容していたのであるが、この事実をもって、不在者がなお同部落の構成員として扱われて来たものと認めることはできない。前述のとおり、地下前権者の義務は、単に造林作業にとどまるものではなく、村落共同体や部落の維持発展のための日常的な諸々の義務を包含しているものであって、地区から転出した不在者がこれらの義務を完全に果すことは不可能であり、その置かれている立場上、義務を完全に果し得ない以上、権利を行使し得ないのは当然のことだからである。東郷部落においては、不在者でも帰郷し地下前権者として復活する途が残されているのであり、この意味では潜在的な地下前権者といえるのであって、不在者が造林作業に出役し、同部落がこれを受容して来たのは、当事者が意識すると否とに拘らず、この潜在的関係を維持する役割を果す一方、当時不在者に対しても行われて来た時折の利益分配に対応する情誼上の奉仕としての意味を有していたにすぎないものと言うべきである。同部落が昭和二三、四年頃不在者の出役を差し止めたのは、右のように不在者が地下前権者でないことを明瞭ならしめるためであり、決して不在者に代人まで雇って出役させるのは気の毒だからという理由ではないと言うべきである。

3　昭和二四年作成の東郷部落地下名簿に不在者・在村者の別なく登載していることをもって、不在者も地下前を有することの根拠とすることはできない。何となれば、地区内にカマドを残さないで転出した地下前権者で再び帰郷した者は一名もないが、在村者としては、右のような者に対しても、後日再び帰郷してカマドを持った場合には、原則として地下前権者として復活させる意図を有しており、このような気持から不在者も潜在的には地下前を有するものとして、これを名簿に登載したものであり、その後の昭和二九年作成の共有権者名簿においては、この趣旨が明瞭になるように記載したものと認められるからである。

……（中略）……

6　多くの入会団体において、離村して入会権者たる地位を失った者に対しても、離村者が在村中に奉仕、協力した結果たる立木の売却代金については、その奉仕、協力による寄与を考慮して配分しており、しかも離村後の年月の経過とともに、離村者の寄与分が在村者のそれに比して相対的に低下して行くものと意識され、配分額を漸次減少させる措置がとられる場合が少なくない。

東郷部落においても、多くの入会団体においてみられる右経過と同様の経過をたどり、ついには全く配当しない措置をとるまでに至っているのである。同部落において、まず不在者に対して出役を差し止めて、地下前権者でないことを明瞭にさせた後も、なお減額配当し、次いで配当中止の措置に出ていることに照らすと、不在者に配当したのは、『親心から』『温情主義から』『恩恵的に』したものであるとの説明は、十分納得できるものといえる。また前記のとおり、同部落の方から不在者の出役を差し止めているにも拘らず、不在者と在村者との間で配当額に差をもうけた理由について、『出役に応じなかったため』とか『下刈りに出ていないから』とか『奉仕に差があるから』と説明する者があるのも、明瞭に意識してではないが、以上に述べた事情を表現しようとしたものであるとみることができる。

そして、前記のとおり、事実の上でも、地下前権者の義務は単に造林作業に出役することに尽きるものではなく、不在者が代人によって出役しても、在村者と全く同じに義務を果すことは不可能である。このようにみてくると、従前、数回にわたり不在者に対しても在村者と差別なく立木売却代金の配当がなされた事実は、決して不在者がなお地下前権者であることを十分に裏付けるものではないと言うべきである。

以上の認定判断を総合すると、東郷部落においても、他の多くの入会団体にみられると同様に、カマドを残置しない不在者は、帰郷して再びカマドを持ち、地下前権者としての復活を認められない限り、入会団体である同部落の構成員たりえず、本件共同財産に対してその収益の配当請求権を含めて何らの権利をも有しない。」

入会地のある集落から外部に転出すれば入会権を失うが、再び集落に戻れば入会権が認められる（転出失権、帰村復権）という集落は多い。そのことから、この転出者が入会地に対して潜在的に何らかの権利を有するのではないか、という考え方もないではない。これについては次のような判決がある。

鹿児島地裁昭和五五年三月二八日判決〔59〕

鹿児島県奄美大島、大島郡宇検村の阿室部落の共有地の一部（Aら三名の共有名義）は、昭和四八（一九七三）年、阿室部落常会の決定により、本件土地を観光事業開発の目的をもってY会社に売却され、Y会社は所有権移転登記を経由した。以前阿室部落住民で現在島外に転出しているXらはこの売却処分に反対し、Y会社を相手として所有権移転登記抹消登記請求の訴えを提起した。その理由は、阿室部落入会権者で地区外に転出した者でも帰村すれば入会権者として復権し、また部落の建設工事費に寄附をしているから入会地に潜在的に権利を有しているというべきであり、したがって共有入会権者であるXらの同意を得ていない右売買は無効である、というのである。

〔判旨〕「阿室部落において、構成員の地位を有するのは、旧時から阿室地区に居住して世帯を構える世帯主、又は、その子孫で同地区に居住して世帯を構える世帯主であり、これらの者が他所に転出すれば、当然にその地位を失うとともに、部落財産に対する権利を喪失し、反面、構成員としての義務を免れる。また、構成員で一たん他に転出した者又はその子孫が、再び阿室地区に復帰し居住して世帯主となったときは、その時点で構成員の地位を取得するが、右の如き関係にない世帯主が同地区に居住した場合は、一〇年ないし一五年間、同地区において構成員同様の生活をし、部落がその地位を認めたときに構成員の地位を取得するものとされており、これらの点は、阿室部落の慣習となっていた。

従来、部落による財産の取得や宅地、立木等の部落財産の処分については、すべて構成員の出席した部落常会でこれを決しており、もと構成員であって他所に転出した者又はその子孫の同意を要件としたり、その意見をきいたうえでこれを決したことは全くなかった。

右に検討した結果に照らして考えると、阿室部落の本件各土地ほかの財産に対する所有関係は「総有」に該り、構成員は、同部落所有（総有）の山林、原野に対し共有の性質を有する入会権を有するということができる。そして阿室部落の構成員は、阿室地区に居住して世帯を構える世帯主から構成されており、部落有財産の管理、処分に関し、転出者に構成員と同様の権利を肯認することはできないというべきである。

もと阿室部落の構成員であった者が阿室地区から転出しても、右の者又はその子孫が同地区に復帰したときは、再び構成員たる地位を取得することは、Xら主張のとおりであり、その意味で潜在的権利を有することは否定できない。しかし、一たん他所に転出した者は、同地区に居住するに至らない以上、構成員としての地位を取得しえないことは明らかであり、また、阿室部落において、その所有地（入会地）を処分する場合に、部落在住者のみならず、転出者又はその子孫の意思をも考慮しなければならないという慣習の存在も見出すことができないから、Xらの右主張も採用しない。

Xらは、部落出身者も阿室部落に対し、公民館、体育館の建設等の費用を負担し、権利者としての義務を果たしていた旨主張する。部落出身者が学校用体育館の建設、毎年恒例の豊年祭等のため寄付をしていること、昭和四八年七月頃、部落出身者から、阿室地区簡易水道事業の負担金として、二八〇万円を阿室部落に送金したことが認められる。しかし、部落出身者のした右寄付は、阿室部落から割当ての形式で行われたものではなく、有志により任意になされたものであり、前記簡易水道事業の負担金として送金した金員は、結局は右の目的のために使用されることなく、同部落から出身者らに返還されていることが認められる。

従って、部落出身者のした右各金員の支出は、いずれもその義務の負担としてなされたものとは解し難いから、Xらの右主張も理由がない。」

いわゆる転出者が、転出して後も集落に対して一定の送金を続けるという例は稀ではない。しかし、入会権者とは入会地の共同管理維持のつとめを果たすことのできる土地＝地域に居を構える（生活する）ことが必要であり、転出者とはそれができない状態にある者であるから、転出者は入会地については実体的な権利はない、というべきであろう。ただし、入会地の割地に植栽木を有しているとか、共同植林の持分権などは入会権とは別個の権利として保護されるべきである。転出者から集落への送金も、転出者が入会地中に有するこれら造林木等に対する集落の維持管理のための費用分担金という場合もあるであろう。そしてそのような具体的な持分がない場合でも、転出者が帰村して復権するまでの間、同様に集落の入会財産に対する維持管理の分担金ないし帰村復権のための担保と解してよい。したがって転出者は入会権という集団構成員としての権利（地盤所有権、管理使用権）を有するものではない。

また広島高裁松江支部昭和五二年一月二六日判決〔46〕の例のように、転出者に対して配分金等が支払われることがあっても、それは転出以前の入会地に対する管理維持についての報酬金というべきものであって、転出者が入会権を有するということではない。

同じく村持入会地であっても、山林原野、溜池、さらには墓地など、それぞれ権利者となる要件が異なるように、土地の種類等によって権利を失う条件は異なることが多い。

次に掲げるのは、溜池に対する権利についての判決である。

広島高裁平成一〇年二月二七日判決〔83〕

本件は集落の溜池管理集団である水利組合の組合員（入会集団構成員に相当する）の資格についての紛争である。山口県徳山市（現周南市）久米栗ヶ迫にある溜池は、集落住民の総有とされ、その人々の灌漑用水であった。周辺の都市化等の事情により脱農化する者が多くなったため、昭和六三（一九八八）年に当時の権利者で新たに水利組合の規約を定め、組合員を溜池冠水田の耕作者に限ることとした。当時三三名であったが、その後一四名が離農し、そのうち自己の農地をすべて売却したXら四名が組合（Y）を相手として組合員たることの確認を求める本訴を提起。Yは反訴を提起して、本件溜池がXらの総有に属しないことの確認を求めた。

第一審山口地裁徳山支部平成七年六月三〇日判決〔83〕は、水利組合員の範囲については慣習上明確な取り決めはなかったという理由でXらの主張を認め、反訴については組合員全員の授権があったとは認められないという理由で却下したので、組合側控訴。控訴審は、本件溜池は、地区内耕作者集団の利水を目的とする共有の性質を有する入会地であると認定して原判決を取り消し、離農したXらの資格を認めなかった。

【判旨】「本件溜池については、栗ヶ迫湖水利関係者の構成員である久米地区内の水田耕作者による水利を目的とする共有の性質を有する入会権が成立し、本件溜池は右構成員の総有するところであったということができる。そして、共有の性質を有する入会権の性質・内容、権利の得喪等は各地方の慣習に従って定められるところ、栗ヶ迫湖水利関係者では、近年においても、本件久米地区内で本件溜池の水利により水田耕作を行っている者（各戸の水田耕作の主体となる者）がその構成員とされ、新たに本件久米地区内で本件溜池の水利により水田耕作を行うことにより、その構成員となるものとされる一方、水田耕作を止めるなど本件溜池の水を利用しなくなることにより、脱退届等の意思表示を要することなく、その構成員から脱退するものとされ、また、その構成員に対する賦課金は、その水田の耕作面積をもって算定され、右賦課金が本件溜池の管理等のための費用に充てられてきたのであり、これによれば、現実に、久米地区内で本件溜池の水利により水田耕作を行っている者が、栗ヶ迫湖水利関係者の構成員となるという事実たる慣習が近年においても存在していたものと認められる。

そして、Xらは、遅い者でも昭和五〇年代にはいずれも本人あるいはその先代において水田耕作を止めるなどして、以後本件溜池からの水利を得ていないものであるから、本件溜池からの水利を得なくなった時点において栗ヶ迫湖水利関係者の構成員としての資格を失い、したがって、栗ヶ迫湖水利関係者が組織的に水利組合として整備された昭和六二年七月五日当時、その構成員、すなわち組合員として本件溜池を総有していたということはできない。ちなみに、Xらが耕作を止めるなどした時点で将来再び水利を得る意思を有していたとしても、現実に水利を得なくなった以上、これが右判断の妨げとなるものでもない。

本件溜池は、その水利により水田耕作を行うために開設され、栗ヶ迫湖水利関係者は、本件久米地区内で本件溜池の水利により水田耕作を行っている者により構成されてきたものであるところ、現在においても、本件溜池の本件久米地区内での水田耕作のための灌漑用水として利用するという水利の目的は失われておらず、栗ヶ迫湖水利関係者の後身であるY組合は、右目的のために本件溜池の維持管理等を行っていることは前記のとおりである。そうすると、Y組合がその組合員によって本件溜池を総有し管理する目的が他の目的に変容したとか、その構成員の範囲についての事実たる慣習が、本件久米地区内で本件溜池の水利により水田耕作を行う者から、本件溜池の交換価値に着目して、その交換価値を保有しようとする者などを含む者に変容したものとは認めるのは困難である。」

このように、村持（入会地）である溜池については耕作をやめ水利用しなくなっても、溜池の修理その他の負担をしている限り水利権そして溜池の底地所有権を失うことはないが、農耕地を全部処分してそのような負担をしなくなれば、水利権はもとより底地所有権をも失うことになる。ただ溜池については村持（入会地）であっても集落内に水系が異なるいくつかの溜池がある場合には、水系ごとに水利集団が組織される。各自が所有もしくは耕作する冠水田によって帰属する水利集団を異にする（複数になることもある）ので、山林原野に対するように一律に転出失権というわけにはいかない。しかし原則として、その溜池からの冠水田を所有し耕作している限り、集落の地域外に転出しても通作可能範囲であるならば、その溜池に対する水利権はもとより入会持分権は失わない、と解すべきであろう。

なお、村持墓地の使用権は入会的性格をもつが、この権利は村外に転出しても、墓碑、墓石（埋骨）がある限り、その権利を失うことはない（二六〇頁以下参照）。ただし、それには墓地の維持・管理の負担（墓地の清掃や先祖祭の参加あるいは相応の金銭的負担）をすることが必要である。これを怠れば墓地に対する権利を失わせることができる。とはいっても、新たな埋骨が拒否できるということであって遺骨を撤去させることはできない。

四 要 約

集落から外部に転出することによって入会権＝入会地に対する持分権を失うが、この「失権」は原則として無償である。入会財産に対して各自配分請求権を有しないのであるから、失権により補償や配分金などを請求することはできない。しかし、集落によっては転出する者に、餞別、見舞金などの名目で一定の金員が支払われることがある。ただこれはその集落が財政的に余裕がある場合に限られるが、その金員は当該転出者がそれまで集落住民としての入会権者として入会地に対する貢献（山林の下刈りや植林）その他道路維持等集落運営への協力等に対する報酬としての意味をもつものである。とくに育林労働や溜池改修などの事業に参加した者であればそのような過去の労苦に対する報酬として当然ともいえるであろう。

転出者に対して権利を認めるべき場合がある。それは割地上に個人が植栽した立木や、あるいは集団の承認を得た工作物等である。これらは集団から転出してもその者の個人財産となる。転出者は入会権にもとづく割地使用権を有しないが、集団が有償でこれらの立木や工作物を買い取らない限り転出者の権利であるから、立木については一代限り、工作物については一定期間、その存在を認めるべきであり、そのため一定期間土地使用権を認めることになる。この場合は入会集団とその転出者の契約利用地ということになる。また共同造林の場合など前述のように補償金を支払うのではなく、その立木を伐採処分した収益金について持分権に応ずる配分をする、という方法をとることもある。このような入会地に対して相当の労資を投下した転出者に対しては、土地の契約利用権もしくは一定の金銭債権としての権利（入会権ではない）を認めることが考えられてよいであろう。

なお転出者が入会地盤の登記上所有（共有持分）権者もしくはその法定相続人であるときは、その所（共）有権を、集団の代表者に移転登記する義務を負うのであるが、一般に行なわれないことが多いため、入会地の所有権登記名義をめぐって紛争を生ずるが、転出者に対する登記名義の問題については第四章で検討する。

第三章　入会権の客体

――入会地の種々相――

一　入会権の客体（対象）としての土地

民法は入会権の客体（対象）については具体的に何も規定していない。民法の起草者が入会すなわち村支配の対象として山林原野等の土地のほか海水面（漁場）、河川（農業用水利）をも考えていたことは、民法法典調査会記録（前掲『日本近代立法資料叢書2法典調査会民法議事録2』八五頁）から明らかであるが、しかし「海ノ入会権河ノ入会権ト云フモノ」は警察法規すなわち行政法規で規制しているから民法の対象には入らないものとされた。ちなみに、漁場については明治八（一八七五）年海面官有宣言と、それに伴い「捕漁採藻等ノタメ海面借用望ノ者願出方」（太政官布達同年一二月一九日）により、河川利水については明治二三（一八九〇）年一〇月二〇日内務省訓令三五号によって河川を国家管理のもとにおいた。そして漁業については明治一九（一八八六）年漁業組合準則を経て、明治三四（一九〇一）年漁業法により入会漁業権能は専用漁業とした。河川については明治二九（一八九六）年河川法が成立したが、この法律は治水が主で利水については不十分であった。いずれにせよ、河川（水流）も海水面も、排他的支配権＝所有権の対象とはならないので、民法は入会権の対象を土地に限ったと解してよい。現に、共有の性質を有しない入会権を、民法は他人の土地に存在する地役権に準ずる用益物権と構成している。

ちなみに専用漁業権は現在共同漁業権として入会権的な性格をもち、また流水利用権は判例上水利権として入会権類似の物権であると判示されているものが多い。

入会権はもともと村支配進退の土地に対する権利を認めたものであるから、その土地の種類にはとくに制限はない。その沿革からいって山林原野がもっとも多いけれども、そのほか村持とか組持などと呼ばれる田畑はじめ溜池や墓地、神社地のほか宅地、道路や水路、海浜（磯場）や雑種地等も入会地すなわち入会権の対象となる。判例もこれらの土地に入会権が存在することを認めており、次にその具体的な判決例を挙げておく。

① 田畑（農地）　最高裁平成六年五月三一日判決〔72〕、千葉地裁八日市場支部昭和四三年一一月二二日判決〔49〕

② 湖沼・溜池　新潟地裁平成元年三月一四日判決〔71〕、福岡高裁昭和四七年七月二四日判決〔51〕

③ 海浜地　東京高裁昭和五〇年九月一〇日判決〔47〕、最高裁昭和四八年三月一三日判決〔28〕

④ 墓地　千葉地裁平成元年一二月二〇日判決〔73〕、福岡高裁平成五年三月二九日判決〔77〕

⑤ 住宅地公園等　福岡高裁昭和五八年三月二三日判決〔61〕、那覇地裁石垣支部平成一年九月二六日判決〔75〕

これらの判決のうち、溜池や墓地についての判決には、その権利を「入会権」ではなく「入会権類似の物権」あるいは「総有権」と判示したものもある。総有権とは「総有」という用語の意義が明らかでないためかなり不明確な表現であるが、要は入会権と同様または類似の共同所有権と解してよいであろう。

二　入会地の利用目的

入会権の対象として土地の種類にとくに制限がない以上（ただし土地行政上の制約を除く）、その利用目的もとくに制限はないはずである。ただ田畑、溜池、墓地等は土地使用の目的が決まっているから格別問題はないが、山林原野については問題があった。というのは、入会地は山林原野が多く、村人はそこから小柴下草等生活に必須な産物を採取していたので、事実入会権についての解説書にも「主として農山村の人々が山林原野等で共同して産物を採取する権利である」と書かれたものが多い。

たしかにかつては入会地のほとんどが採草採薪用に供されており、明治・大正期の判決はおおむね、入会権とは林野において採草や採薪等をする権利であると判示しているが、しかし、それのみに限定されるという判決はない。入会権の目的について次のような判決がある。

大審院大正六年一一月二八日判決〔11〕

〔判旨〕「入会権の目的については民法において別に制限していないが、町村の住民が他人の所有する山林原野で薪柴草などを採取することがもっとも多いであろう。けれどもこの石山のように石材が豊富で近くの部落の住民が永く之を採取することができ、かつその土地の所有者でないにもかかわらず石材採取を生活の資料とするために各自自由に採石できる慣習があるときは、石材採取を目的とする入会権があるというべきである。」

この判決は採石を目的とする入会権を認めた判決として評価されているが、それよりもこの判旨の重要な点は「入会権の目的については民法において別に制限していない」という点にある。ちなみに入会用益の内容を自家用薪材秣草等に限る、と判示した判決はいずれも村々入会（入会集団相互の収益権能）についての争いについてのものである。

入会地の大部分を占める山林原野は主として集落住民の生活に直接必要な薪材、用材、秣草等の採取あるいは牛馬の放牧等に利用されてきた。しかし電気やガス、その他の燃料の普及と化学肥料の採用により、燃料源としての薪材や草肥の需要が次第に減退し、いわゆる高度成長経済の展開以後とくにその傾向が顕著となった。一方、国の政策もあって人工植林が行なわれ、また改良牧野、果樹園造成など積極的に資金や労力を投じて経済的（金銭的）効果を目的とする利用も次第に多くなった。さらには、入会地上に建物（集会所など）を建てたり、またキャンプ場やスキー場に提供したり、またこれらの目的をもって第三者に貸付使用させるなど、農林業以外の目的での使用も多くなった。どのような範囲での土地使用を入会権の権能といえるのかはさておき、入会地が住民の自給経済的（非金銭的）利用から、貨幣経済的（金銭収入を目的とする）利用へと変化をとげることは疑いない。

入会地の利用について次のような判決があった。

盛岡地裁昭和三一年五月一四日判決〔27〕

岩手県の北部二戸郡浄法寺町（現二戸市）の杉沢集落住民一五名全員の記名登記がされた土地について、その持分の一部を同集落外のYらが取得（共有持分取得登記）したので、入会権者であるXらが、この土地がXらの入会地でYらが使用収益権を有しないことの確認を求め、これに対してYらは、個人的に人工植林が行われ、その持分移転が行われているのは共有権であって入会権ではないと主張した。

【判旨】「元来山林原野の入会は前述のように農民の居住部落の経済的立地条件による生存権的要求に基く、林野の地上産物の自足経済的現物経済的利用形態であり、農民の生活上の要求に根ざし、保守的農民生活に関することであり、一般社会の経済生活における変遷と速度を同じくするものではないが、経済生活に関するものである以上明治十三年以来なんらの変化がないものということができない。現に前段説明のような変化の跡があるのである。今日の入会問題は、昔のように係争山林原野が典型的入会かしからざるものかの問題ではなく、当初の典型的入会がその後時勢の変遷に伴いある程度の変化をした場合、それでもこれをなお入会というべきか、そのような変化があればはも早入会とはいい得ないかの問題である。

本件についてみると、権利者が権利を平等に行使しているとはいえ、当初部落の全住民の権利だったものが、その後特定の住民のみの権利となり、しかも当初の全住民の生存権的性格を捨て、すなわち日常必要な薪炭用雑木などの自足経済的現物経済的利用形態であったのを貨幣経済的利用形態に一大転換をなし、共有権の利用形態と異るところがなくなってしまった以上入会の本態である利用形態においてその特質を喪失したものといわなければならない。」

このように少なくとも昭和三〇（一九五五）年ころまでは入会地の利用は秣草や薪材の伐採および原野での家畜の放牧、そのほか農耕利用などが支配的であった。最近の最高裁判所判決でも、「入会権は、一般に一定の地域の住民が一定の山林原野において共同して雑草、まぐさ、薪炭用雑木等の採取をする慣習上の権利であり（民法二六三条、二九四条）」と判示している（最高裁平成一八年三月一七日判決〔90〕）。この判決は、その入会地の大部分がアメリカ軍用地となっており地元住民が入山することはないが、後述の契約利用地というべきことを認めているので、この文言は例示的表現であると思われるが、きわめて不正確な表現である。民法二六三条は共同所有権である入会権であって、単に「採取をする」だけの権利ではない。かつてはそのような収益行為が入会権用益機能の主たるものであったが、現在そのような草木採取が主となる入会地はほとんどないといってよい。それにもかかわらず入会権をこのように定義づけると、前述のように、草木の採取をせず、植林やその他人工的利用をするのは入会権ではない、という誤った結論が引き出されかねない。

三　入会地の利用形態

1　入会地利用形態の類型

入会地の利用目的が変わってくると、その利用形態も変化せざるをえない。たとえば草刈りならば、入会権者の人々は入会地内ならばどこにでも立ち入って自由に採草することができるが、植林となれば誰でも入会地内のどこにでも植栽しかつまた立木伐採することはできなくなるのがその適例である。また林野以外の入会地である溜池や墓地を見ると、その土地の利用目的によってその土地の利用形態も全く異なる。

入会地の利用形態には、①古典的共同利用、②集団直轄利用、③個別的分割利用、④契約利用の四形態がある。

①古典的共同利用とは、入会地を個々の入会権者の利用のために割り当てることなく、入会権者が入会地の中に立ち入ってどこでも下草・かや・落枝・小柴などを自由に採取して自分の個人的所有にできる、という形態で

ある。利用形態としてもっとも古く、かつ一般に労力や資金を投下することなく草木の自然成長を待つだけという形態であるから古典的利用形態と呼ばれるが、その形態による共同利用が必ずしも古典的というわけではない。採取については通常いくつかの制限がある。採取の時期、採取できる産物（たとえば原木は不可など）、採取量、採取の用具、そのための人員（たとえば山入りは一戸一人限りなど）、さらには採取物に対する制限（たとえば自家用に限り、販売用は不可など）がある。

②集団直轄（留山）利用とは、入会権者各自の入山ないし採取を差し止めて、集団が集団として産物を管理し取得する形態である。古典的な形態では天然生広葉樹を伐採させず育成し、集団の責任で薪材あるいは用材として処分する、という形態である。処分には現物（立木）をそのまま各入会権者に配分することもあるが、多くは売却して集団の現金収入とする。さらに進んで集団が共同で人工植林を行なうことが多く、この場合、その利用目的はもはや現物を得ることでなく、明らかに金銭収入を得ることにある。その立木処分等による収入は集団が取得し、集団の運営費やその地域の共益費に充てられるほか、その一部が各構成員に配分されることも少なくない。このように集団が直轄して入会権を管理するようになると各入会権者の自由な入山が差し止められるので、この利用形態を「留山」とも呼ぶ。

③個別的分割（割地）利用とは、入会地（その一部または全部）を個々の入会権者に割り当てて、採草用地、植林、農耕地あるいは住宅用地等に使用させる形態である。割地（割山）とも呼ばれる。通常集団の総意によって地割りが行なわれるが、稀には入会権者中資力のある者等が個人植林や開墾などを行なって、他の者もそれにならって自ら分け地利用の慣習ができあがる場合もある。この地割りは面積の広狭、地味の肥沃度、位置（自宅からの距離）の遠近等が必ずしも平等に行なわれるとはいい難いことが多いので、採草地など数年ごとに分け地を

交換するわりかえが行なわれる。しかし、人工植林や作物栽培さらには家屋建築などになると事実上わりかえは困難であり、行なわれなくなる。割り当てられた分け地の利用目的にはおのずから制約があるが（林地、農地、あるいは宅地など）、そこから生じた産物やその収益は各入会権者個人のものとなる。このような場合、各権利者は集団に一定の土地使用料を支払うことが多い。各自の分け地は、売買譲渡処分は一切できない。しかし土地に対する各権利者の排他的権能が強いため非公式に分け地を第三者に賃貸したりして、共有持分権的性格が強くなる傾向にある。

④契約利用とは、入会地を入会集団自らが使用せず、集団または構成員たる入会権者以外の者に契約によって使用収益させる形態である。入会林野に広く行なわれている分収造林契約がその適例である。入会集団が自ら植林を行なえば直轄利用であるが、契約により第三者に造林させるので、契約利用は直轄利用の一種ともいえる。学校敷地やゴルフ場等に貸し付けたり、その例は少なくない。また、ときには割地して多数の者に貸付使用させることもある。通常は有償である（ただ分収造林の例のように定期的地代の支払でなく一時的に収益を分収するという例も少なくない）。割地の利用者が入会構成員以外の場合は契約利用にちがいないが、入会権者である場合にも貸付利用地と呼ばれることがあるけれども、それは用語の問題であって、有料であっても本質的には個別的分割利用である。

2　集団直轄（留山）利用

古典的共同利用以外の利用形態が入会権の行使形態であることは、集団直轄（留山）利用については比較的早く認められた。その先例となっているのが次の判決である。

東京高裁昭和三〇年三月二八日判決〔23〕

この事件も集落内のいわゆる新戸が本戸に対して入会権を有することの確認を求めた事件（第二章参照）に属するものである。係争地は長野県上伊那郡川島村（現辰野町）大字横川の伊良沢集落共有入会地で、同集落では明治四三（一九一〇）年ころ、当時の入会権利者（本戸）の総意で一時入山を停止し、自然林を補植育成してその伐採収益を分配すべきことを決めた。そのころから分家等により部落の戸数が増加したので、部落内に一戸を構え部落に一定の加盟金を納めてその承認を得れば入会権を取得させるという規約が定められた。昭和二六（一九五二）年に本戸一八名が右立木を伐採してその収益金を本戸のみで配当したので、新戸一二戸は、自分たちも規約によって認められた入会権者であるから配当金を受ける権利があると主張して、本戸に対し配当金請求の訴えを提起した。

第一審長野地裁伊那支部昭和二九年三月二日判決〔23〕は新戸の主張を認めたので、本戸は控訴して、係争地はすでに植林のため入山停止したのであるからそのとき入会権は消滅した、と主張した（本判旨は「本戸」を「旧戸」と判示している）。

〔判旨〕「原判決の認定によれば……旧戸の者の総意により従前の部落民たる旧戸から創立せられた新戸の者を加盟させること及びその方法について協定をしたこと、並びに明治四十三年頃当時の入会権者の総意により、入会を一時停止し自然林に補植をなし、相当年限育成した上伐採して、入会権者全員平等に分配すべきことを定めて現在に至ったものであることを認定しているのであって、入会権者たる部落民の総意によるかかる協定は、本来の慣習による入会権の内容そのものを変更したものでなく、単にその行使方法についての協定にすぎないから、地盤の所有者が部落に属するか、部落民に属するか、本件入会権が共有の性質を有する入会権であるかどうかの判定を俟つまでもなく、かような総意による協定は少くとも当事者間には有効として拘束力を有すべく、この協定の実施により入会権の行使が一時停止せられても、慣習による入会権が廃絶したものと謂うことはできない。」

本戸は上告したが、最高裁昭和三二年六月一一日判決〔23〕は、「原審認定の如き入会権行使一時停止の合意が、所論の如く直ちに入会権自体の存否に影響を及ぼすものとは考えられない。されば、原審が入会権の本質につき認定判断を省略したことを目して、所論違法ありとする本論旨はあたらない」と判示して高裁判決を支持した。

それ以後、留山利用を理由に入会権の存在を否定した判決はないが、ただ入会権が山入りして収益行使する権利であるという古典的観念のためか、入山しないと入会権は存在しない、という考えに左右されて、入会権の存在をめぐって争われることが少なくない（二七二頁参照）。次の判決はその一例である。

那覇地裁平良支部平成五年四月一六日判決〔78〕

係争地は沖縄県宮古島、宮古郡下地町（現宮古島市）の来間部落で、同集落では架橋建設資金負担のため（同集落は宮古島の離島）、昭和六三（一九八八）年部落総会で入会地の一部売却を決定、Y会社は所有権取得登記を完了した。来間部落住民中X ら四名は右措置に不服であったので、Y会社を相手に各自入会権にもとづく採草等の権利を有することの確認を求めて訴えを提起した。

〔判旨〕「来間部落においては、以前から部落民が勝手に本件土地を含む部落有地において草や薪用の雑木を採ることを禁止しており、部落有地に林野監視員（山番）を置いて違反者を取り締まっていたこと、過去に部落民が部落有地から草等を採る際に、部落の区長に申し出て区長が役員会に諮り、さらに部落総会の決議を経たうえ部落に代金を支払うという手続を経た例があったこと、林野監視員は、ほぼ毎年部落民の中から選ばれていたが、林野監視員を置かない年もあったこと、林野監視員は約六年位前から、部落有地から何も得るものがなくなり置く必要がないという理由で置かれなくなったことが認められる。

Xらは、来間部落の部落民各自が入会権に基づき本件土地の使用収益権を有すると主張するが、右認定事実によれば、来間部落民は本件土地を含む部落有地を自由に使用することを部落から禁止されており、使用する場合には一定の手続を経たうえ使用の対価を支払わねばならなかったというのであるから、原告らを含む部落民各自が本件土地について入会権に基づく使用収益権を有するものと認めることはできない。」

Xら控訴。しかし第二審福岡高裁那覇支部平成六年七月一二日判決〔78〕は、本件土地売却当時、本件土地に入会権が存在するとか、これを留保するなどの主張はなかった、という理由で入会権の存在を認めなかった。

入会権者各自の自由な立入り、使用を禁止するということは、集団の直轄支配を示すものというべきであろう。自由な立入り禁止という集落の支配機能が存在する限り、入会権の存在を否定することはできないはずである。

3　個人的分割（割地）利用

他方、入会地は共同利用という意識にとらわれてか、割地利用が入会権の行使形態であるということは必ずしも容易に理解されなかったことが判決から推測される。

最高裁昭和三二年九月一三日判決〔22〕

新潟県東蒲原郡下条村（現阿賀町）取上部落にある山林は、同部落住民Yら一二名の共有入会地であったが、同部落住民でないXが、共有者で同集落から外部に転出したAからその共有持分を譲り受けて共有権移転登記を完了し、この山林に立ち入り薪炭用雑木を伐採し、その配分への加入を求めたけれども、Yらはこれを拒否したので、Xは次の理由で、本件山林に立ち入り立木を伐採する権利を有することの確認を求める訴えを提起した。①本件山林はYらの入会地ではなく、純然たる共有地である。Yらの中一名Y_2は他部落に居住する共有権利者であるにもかかわらず採取された雑木の分配を受けている。②係争山林においてその立木を競争入札により売却し、その代金を共有権者に配分しているが、入会権は部落住民の生活上必要な材料を得ることを内容とするものであるから、右のような使用収益は入会権の本旨に反する。③在村共有権者が独占的に使用収益しているいわゆる分け地は自由に譲渡され、譲り受けた部落住民が他の部落住民より以上の利益を受けているが、このような分け地の慣習がある以上もはや入会権は存在しない。

第一審新潟地裁昭和二六年一一月二一日判決〔22〕、第二審**東京高裁昭和二九年六月二六日判決〔22〕**とも、分け地のあることが入会権の行使形態であると認めてXの主張を認めなかった。第二審は次のように、入会地における分け地（割山）の慣習を認めた。

「本件共有山林については、取上部落およびその近隣において行われる慣習にしたがい、共有の性質を有する入会権があり、たとえこの山林の共有者であっても、他部落に居住するものはこの地方において名付けられる売山、分地はもちろん、柴山（または薪山、燃料山）についても、原判決理由に説明のとおり山林に立入り立木を伐採する権利を有しないという慣習があることが認められる。

取上部落住民は、本件山林の共有者も、そうでないものも毎年平等に一戸当り約二百束の薪炭燃料用雑木の分配を受けるに反し、Y_2はその祖先の部落にたいする功績により、部落民一戸当り二荷（六束）づつの割合で合計約六十束の雑木の贈与を、取上部落民全体から、受けているのであってその共有権にもとずく権利として他の部落民と同様に右雑木の分配を受けているものではないことを首肯するに十分である。」

Xはさらに、分け地は旧来の慣習にもとづくものでなく、またその譲渡が行なわれているが、これは所有権にもとづくものでもはや入会権とはいえない、という理由で上告した。これに対して最高裁判所は次のように判示して破棄差戻した。

〔判旨〕「原審の認定によれば、本件土地については、共有の性質を有する入会権が存在し、その一部について慣行として存する『分け地』というのは、土地の共有権者（当時は全部取上部落居住者であった）が相談して、開墾に適した部分を権利者に分配し（現在のものは三、四十年前分配された）、各人に独占的に使用収益させている土地を云うのであって、そこでは桑の栽培等が許されており、また『分け地』の部分が、最近において自由に譲渡されて、その結果譲り受けた部落民が他の『分け地』を有する部落民より以上の利益を受けているというのである。しかし、入会地のある部分を部落民のうちの特定の個人に分配し、その分配を受けた個人がこれを独占的に使用、収益し、しかも、その『分け地』の部分は自由に譲渡することが許されるというが如き慣行は、入会権の性質とは著しく相反するものと認めざるを得ない。」

なお、この判決には、分け地もなお部落すなわち入会集団の統制下にあるからまだ入会地であるという少数意見がつけられている。そして、差戻審（東京高等裁判所）では、Xは譲り受けた分け地の権利を放棄する旨の和解が成立している（昭和三二年一一月三〇日）。結局この分け地を含む土地がその集落の入会地であることが認められたのである。

ちなみに、この最高裁判決は「分け地」すなわち割地利用が入会権の行使形態であることを否定したものとして受け取られているようであるが、しかしこの判決は「『分け地』の部分は自由に譲渡することが許されるというが如き慣行」は入会権の性質に反する、といっているのであって、必ずしも分け地の慣行が入会権の本質に反するといっているわけではない。

次の判決は入会地上の個人植栽つまり割地利用を認めているが、入会地、割地利用という用語は使われていない。

長崎地裁昭和三六年一一月二七日判決〔34〕

長崎県五島の南松浦郡日島村（現新上五島町）間伏郷《まぶし》（郷は大字もしくは部落に相当する）の郷有林に、同郷の住民（入会権利者）Xは大正時代から昭和三（一九二八）年ころにわたって杉檜を植付け、その後植栽木を撫育するとともにその土地を独占的に使用してきた。ところが昭和二九（一九五四）年、間伏郷の住民（同じく入会権者）ＹらがＸの右立木に対する権利を否認し、立木を伐採搬出してこれを処分したので、Ｘは日島村およびＹらを相手として本訴を提起し、Ｘが係争地における地上権ならびに立木の所有権を有することの確認を求め、日島村に対しては地上権設定登記を、Ｙらに対しては伐採によって生じた損害の賠償を請求し、その理由として、Ｘの先々代は係争地に個人植栽し、所有の意思をもって公然と使用したのであるから、その承継人たるＸは慣習上の地上権を有し、その地上権にもとづいてその後樹木を植栽したＸは当然その植栽木の所有権を有する、と主張した（ここでは入会権ないし入会地という用語は用いられていない。なお、町を相手として地上権設定登記請求したことについては一三四頁参照）。

［判旨］「Ｘは、おそくとも昭和三年頃に本件各土地に杉および檜を植えつけて以来、右各土地上に従前から存立していた杉等の立木を含めて、これら成長する立木を所有の意思をもち、かつその地盤たる右各土地を右立木所有の目的で排他的に使用する意思をもって、平穏かつ公然と占有を継続したものということができるので、その間本件各土地の登記簿上の所有名義に変更のないこと後記認定のとおりである以上、Ｘは、右昭和三年頃からおそくとも二〇年を経過した昭和二三年末頃には、当時本件各土地上に存在した杉等すべての立木の所有権および右各土地の排他的使用権についての取得時効が完成し、右昭和三年頃にさかのぼって右各権利を取得したものというべきである。しかして、Ｘの右各土地の排他的使用権は、前認定の事実より判断すれば、民法第二六五条の定める竹木所有を目的とする地上権と認めるを相当とする。」

このように留山利用は、たとえば集落の共同造林が行なわれる等の理由によって、それが入会利用の一形態であることは比較的早く理解されたが、他方、割地利用については前記判決のように必ずしも理解されたものではなかった。しかし、間もなく最高裁判決は入会地の古典的利用形態である共同利用のほか、留山利用、割地利用、契約利用が入会権（行使）の利用形態であることを認めた。

それはいわゆる入会権における転出失権の原則を明示した最高裁昭和四〇年五月二〇日判決〔37〕が全面的に支持したその第二審広島高裁昭和三八年六月一九日判決〔37〕であって、この判決は、割地を個人が独占し、その割地が売買されている以上入会権とはいえない、という主張に対する判示であって、入会地の利用形態の変化を詳細に説明している。少し長文になるが重要な判示である。

広島高裁昭和三八年六月一九日判決〔37〕

広島県三原市釜山谷集落で共有名義の土地が入会地の利用形態の変化により入会地か否か争われた本件で、入会権の各利用形態を明示した判決である（七八頁参照）。

〔判旨〕「入会権は、本来は、一定地域の住民が、その資格において、一定の山林原野等で雑草、秣草、薪炭用雑木の採取等の収益を共同してすることの慣習上の権利であり、その典型的利用形態においては、入会地全体の上に地域住民すべてが各自平等な使用収益権を行使するものであって、入会地の一部について、地域住民の一員が排他的な使用収益権を行使することは認められない。そして、右のような共同利用形態は、入会権が発生した自然経済的な農村経済機構の要請にこたえるものであり、したがって入会部落が右のような経済機構を有していた明治以前の状態においては右利用形態が一般的な入会権行使の姿であったということができる。

しかし、明治以後の日本における商品経済の急速な発展が農村へ浸透するにつれて、入会地の利用価値が柴草、雑木等から立木へと漸次その重点を移行させた結果、前記の如き部落民各自の自由な収益を認める共同利用形態では入会山林の荒廃を招き易いのみならず、部落民各自の使用収益権の実質的な平等を確保する上にも困難を伴うため、右共同利用形態は次第に(イ)入会権者個人の自由な入山を禁止して入会団体自らが直轄して入会山林を支配管理する団体直轄利用形態、(ロ)各入会権者ごとに一定の区域を割当て、右割当区域内においては割当てられたもののみが独占的に使用収益する個人分割利用形態、(ハ)入会団体が特定個人と契約してその個人に入会山林を利用させる契約利用形態等に変化せざるをえなかったことは、今日一般に認められた事実である。

ところで、右(ロ)の個人分割利用形態においては、各権利者はその配分区域即ち分け地に関しては少なくとも立木については排他的独占的な使用収益権を有するものであるから、勢い分け地とその権利者との関係は密接とならざるを得ず、その反面分け地と他の部落民との関係は稀薄となることも避けがたい。殊に、当該入会権者がその分け地における立木の育成に資本や労働を投下することが大きくなればなるほど、分け地に対する個人的権利の意識が強くなって行くことは自然の理というべきである。そして、右の傾向が入会権者である部落民一般に拡がって行くと、入会団体としての部落の入会地に対する統制は弛緩し、入会権の観念が薄らいで、各入会権者が恰も共有権者ないし分け地の所有者であるかの如く振舞うようになる。入会権者が、部落から転出してもなおその権利を主張し、新たに部落に一戸を構えたものに対し分け地を配分することを拒否し、共有持分ないし分け地の所有権ありとしてこれを他に売却処分する等がそれであって、入会地が個人共有名義に登記された場合には、登記による権利の外形と結びついてますます右の傾向は助長される。

右のような現象は、一般に入会の解体と呼ばれるものの一類型であるが、それではその解体過程の如何なる段階において入会権が消滅したものとみるべきであろうか。もとより、それは慣習の変化によって漸次的に形成されるものであるが、法律上では入会権か、そうでないかのいずれか、でありその中間的物権は存しないから、一定時期における権利の性格は二者択一的にいずれかに決定しなければならない。そしてその判定の基準となるものは、結局入会権の本質的な特徴、即ち当該山林の利用等について単なる共有関係上の制限と異なる部落団体の統制が存するか否か、具体的には部落民たる資格の得喪と使用収益権の得喪が結びついているか、使用収益権の譲渡が許されているか、山林の管理機構に部落の意思が反映されているか等の諸事情如何に求めるべきである。

そして、そうだとすれば、単に入会地の利用形態が典型的な共同利用形態から前記個人分割利用形態に移行したという丈では入会権の性格を失ったものということのできないことは明らかであろう。何となれば、右分割利用形態自体は、前記各種の点において部落の統制機能を否定するものではないからである。

以上の考察に立脚して本件分け地について考えるに、本件分け地の存在は、釜山谷共有林がその一部につき右個人分割利用形態を採っていることを示すものではあっても、入会山林でないことを示すものといえないことが明らかである。しかも、前認定によれば、右共有林はなお部落又は各組において共同に使用収益すべき区域をも保有しているばかりでなく柴草の採取については分け地もすべて部落民全部の使用収益の対象となっているのであり、かつ少なくとも大正六年頃までは右使用収益権の得喪が部落民たる資格の得喪に結びつくものとして取扱われていたというのであるから、右共有林がその利用形態からみて、個人共有ないし分割所有権の対象たるべきものであって、入会権の対象たるべきものでないとする議論は到底立たない。」

Xは上告して、分け地についてはわりかえされることもなく、採草のため自由に立入りしていた慣習もなくなり、分け地に対して独占的使用収益権が認められ、かつ自由に売買されているが、分け地が自由に売買されるなら入会権は存在しないというのが最高裁昭三二年九月一三日判決〔22〕であるから、原判決は最高裁判決に違背している、と主張した。しかし**最高裁昭和四〇年五月二〇日判決〔37〕**は次のように割地利用も入会権の行使形態であると判示した。

「釜山谷共有林は、同部落民共同の平等的な使用収益の目的に供されていたが、明治初年頃右部落全戸を地域的に四組に分けて同共有林の大部分を右各組に割当配分し、右各組においてはそれぞれ更にその割当区域中一部を組持の共同使用収益区域に残した上で、残余をすべて組所属の各部落民に分け地として配分したが、柴草の採取のためには分け地の制限はなく、毎年一定の禁止期間の終了をまって、部落民一同はどこにでも自由に立入ることができたし、部落民が部落外に転出したときは分け地はもとより右共有林に対する一さいの権利を喪失し、反対に他から部落に転入し又は新たに分家して部落に一戸を構えたものは、組入りすることにより右共有林について平等の権利を取得するならわしであったこと、そして、明治三六年分け地の再分配を行なったが、右共有林自体に対する部落民の前記権利について他の部落民又は部落民以外の者に対する売買譲渡その他の処分行為がなされた事例は、少なくとも大正六年頃までは認められないというのである。しからば、原判決が右分け地の分配によって入会権の性格を失ったものということはできないとした判断は、正当であって是認できる。」

4　契約利用

最後に入会地の契約利用であるが、これは比較的早く見られた。その典型的な例が分収造林である。これは入会集団が集団外の第三者（国、公共機関などが多い）に契約により造林させ、植栽木の伐期にその処分代金を一定の割合（たとえば造林者と土地所有者とが七対三、など）で分収する、という制度である。この分収造林にはいくつかの形態があるが（国有林における部分林がその一例――二〇五頁参照）、多くの場合、入会地における造林者は造林計画を立てその資金を負担するが、実際育林作業に従事するのは各入会権者であることが少なくない。したがって、このような場合は、他から資金を得て集落で植林するという、入会地の集団直轄利用すなわち本質的には留山利用というべきであるが、しかし、全く土地のみを提供して自らは育林しない入会集団もあるので、このような場合は入会地の貸付利用といってよい。入会地に植林が行なわれる場合、植林が何人によって行なわれても入会権の行使形態であることに問題はないであろうが、入会権の契約利用とは、入会集団が集団以外の者に契約によって使用収益させる形態をいうのであるから、その使用の目的にはとくに制限はない。入会権の契約利用と判示した判決として、沖縄における基地利用を認めた前述の最高裁判決がある（三八頁参照）。

最高裁平成一八年三月一七日判決〔90〕

〔判旨〕「本件入会地は、第二次世界大戦後は駐留軍の用に供するために使用されていて、現在は個々の入会権者が直接入会地に立ち入ってその産物を収得するといった形態での利用が行われているわけではないけれども、入会権に基づく入会地の利用形態には様々なものがあり、入会団体が第三者との間で入会地について賃貸借契約等を締結してその対価を徴収したとしても、その収入は入会権者の総有に帰属するのであって、入会権が消滅するわけでも、入会権の内容や入会団体としての性質が変容するものでもない。」

アメリカ軍の基地としての使用が、入会集団と基地設定者である国との契約によって行なわれたとはいい難いが、本判決が入会地の基地としての使用を貸付契約利用と判示していることは、入会集団がこの土地の入会権を放棄したのではないことを示すものと解すべきであろう。

5 小括

右に述べた共同利用の各形態は必ずしも個々別々に独立して存在するわけではない。同じ集落内の甲地は割山、乙地は留山というように、土地によって利用形態が異なるというばかりでなく、同じ土地上に古典的な共同利用と留山利用が併存する、という形態が古くからあったことは、すでに前章で見たとおりである。また割地利用にしても、立木の植栽は各自割地の区域内に限られ、他の者はその立木を伐倒することはできないが、しかしその土地内での採草は自由である、というように、割地利用と古典的共同利用が併存する、という形態も少なくないのである。

以上の利用形態の変化は主として山林原野について述べたが、山林原野がつねに山林原野であるとは限らず、開墾、開拓その他によって農地、宅地、雑種地等に地形、地目が変化する。農地、宅地は割地利用もしくは契約利用、ただし学校等公共施設のための建物敷地は契約利用、雑種地（駐車場や運動場などが多い）は直轄利用もしくは第三者との契約利用といえるであろう。それ以外の入会地すなわち溜池は古典的共同利用、墓地は割地利用、産土神の森は直轄利用といってよいであろう。

四　入会権（財産）の総有的性格

入会権の客体は入会地盤から生ずる物件にも及び、立木、秣草、山菜等のいわゆる地上産物はもとより、集団が創設した集会場その他の施設も当然入会財産すなわち入会権の客体となる。したがって、これらの産物や集会場などは入会地と同様に、入会権者（集団構成員）の共同所有、つまり総有に属する。ただし割地利用によって入会権者が各自育成した造林木や農作物そして墓碑などは、それぞれ割地利用権者の個別的所有となる。また共同利用によって各自採取した草木（天然生）等の産物は採取した者の個人的所有となる（ただし、共同利用によって採取できる草木は自家消費用に限られ、販売用は認められない、という集団も少なくない）。

入会地上の共同造林（留山利用、分収造林の場合は契約利用）は成木の処分によって金銭収入を得るのが目的であり、また貸付利用は原則として金銭収入を伴うものである。このように入会地の利用による収入金のほか、時には入会地盤の一部を道路や施設等建設用地として売却して代金を得ることがある。これらの金銭収入は、入会財産である現物が貨幣形態に転化したものといえる。したがって、それらの収益金はすべて入会権者の総有に属するのである。

次の最高裁判決は、入会地処分による収益金が入会権者の総有に属し、入会権者は配分請求権を有しない、と判示している。

最高裁平成一五年四月一一日判決〔86〕

係争地は秋田県由利郡象潟町（現にかほ市）大砂川集落で、集落三五名共有の入会地（主に原野）を三五名の総意により、入会地の一部を養護施設建設用地として象潟町に売却し、代金約三〇〇〇万円を受領した。この売却した土地は入会権者中二三名の割山利用地であったので、前記代金のうち約二七〇〇万円をこの二三名に配分し、残金はすべて集団（管理会）に保管することにした。右二三名を除く一二名のうちの一人Xは、右代金の管理者であるYに対して、入会地の売却代金はXら三五名全員に配分されるべきであるのに、Xに配分されないのはYが不当利得しているからであると主張して、その不当利得の返還を求めた。

第一審秋田地裁本荘支部平成一一年四月一四日判決〔86〕は、係争地の売却ならびにその代金の一部を割地利用者である二三名にその面積に応じて配分することを、三五名全員一致で決議しており、残金は集団の会計担当者（Y）が管理しているので、Xには何の損失もなく、したがって不当利得請求権は発生しない、と判示したので、X控訴。

第二審仙台高裁秋田支部平成一三年一月二二日判決〔86〕は、本件土地が売却されたことにより入会権は消滅し、Yらを含む三五名の通常の共有地となったというべきであり、Yが、売却代金の一部を前記二三名にのみ配分するという議決に賛成したという事実もない、という理由で、Xの請求を認めた。

その理由づけは、本件土地の「売却前に入会権の権利放棄があり、その結果本件土地に対する権利は共有権に変質し、この共有地が売却され、その代金について控訴人が土地の持分に応じた可分債権を取得したものと認めるのが相当である。仮に、売却により象潟町に所有権が移転したときに入会権の放棄があったと認めるべきであるとしても、入会権の対象ではなくなった土地の処分代金について、なおも入会団体の統制下に置き、総有を観念すべきものとは思われない」というのである。

Yは上告して、入会団体に属する本件土地は団体構成員の総有に属するものであり、それを売却した代金（現金）も入会団体に属する財産であることは当然の理論的帰結であり、代金（現金）は構成員の総有に属するものであることに疑問の余地はない、と主張した。

［判旨］「本件入会地は、上記老人ホームの敷地として売却されたというのであるから、その目的達成のために、本件入会地について、本件権利者らが入会権の放棄をしたものと認めるのが相当である。しかしながら、本件入会地が従前から本件権利者らの総有に属し、本件権利者らが本件入会地を含む入会地の管理運営等のために本件管理会を結成し、その規約において入会地の処分等をも本件管理会の事業とし、本件入会地の売却が本件管理会の決議に基づいて行われ、売却後も本件権利者らの有する他の入会地が残存し、本件管理会も存続しているという前記事実関係の下においては、本件管理会の事業として行われた本件入会地の売却を前提として、上記の趣旨で行われた上記入会権の放棄によって本件管理会の本件入会地に対する管理が失われたということはできないから、放棄によって本件入会地に対する本件権利者らの権利関係が総有から通常の共有に変化したものと解する根拠はない。そして、本件管理会の規約七条は、入会地の売却代金の管理運営を本件管理会の事業とする旨を定めており、本件管理会においては、規約上、入会地の売却代金が本件権利者らの総有に属することを当然の前提としていたということができる。そうすると、本件入会地の売却代金債権は、本件権利者らに総有的に帰属するものと解すべきであり、Xが同代金債権について持分に応じた分割債権を取得したということはできない。」

入会地からの産物、たとえば薪炭材、山菜等天然物や人工造林木等の売却により集団が現金収入を得ることは、すでに戦前からあった。このうち人工造林等による収益金はともかく、いわゆる天然産物からの収益金は「村」のもの、「公《おおやけ》」のものであった。したがって、その収益金は集落の運営、営造物の維持修理、出役に対する手当金等に充てられ、また病人や貧困家庭に見舞金を給付したり、上級学校に進学する子女に学資金を支給することもあり、また、ところによっては年末に「餅代」などという名目で各戸に配ったところもあった。また戦後に比較的多く見られるが、入会地の一部が道路用地など公共用に売却され、その収益金は、集団の運営費等に充当する分を残してこれを配分する場合、必ずしも入会権者のみに配分するのではなく、入会権非権利者を含む各小組単位で配分されることが少なくなかった。このような慣習は現在基本的に変化はないが、ただ共同造林など収益金を得る目的で行なわれるものであるから、得た収益金はそのため労務を提供した者たちに収益が配分されるが、その場合でも必ず一定の金額は集落の費用として提供（差引き）されるのが常である。

このように入会権者の総有に属する入会財産の処分代金は当然入会権者全員の総有に属し、個々の配分請求は認められない（これが認められるならば村落自体が成り立たなくなるおそれがある）。総有であるから、全員の合意によって配分するのは差し支えない。

第四章　入会地盤所有権の帰属

一　入会権と土地所有権

ある土地が入会地であるか否か、すなわち入会権が存在するか否かは、その土地の所有権が何人にあろうと、関係ない。ただその土地＝地盤が入会権者集団としての共同所有に属する場合と、そうでなく入会権者集団以外の者に属する場合とがあり、前者の場合は共有の性質を有する入会権、後者の場合は共有の性質を有しない入会権ということになる。

共有の性質を有する入会権は土地の共同所有権にほかならないから、公的な制約（農地法や森林法などによる）に反せず環境の悪化を招くものでない限り、その行使には制限はないが、共有の性質を有しない入会権は他人の所有する土地上に成立する用益物権であるから、その権利行使に何らかの制約を伴うことがあり、またその権利が消滅することもある。とくに土地が国有、市町村等の公有に属する場合、かつてはそれだけ（国有、公有という）の理由のみで入会権の存在が制約され、ときには否定されてきた。現在、入会権の存在を否定する根拠はないが、それぞれ国有財産法や地方自治法等による制約を伴う。

1　入会地と登記

入会権を含む土地に関する権利の存在を公示するのは、土地登記制度、具体的には土地登記簿である。その登記簿によって一応土地に対する権利の所在を知ることができるが、入会権は登記することができない。それは土地について登記することのできる権利は所有権を含む九種類の権利とされ（不動産登記法三条）、その中に入会権は含まれていないからである。これについては後述するが、入会権は登記することはできなくとも、入会地盤の所有権の登記（権利登記）はすることができる。

はじめに土地登記の機能と登記簿の構成について述べておこう。

土地登記簿は各筆ごとに表題部があり、土地の所在、地番、地目、面積および所有者名（ただし権利登記されたものについては登載されない）が登載され、別に権利部の甲区には所有権、同じく乙区には地上権や抵当権などが登記される。この権利部の登記は当事者の申請によるものであるため、申請のない場合には権利部は開設されない（後述）。

かつては土地の所在等を示す公簿として土地台帳があった。これは国税である地租を賦課するための公簿で、各土地の地目や面積、そして地価、所有者（納税義務者となる）等が記載されていた。他方、土地登記簿は当事者の申請によるもので、宅地や田畑は登記されたが、ほとんど取引されることのない入会林野は登記されることが少なかった。戦後、地租が廃止され、地方税としての固定資産税がこれに代わることによって、土地台帳は土地の所在と地目、面積等を示す役割を果たすだけのものとなったが、昭和三七（一九六二）年に登記の一元化がはかられ、土地台帳上記載された事項がほぼそのまま土地登記簿の表題部に転記されることになった。この表題部の記載は表示登記と呼ばれるが、ここに記載された所有者は土地台帳記載の所有者名と同一である。したがって、入会地には大字〇〇、〇〇部落等のまま表示登記されているものが多く、また個人の名に「総代」等の肩書がつけられているものもある。

登記された土地の権利とは、登記簿の権利部に登記された土地をいうのであって、いわゆる未登記の土地とは、表題部はあるけれども権利部のない土地をいうのである（表題部さえない土地もあり、それを脱落地と呼んでいる）。はじめて権利登記することを所有権保存登記というが、これをすることができるのは、表題部に所有者と登載（表示登記）された者（土地台帳上の所有者と同一）もしくはその承継人（相続人など）に限られる（不動産登記法七四条――なお判決によって所有権者と確認された者もすることができる）。

ところが、権利部の登記をすることができる（これを「登記能力」という）のは、個人または法人に限られ、法人でない団体等はその名で登記することができない。したがって、表題部に大字〇〇、〇〇部落と登載されている入会集団は、その名で登記することができない。また、この登記は個人であれ法人であれ、住所と氏名（個人または法人名）しか登載されないから、表題部の個人名に「総代」等の肩書がつけられていても、権利登記にはつけることができず、単に個人の住所氏名が登載されるだけなので、権利登記を見ただけでは個人有地か数名の共有地であるとしか分からないことが多い。

前述のように、土地の権利登記は当事者の申請によるもので強制的なものでなく（表示登記は登記官の職権でするることができる――不動産登記法二八条）、ただ入会集団（集落）など法人でないため登記能力を有しないので権利登記されていない土地は少なくない。

2　登記の機能

土地の権利の取得や変更について民法は、不動産登記法その他登記に関する法律の定めるところに従い、その登記をしなければ第三者に対抗することができない（一七七条）と規定している。ここにいう第三者とは、いわゆる二重売買における買主相互間とか、複数の抵当権者間などをいうのであるが、これらの者相互間では先に所有権移転あるいは抵当権設定の登記をした方が自分の権利を主張――相手方の権利を否認することができる。それが第三者に対抗できる、という意味である。入会地における第三者とは、共有の性質を有しない入会地の入会権者と入会地盤の買受人やその土地の借主など（ただ入会権の契約利用というべき分収造林契約にもとづく造林者である地上権者などは第三者ではない）を指すのであって、入会権において第三者が問題となることは余り多くない。

登記には対抗力はあるが公信力はない。たとえば甲所有の土地が何らかの理由で乙の所有として登記されているとき、丙がこれを信用して乙からこの土地を買い受けて登記しても、甲は丙の権利を否認し、自分の土地であることを主張することができる。丙がその事情を知らなかった（善意）としても、丙はその権利を主張することができない。登記を信用した丙が実際に合法的に所有権を取得するのであれば、登記に公信力がある、といえるのであるが、登記が実体と異なっていた場合はその登記を信用しても結果として権利を取得せず、真実の権利者（この場合、甲）が保護されるのである。

権利部の登記に公信力がないことの理由は、権利登記の申請につき登記官は書面の審査をするだけで実質（たとえば売買を理由とする所有権移転登記の申請につき真実売買があったのか、ただ差押えを免れるための仮装売買であるのかなど）を審査する権限がないからである。そしてまた登記が必ずしも真実の権利関係を反映していないことをもっともよく示すのが、入会地盤所有権の登記であろう。特別な場合を除いて、個人単独もしくは数名の共有名義で登記されるが、真実は入会集団の所有であって登記上の所有者（登記名義人）だけの所（共）有地ではない（入会権者全員の連名で登記したときも実態を反映したものではないことは後述のとおりである）。登記には公信力はないが推定力があり、登記上の名義人は一応権利があるものと推定される。それが事実と異なるときは登記名義人から訂正（変更）を申請するか、そうでなければ裁判によって登記名義の変更（移転登記など）の手続をとらなければならない。そのため、後述のように入会地の所有権登記名義を変更するときに問題となることがある。

なお民法一七七条の「その他の登記に関する法律」という文言は、平成一六（二〇〇四）年の全面改正（カタカナ文語体からひらがな口語体への改正）に伴って挿入されたものであるが、入会権に関する限り関係はない。入会権の存在――ある土地が入会地であるか否か――は登記とは関係がない。これは入会権が登記することができない以上、当然のことである。判決も早くから、入会権は登記なしにその権利を主張することができると判示している。

大審院明治三六年六月一九日判決〔3〕

［判旨］「不動産登記法第一条は列記法で例示法ではないから他に之を適用すべき特別の規定がない限り登記法に列挙してない入会権は登記することができない。……民法第一七七条は、登記法に列記した物権については登記しなければ第三者に対抗することができないことを規定したまでであって登記してない物権が絶対に対抗力をもたないことを定めたものではない。民法において入会権を物権と認めた以上、その権利の性質上登記がなくとも当然第三者に対抗することができるといわなければならない。」

大審院大正一〇年一一月二八日判決〔13〕

［判旨］「不動産登記法には入会権については共有の性質を有するものも地役の性質を有するものもすべて登記が第三者にたいする対抗要件と定めた規定がないので、入会権は登記せずとも第三者に対抗することができる。」

大審院明治三六年六月一九日判決〔3〕は、共有の性質を有しない入会権について、入会地盤所有権を取得した第三者に対して登記なくても入会権を対抗できる（権利が侵されることはない）というのであって、これは前述のとおりであるが、大審院大正一〇年一一月二八日判決〔13〕は、共有の性質を有する入会権も共有の性質を有しない入会権もすべて登記なしにその権利を主張し、対抗できるというのである。したがって、入会地であるか否か（入会権の存否）は登記と関係ないということができる。

登記が第三者対抗要件である以上、第三者との関係が少なかった時期はそれで事足りたが、最近土地の開発が進むにつれ、入会地が売買、貸借など取引されるようになり、そのため、第三者との関係のみならず当事者の間でも登記が問題となる。

入会権は登記と関係がないとしても、入会地盤所有権は登記することができるので、入会地盤所有権の登記をめぐって問題を生ずることが少なくない。入会地（その一部）を、道路や公共施設用地として売却、譲渡することはかなり以前からあり、また分収造林も明治期から行なわれたから、所有権移転や地上権設定等の登記のため、入会地盤所有権登記の必要性は決してないわけではなかった。一般に入会地の売買や貸付け等が広くは行なわれなかったので、登記が問題とされることはそれほど多くなかったが、戦後、土地の開発に伴い土地の流動が盛んになり、入会地の売買、貸借もしばしば行なわれるようになった。それとともに入会地での使用収益状況にも変容を来し、入会地盤自体が価値を有するようになる。

したがって当然、入会地盤所有権に対する意識も強化され、入会地盤所有権の帰属が問題となることが多くなる。とくに、入会集団がその名で登記することができないため、入会地盤所有権の帰属――それが入会権の存否に結びつくこともある――について争われることが少なくない。

以下、登記上の表示（所有権登記および表題部登記）の区分によって入会地盤所有権帰属について検討する。

二　入会地盤の所有名義

現在、土地登記簿に登載されている入会地の所有者名はおおむね次のように分類されよう。

① 市町村、財産区
② 大字、部落、区、組など
③ 個人または数名、多数の記名共有
④ 会社その他の法人（社団法人、財団法人、協同組合、その他中間法人）
⑤ 神社、寺院
⑥ その他、地縁による団体（地方自治法による団体）、あるいはすでに農事実行組合などすでに解散した団体の名によるもの、など

右のうち、②に属するものは原則として表題部登載（表示登記）のみで、所有権（権利）登記はされない。い

わゆる未登記の土地であり、表示登記には前述のように個人名に総代等の肩書がつけられたものや、また、ただ「共有」「共有地」「村中共有」など地名も個人名もつけられていないものもある。なお国有林野については土地登記簿に登載されず、森林管理局の台帳に登載される。

右の①のうち「財産区」とは、後述のように財産区としての実体を備えている特別地方公共団体である財産区をいうのであって、いわゆる区とか通称財産区を含まない。もっとも、いわゆる区とか大字が財産区に相当するか否かはしばしば争われるところであり、この点は次に検討する。

これらの所有者のうち、市町村、財産区は公法人（地方公共団体）、会社、財団法人などの法人、協同組合、神社、寺院はすべて（私）法人であり、その名で登記することができる――登記能力を有する――が、いずれも入会集団（集落）とは別個の団体である。したがって、これらの所有名義の入会地は共有の性質を有しない入会地である、と一応いうことができる。市町村有地や集落とは直接関係のない全国的な会社、たとえば電力会社とかパルプ会社等の所有地は入会集団住民の共同所有地ではないから、共有の性質を有しない入会地といってよいのであるが、その他の法人、協同組合等の団体はその構成員が入会集団構成員と全く同一であることが多く、とくに財団法人や中間法人など、入会地の所有権を登記するために設立されたと思われるものが少なくない。それらの入会地はその法人の構成員（社員）や組合員である集落構成員の共有の性質を有する入会地と見るべき場合が少なくない。また、神社、寺院所有名義の入会地も、社務所や僧坊があって宗教法人としての実体を備えている社寺の場合はともかく、社務所のない産土神（氏神）とか、僧坊のない檀那寺は、氏子や檀家（集落の入会権者と一致することが多い）の共同所有であることがある。

入会地盤所有権の帰属をめぐって問題を生ずるのは、具体的には次のような場合である。

①　いわゆる大字有、区有の土地（ほとんどが未登記――表示登記のみ）が集落住民の共有地か、それとも財産区有地か。財産区有であれば、共有の性質を有しない、公有地上の入会権ということになる。現に財産区有あるいは市町村有とされている土地でも、住民の共有入会地であると主張されることが稀ではない。また、社寺有の土地についても、同様の理由で住民の共有入会地であるか否かが争われることもある。住民共有入会地でなく市町村等の公有または社寺等法人有である場合、入会地の使用収益権能、処分権能が制限され、ときには入会権の存在を否定されることもあるので、地盤所有権の帰属が争われることが少なくない。

②　個人所有名義で、個人単独名義の場合、その個人が集落の代表者としての登記名義人であるのか（共有入会地）、それともその名義人の個人所有地か（地役入会地か、あるいは入会地でない全くの個人所有地）が、そして数名または多数の共有名義の場合は、その共有名義人のみが共有入会権者かあるいは名義人のみの（民法上）共有地か、さらに登記名義人がすべて入会権者であるか、等が問題になることがある。個人単独、数名共有の場合とも、それが登記名義人のみの所（共）有地であるか入会地であるかは、入会権の存否に関する問題であり、それ以外はすべて入会権者（集団構成員）の範囲もしくはその地位の得喪についての問題である。

三　大字、区有（市町村有を含む）名義

入会地盤所有権の帰属をめぐって最も問題となるのが、いわゆる部落有、大字有地であって、これらの土地は原則として所有権登記されておらず、表題部の登載も、○○村、○○区、大字○○、○○組、あるいは地名のな

い、ただの共有地、村中共有、等とさまざまである（ここにいう○○村は、明治初期の村で、現在の大字に相当する）。これらの名義の土地が集落住民の共有地か、それとも市町村の一部である（地方自治法上の）財産区の所有であるのか、問題になることが多い。

また、市町村有、財産区有と登記された土地が必ずしも市町村、財産区所有とは限らないのである。その理由の一つは、大字や部落有の土地を売買するときや地上権（分収造林など）設定するときなど、大字や部落の名では所有権登記ができないので、市町村や財産区の名を借りて、その所有権登記をすることがあるからである。他の一つは、市町村有地についてであるが、市町村有地の大部分は次章に述べるように、もと大字・部落有地であったものを市町村に寄附・贈与したものが多いので、その贈与や寄附が適正に行なわれたか否か問題になることがある。他方、財産区有とされる土地については、果たして財産区有地なのか（財産区という市町村とは別個の地方公共団体が存在するのか）、それとも実質大字あるいは「区」と呼ばれる集落住民の共同所有地すなわち共有性質を有する入会地であるのかが問題となる。

以下、いわゆる区有、大字有とされている入会地が財産区有であるのか、実質集落住民の共有入会地であるのか、具体的な事例につき検討する。

なお、この大字、部落有財産について、かつては、いわゆるポツダム政令を根拠に現在大字有、部落有とされているものは市町村有となった、と主張されたことがある。そのため市町村有とされたものがあるかも知れない。ポツダム政令とは、昭和二二（一九四七）年、部落会、町内会解散についての政令第一五号（「町内会部落会又はその連合会等に関する解散、就職禁止その他の行為の制限に関する政令」）のことである。同政令第二条は次のように規定している。

「この政令施行の際現に町内会部落会又はその連合会に属する財産は、その構成員の多数を以て議決するところにより、遅滞なくこれを処分しなければならない。
前項に規定する財産でこの政令施行後二か月以内に同項の規定により処分されないものは、その期間満了の日において当該町内会部落会又はその連合会の区域の属する市町村に帰属するものとする。」

この政令を根拠として、この政令施行後二か月以内に部落住民が処分しなかった部落の財産は、すべてその部落のある市町村の財産となった、という意見である。

しかし、この政令にいう部落会とは昭和一七（一九四二）年町村制の一部改正により設けられた部落会のことで、その部落会の財産を処分せよ、という規定であり、部落有林野は部落住民集団の財産であって部落会の財産ではないから、ほんらい右の政令には関係がない。もっとも、この政令の施行に伴って部落有林野を住民に個人分割したり、あるいは住民の記名共有名義の入会林野にした部落もあるが、それは有効である。このような措置は、部落会の財産と部落の財産とを混同したものもある。

財産区は市町村とともに地方公共団体（公法人）で、市町村は都道府県と同様、普通公共団体であるが、財産区は一部事務組合と同じく特別地方公共団体である。

財産区とは、「市町村及び特別区の一部で財産を有し若しくは公の施設を設けているもの又は市町村及び特別区の配置分合若しくは境界変更の場合におけるこの法律若しくはこれに基く政令の定める財産処分に関する協議に基き市町村及び特別区の一部が財産を有し若しくは公の施設を設けるもの」をいい、「その財産又は公の施設の管理及び処分又は廃止については、この法律中地方公共団体の財産又は公の施設の管理及び処分又は廃止に関する規定による」（地方自治法二九四条一項）とされており、簡単にいうと、①市町村の一部で財産を有するもの、②市町村の合併分離、境界変更のとき協議によって市町村の一部の財産となったもの、を財産区といい、財産区の財産管理については市町村財産の管理と同じような取扱いをする、ということである。

この財産区制度は、前述のように明治二二（一八八九）年、市制、町村制が施行され、以前からの「村」が合併して新しい町村が生れるにあたり、これらの「村」の財産を新しい町村の財産として引き継がせようという政府の方針が住民の反対にあって強行できなかったため、新町村の財産とはしなかったが、村人の共有財産ではなく、それとは別個の（市町村が管理できる）「財産」とするために生れた制度であり、したがって、市制、町村制では、「市又は町村の一部で財産を有し又は営造物を設けたものがあるとき」だけを独立の財産主体（すなわち財産区）とし、新しく財産区をつくることは認められなかった。しかし戦後、大幅に行なわれた町村合併で、この財産区制度がまた問題となった。つまり、町村合併において合併前の町村の財産をすべて合併後新しくつくられる市町村の財産とするという方針をつらぬくと、旧町村住民が入会地を新市町村にとられるという理由で町村合併に反対し、町村合併そのものができなくなるおそれが多分にあった。そこで、合併する町村の間の財産処分の協議により新たに財産区をつくることができるようにするため地方自治法が改正されて、財産区は従来あるもののほか、町村の合併分離、境界変更の場合に限り、関係町村間の協議によって新しくつくることができるようになり、地方自治法上はっきり財産区という名称がつけられ、また財産区の管理運営についてはいくつかの規定が設けられた。

財産区は通常新財産区と旧財産区とに分けられる。これは法律上正式な呼び名ではないが、新財産区とは、主に昭和二八（一九五三）年町村合併促進法（法二五八）以後の町村合併あるいはこれに伴う分離、境界変更によって生れた財産区で、大体において、甲村と乙村とが合併して丙町となるにあたり、たとえば甲村は村有林があるけれども乙村にはないという場合に、甲村有林をそのまま丙町有林にせず、これを丙町甲財産区有林として残す、という目的でつくられたもので、したがって、新財産区有林というのは概して最近合併した市町村に多く、その前身は合併前の町村有林だったのであり、この場合には必ず新たに財産区を設置する旨の協議書があるはずである。

他方、旧財産区とは最近の市町村合併以前からある、明治以前の村持財産であったもので、市制、町村制により「市町村の一部で財産を有するもの」とされた、いわゆる部落有、大字有財産であって、これらの財産には果たして地方自治法上の財産区の財産なのか、部落住民共有の財産なのか明確でない場合が少なくない。

財産区についての規定は必ずしも十分ではないが、地方自治法の規定によればおおよそ次のようにいうことができる。

① 財産区は従来あるもののほか、市町村の合併分離あるいは境界変更に伴う協議による以外新たにつくることができない。

② 財産区の管理者は市町村長であって、必要があるとき都道府県知事は、条例を制定し、財産区議会または総会を設けることができる。財産区議会または総会がおかれないとき、市町村は条例で財産区管理会をおくことができる。

③ 財産区の財産は公有財産とされ市町村有財産と同じ取扱いを受ける。したがって財産区の財産には固定資産税が賦課されない（地方税法三四八条一項）。

④ 財産区を廃止し、あるいは重要な財産を処分するには、これをその財産区がある市町村の財産とする場合

を除き、原則として知事の認可をうけなければならない。

戦前、部落有林野統一事業（次章参照）が行なわれるにあたり、財産区有（市町村の一部が所有する）土地であれば市町村有地に統一（所有権移転）され、住民共有であれば統一の対象とならないということもあって、大字有、部落有地が財産区（市町村の一部）所有か否かが争われることが少なくなかった。裁判で争われたものは次のように住民共有と判示している。

長崎地裁大正一二年一二月一七日判決〔14〕

〔判旨〕「本件山林は藩制時代から部落住民が藩に一定の貢金を出して使用収益し、廃藩後は住民が山林の副産物の採取はもとより立木の払下伐採をし、一方で植林を行ない、山林の毛上のみならず地盤をも部落住民の所有として占有してきたのであるが、明治九年地租改正の際所有部落住民の数を取調べ山林から生ずる純収益は前示の戸数に応じてそれぞれ配分することにきめ、以後各部落住民の戸数に異動を生ずることがあっても大体における配分率は変更せず、ただ異動を生じた部落は部落限りの計算で適宜その住民に収益を配分してきたことがみとめられる。したがって部落住民は慣行により本件山林に対し毛上はもとより地盤も共に部落住民の所有として共同使用権すなわち共有の性質を有する入会権を取得したと認めざるをえない。

両町村長は土地台帳の所有名義が部落有となっていると力説するが、明治九年地租改正当時作成された地所取調帳には本件山林の所有名義は各部落の総代名義となっており、これは、五部落とも各総代においてそれぞれの住民を代表する趣旨のもとに各部落の総代一人ずつを所有者として掲げたのであって、住民と対立する別個の団体である部落を代表する趣旨に出たものではないことがうかがわれる。右のように公簿上所有者として総代の氏名のみ掲げ各部落住民の名義が連記してなかったところから本件林野は其後町村役場等における公簿上は部落有として取扱われるに至ったことが明白である。然し、本件山林に対する権利行使の状態は右公簿上の記載の前後によりいささかも変化がなく、公簿に何の記載もない当時から現在まで引つづき部落住民が自ら権利者として使用収益してきたことが明らかであるから、右の公簿上の記載は事実に合致しないだけでなく、公簿に部落有と記載されるに至った事情をかんがみるとこれらの公簿に右のような記載があるという事だけでは、本件山林が住民の共有に属するという認定をくつがえすことができない。」（傍点筆者）

大審院昭和一七年九月二九日判決〔19〕

〔判旨〕「区民は明治以前より本件土地の地盤並びに毛上一切を総有し、かつ自家用薪材秣等を自由に採取し自家用建築材は区民代表者の承認の下に各自之を伐採し、その他の立木は区民総意の下に之を処分するなど共同で収益しうる権利を有し、その権利は区民たる資格と共に得喪される慣習がある、という事実によれば褜野区民は本件土地につき共有の性質を有する入会権を有するといわなければならない。したがって、褜野〔ほろの――筆者注〕区民が本件土地の地盤並びに毛上を総有することすなわち本件土地につき共有の性質を有する入会権を有する以上本件土地が褜野区の所有に属し従ってその管理処分権が同区の存する小本村にあるということはできない。」

以下、ある入会地が財産区（すべて旧財産区）有に属するか住民共有に属するかに関する戦後の判決を、財産区有と判示したものと、住民共有と判示したものとに分けて取り上げ、その内容を検討する。

1　財産区有と判示したもの

長崎地裁昭和三六年一一月二七日判決〔34〕

長崎県五島の南松浦郡日島村（現新上五島町）間伏《まぶし》郷有地上に杉檜を植付けしたXが、「郷」有とは町村の所有を意味するという理由で村長に対して植栽木所有の地上権設定登記を求めたが、本判決は、「郷」は財産区であると解して管理者たる村長に登記義務を認めた（一〇六頁参照）。

〔判旨〕「本件土地がいずれも日島村間伏郷の所有として登記されている事実をあわせ考察すれば、他に特段の事由のない本件においては、前記日島村間伏郷は、右市制町村制施行中から現在に至るまで、前記『市町村の一部』または財産区として独立の法人格（財産所有能力）を有しているものであり（ただ、同郷に固有の議決機関があるとは認められないので、その権能は、同郷の属する日島村の議会がこれを行使することとなる。）、本件各土地は、おそくとも前記登記時たる昭和三四年四月一七日頃から現在に至るまで、右日島村間伏郷の所有に属しているものと認めるを相当とする。」

大阪高裁昭和三七年九月二五日判決〔36〕

奈良県宇陀郡御杖村桃俣区名義の山林に、明治三四、三五（一九〇一、〇二）年ころ当時の村長が区共有山地管理規約にもとづきX（区住民か否か不明）のため植林を目的とする存続期間九〇年の地上権を設定した。区住民YがXの植栽木を伐採したので、XはYを相手として伐採禁止を求める本訴を提起し、第一審X勝訴。Yは控訴し、係争地は桃俣部落住民の共有地であって財産区有地でないから村長に地上権設定の権限なく、仮に財産区有地であるとしても係争地上に部落住民の入会権が存在し、右地上権は住民の入会権と矛盾衝突するので地上権設定は無効である、と主張した。

〔判旨〕「本件山林は、明治二一年町村制の施行により、御杖村の特別区としての大字桃俣区有林とされたので、同村長の稟請により宇陀郡参事会において、本件山林を管理処分するために準拠すべき規定として、同二三年五月一五日、町村制第一一四条により区会条例を制定し、同村内の桃俣外三大字にそれぞれ区会を設け、桃俣区会においては同三四年三月八日、区民一致をもって桃俣区共有山地管理規約書を作成し、爾来、右規約に基いて本件山林を管理処分してきたこと、御杖村長Aが桃俣区代表者として右管理規約の定めるところにより、本件地上権を設定したことがそれぞれ認められ、同村長が前示管理規約に従い区有財産の管理処分をなし得ることはいうまでもなく、村長が右規約に従って処分をする場合に、入会権者に対し、新たに損害を蒙らせるような事情のない限り、入会権者の同意を要しない。」

最高裁昭和四二年三月一七日判決〔35〕

福島県耶麻郡西会津町（旧河沼郡野沢町）の野沢本町の住民は、藩制時代から地下持山と称する山林を入会利用していたが、明治二二（一八八九）年町村制の施行に伴い野沢本町は野沢村に編入され、同二四（一八九一）年に本町区会が設置された。大正年間に自由な入山が差し止められて、賃料を払って柴、薪の採取や植林するなど、その後利用方法に変化があった。昭和三〇（一九五五）年に野沢町（明治四〇（一九〇七）年町制施行）は他の町村と合併して西会津町となり、同年本町財産区設置条例が公布されて同財産区が本件土地を管理するようになった。その後、本町区住民中Yら一一名が、係争山林は本町区住民七二名の共有に属すると主張して地上立木を伐採しようとし、うち三名は立木を伐採してそれを搬出した。そこで本町財産区は、Yら一一名を相手として、本件土地ならびに地上立木が本町財産区の所有に属することの確認、ならびに伐採木の引渡しを求める本訴を提起した（伐採木引渡し等については二八二頁参照）。

第一審は財産区の主張をほぼ認めたので、Yらは控訴して、本件土地は本町住民が山税を納め自由に山入りしてきたものであるから、本町住民七二名の共有に属する、と主張した。

第二審**仙台高裁昭和三七年八月二二日判決〔35〕**は次のように判示した。

「本件土地につき、西会津町備付けの土地台帳には、所有者として『旧本町共有』と記載され、法務局野沢出張所備付の土地台帳には所有者として『旧本町所有』または『元本町共有』と記載されていること、旧野沢村は明治二四年一月二八日内務大臣の許可を受けて同村原町及び本町両区に区会を設置し、同区が所有する財産に関する議決機関となし、明治三七年ころには本町区有財産管理規程を設け、管理組合長が公共に供しない土地建物については貸地料を徴し貸付を行なうことを定め、明治三九年一〇月二四日本町区会は同区所有土地の一部を郷社諏訪神社に無償で贈与することを決議し、郡長の許可をうけて同区所有名義に保存登記をした上同神社のため所有権取得の登記をしたこと、本町区は本件土地につき、明治二一年度から昭和二四年度まで地租税及び地租付加税を、昭和二五年度から昭和二八年度までは固定資産税を納めてきたこと（昭和二九年度以降は本件土地が公有であるため課税されないことになった）、明治四〇年野沢村は野沢町と改称され、昭和三〇年三月町村合併により旧野沢町が西会津町に所属するに至ったが、同年三月二五日福島県知事は地方自治法第二九五条の規定にもとづき西会津町議会に対し、本町財産区条例を設けることを提案し、同町議会は同月三〇日同条例を議決し、同年四月二二日これを公布したこと、その後本町財産区はその財産を処分する場合県知事の認可をうけていること、が認められる。

もっとも、山林原野民有原由取調上申書には、所有者として『元本町分共有地総代A外七十一人』の記載があり、地価取調帳によると『元本町分共有地総代A』の記載があるけれども、以上は要するに元本町分共有地の趣旨を表示するものと解され、右の共有とは現行民法上の共有とは異なり、元本町所有の意義を有するものと解されるからこれらは前の認定の妨げとなるものではない。

本町部落民は本件山林（前山及び奥山）に対し入会権（村中入会）を有していたのであるが、明治八年八月一二日野沢本町村が野沢原町村外三箇村と合併し、明治二一年四月一七日法律第一号町村制が施行されてから、同法一一四条により、町村内の区が特別に財産を所有し、もしくは営造物を有するときは、郡参事会はその町村会の意見を聞き財産及び営造物に関する事務のため区会または区総会を設けることができることとなったので、前示のごとく野沢村は明治二四年一月二八日内務大臣の許可を受けて同村原町及び本町両区に区会を設置したのであるから、これにより本件山林は本町財産区に帰属したものといわなければならない。」（傍点筆者）

Xらは上告して、本町住民が本件土地に対する公租を負担してきたことを認めながら、本町区の所有となったと判示したのは不当であると主張したが、最高裁判所は次のように上告棄却、財産区有と判示した。

【判旨】「原判決は、本町村が他の村と合併して野沢村となり、明治二一年町村制が施行されたのに伴い、同法一一四条により、旧本町村の特有財産管理のため、野沢村に本町区会が設置されたのであるから、従来本町村に属していた本件土地の所有権は本町区に帰属したと判断しているのであって、右判断は是認できる。これに理論的根拠が明示されてないとの論旨、ならびに右判断が町村制一一四条に違反するとの論旨はともに理由がない。」

松江地裁昭和四三年二月七日判決〔45〕

島根県能義郡伯太町（現安来市）母里財産区有とされている土地は、明治町村制施行前の母里村住民の財産で大正年間に母里村名義で整理されたが、母里三村住民の入会地であった。戦後は母里村が合併により伯太町となり、伯太町母里財産区有とされた土地が住民共有入会地であるか否か争われた。なお本件は前掲最高裁昭和四二年三月一七日判決〔35〕と同様、入会権の存否についても争われている（二八四頁参照）。

〔判旨〕「町村制の施行が、従来の村を制度的に否定するものであることはいうまでもない。しかし、旧村の生活協同体としての実体は町村制施行后も部落或は大字として存続し得た。従って、当時の政府の方針が町村制施行に伴い、従来の部落有財産を町村有財産に統一するものであったことは疑いないが、町村制施行により、直ちに、旧村の総有に属した財産が町村の公有財産に編入されたものと考えるのは妥当でない。このことは、明治二一年六月一三日内務省訓令が新町村に統合されなかった旧村持林野をほぼ従来の形態で所有することを承認していたことからも明らかである。

ただ、この時期における部落有財産に対する理解は不充分であったからその取扱いも曖昧で、町村に統一されたもの、一部落有財産（財産区）として町村長の管理におかれたもの、部落の私有財産と異らない形態で存続したものなどその内容はさまざまである。

本件山林は町村制施行の際、その取扱いについて論議があった形跡はなく、もとより、当時既に制度化した財産区を設立したわけでもなく、大正年間に至り、村名で保存登記をしたこと、村は前認定のとおり明治三四年以来、村有財産として管理し、造林しており、山林の賃貸し、処分をいずれも村会の議決により行い、これら山林の使用方法について、村民に異議はなかったこと、又村民らにおいては、本件山林を公有のものとして認識していたとも推認でき、斯様な事実を考慮すると、本件山林は母里村発足の際、同村有財産に編入されたものと考えるのが相当である。」

大分地裁昭和五七年七月一九日判決〔62〕

大分県別府市の温泉市街の背後の山の中、別府枝郷にある志高池という溜池（天然の池沼）は、地元小野組の農業用水の溜池として利用されてきた。昭和三〇年代から観光用（ボート）として利用されてきたが、その使用料の支払等をめぐって、小野組と別府市との間でこの溜池の底地所有権の帰属について紛争を生じた。

この溜池は土地台帳上、単に「共有地」とのみ記載されていたが、その後異なる筆跡で「別府町」と記入されて、それがのちに登記簿上表題部所有者欄に「別府町共有地」と登載された（所有権未登記）。小野組住民Xら一六名は別府市を相手として、本件溜池はもともと小野組の共有であったから「共有地」は小野組共有を意味することの確認を求める訴えを提起した。

【判旨】「明治二二年頃作成されたものとみられる本件溜池および本件池沼の旧土地台帳の所有質取主氏名欄には、『別府町共有地』と記載されているが、右記載は、当初『共有地』とのみ記載されていたものが後に『別府町』が書き加えられて『別府町共有地』となったものであること、昭和三五年、土地台帳制度の廃止に伴い右土地台帳の記載に基づいて作成された本件溜池および本件池沼の登記簿の表題部の所有者欄にも『別府市共有地』と記載されている。

Xらは、本件溜池自体についてもXらの先祖が構築したものであるかの如く主張するが、前記のように、Xらの先祖が堤防や用水路の改修等を行ってきたことは認められるものの、本件溜池そのものを構築したことを認めるに足りる証拠はない。

本件溜池および本件池沼は市町村制実施（明治二二年）以前より既に別府町の所有とされていたもので、明治三三年には小野部落ほか近隣の部落からなる別府町枝郷の代表者が、当時の別府町に対し、本件溜池の堤塘の増築と周辺土地に水路を開設することの承認を求める内容の書面を提出したが、この書面は、本件溜池が別府町の所有であることを認める内容となっている。また、大正時代になってからも、近隣部落において別府町に対し養魚のため本件溜池の使用許可を申請し、別府町においてこれを許可したことがあり、これらの事実によれば、本件溜池は市町村制施行以前から別府町有地として管理され、原告らの小野部落および近隣の部落においても別府市の所有であると考えていたことが窺われるのである。

本件溜池および本件池沼の近くには、これらの土地と同様旧土地台帳上『共有地』とのみ表示されていた土地が多数あるが（もっとも、本件各土地と同様後に別府町共有地と改められている）、これらの土地はいずれも従前から別府市（町）有地として管理され、小野部落を初め近隣部落においてもこのことを当然のことと受けとめ、右土地を造林等の目的で別府市から借り受けていることが認められ、このことからすれば、本件溜池および本件池沼の旧土地台帳上の『共有地』なる表示をもってXら小野部落民の所有を意味すると考えるのは困難であり、かえって、本件溜池および本件池沼についても右の土地と同様別府市の所有であると考えることが十分に可能である。

以上によれば、Xらが本件溜池および本件池沼につき用水権を有していることは認められるものの、本件土地がXらの所有に属するとは認め難い。」

大阪高裁昭和六〇年八月二九日判決〔65〕

本件は奈良県大和高田市大字曽大根《そおおね》所在の堤塘地を取得したというXが登記簿上所有名義を有する大字曽大根を相手として移転登記を請求した事件である。

第一審はXの土地取得を認めなかったのでXは控訴したが、第一審での被告「大字」の代理人を「総代何某」として提訴した。第二審は、大字の代表者は市長である（大字は財産区に相当）、したがって本件訴訟は権限を有しない者を相手にしたものであるから不適法、という理由で原審へ破棄差し戻した。

〔判旨〕「Xの右分筆及び移転登記手続請求は本件ため池につき登記簿上所有名義を有する大和高田市大字曽大根を相手方とするものであるところ、このような場合、大和高田市の一部である同市大字曽大根は、本件ため池の登記簿上の所有主体ないしは設置主体として地方自治法第二九四条第一項にいう財産区に当たり、したがって、財産区として訴訟上の地位を有するものと解すべく、また、未払賃料請求も、右財産区の保有する財産ないし公の施設である本件ため池の管理処分に関する事項というべきであるから、同請求についても前記移転登記手続等請求と同様、大和高田市大字曽大根は財産区として訴訟上の地位を有するものと解するのが相当である。してみると、原審における本訴各請求については、本来、大和高田市長が財産区である被告を代表して訴訟行為を行うべきものといわざるを得ない。」

高松高裁平成五年一月二八日判決〔68〕

本件は集落の所有する墓地所有権の帰属に関するもので、徳島市川内町（徳島県旧板野郡川内村）上別宮町内会の部落有墓地の一部を部落代表Y_1Y_2らが全員の承諾なしに県道用地として売却し、A寺の住職であったY_2は同墓地の管理者として墓地使用者から永代使用料を収受していた。これに対して上別宮町内会（代表X）が、右土地売却および永代使用料の収受は不当であるという理由でY_1Y_2らに対して損害賠償を求めた。

第一審、第二審とも損害賠償は認めなかったが、本件墓地所有権の帰属については異なった判示をしており、第一審**徳島地裁昭和六二年三月一七日判決**〔68〕は、財産区有財産ではない、と判示している。

「明治二二年の町村制の施行に際して、数か村が合併して川内村になるにあたって、本件土地に関して特段の交渉や取り決めがなされた形跡も全くない。また、川内村の時代にも、川内村は本件土地を財産区有財産として扱っていなかった。

本件土地の登記簿上の所有名義は『大字別宮浦村』であるが、これは昭和四六年になって初めて保存登記されたもので、それまでは表題部の所有者欄に『大字別宮浦村』なる記載があるだけであった。

昭和四六年の土地の県による買収にあたり、県は、右登記簿表題部の記載を考慮したためか、地方自治法上の財産区有財産としての処分方法を指導し、その結果徳島市長が財産管理者として前記の保存登記をしたうえ、一連の登記手続をした。しかし、その徳島市としても、右は登記手続上のものにとどまり、その後も本件土地を地方自治法上の財産区有財産とみていない。

上別宮部落の自治組織は、戦前は総代、評議員などの役員があり、戦後は常会長もしくは総代と呼ばれる代表者や、その他の役員があって部落としての意思決定をしてきたが、昭和四四年には、規約を備え、年一回の総会、執行機関としての会長、副会長、会計等の役員を置く上別宮町内会が組織され、これに引き継がれた。しかし、このように上別宮町内会に引き継がれた後も、本件紛争が表面化した昭和五五年に至るまで、本件土地の利用をめぐって部落と西光寺との間に、あるいは部落民相互の間に意見の対立が生じるようなことは全くなかった。

本件土地の沿革と利用ならびに扱いの実体とに鑑みると、本件土地は町村制もしくは地方自治法の規定する財産区有ではなく、旧『別宮浦村』住民もしくは上別宮部落住民の総体である部落に帰属するいわゆる部落の総有財産であると解するのが相当である。」

ところが第二審は大字有地が財産区有として取り扱われたことがないから町村有となったという、理解し難い判示をしている。

［判旨］「昭和四六年、本件土地が徳島県によって買収されたとき、徳島市長が財産管理者として、本件土地に

ついてその所有者を『大字別宮浦村』として保存登記をしたが、これは右土地を売却するにあたり、県が本件土地を地方自治法上の財産区所有財産として扱うように指導したことによるものにすぎず、その後も徳島市は本件土地を地方自治法上の財産区所有財産として扱っていないこと、並びに、旧部落は川内村が誕生したとき川内村上別宮部落となり、同村が徳島市に併合された際には『川内町上別宮地区』となり、昭和四四年にはこれが『上別宮町内会』となった。

右認定の事実関係によって判断すると、旧部落所有であった本件土地が、川内村誕生の際、及び、同村が徳島市に併合されたとき、旧部落所有として特に同部落に残置されたものとは認められず、また、地方自治法二九四条の財産区として旧部落所有とされたとも認められないから、旧部落が川内村となり、更に徳島市に合併されたことに伴って、本件土地の所有権も旧部落から川内村へ、同村から徳島市に順次移転したものと認めざるを得ない。」

大阪地裁平成一六年一月二〇日判決〔93〕

大阪市の北、大阪府箕面市小野原地区は現在、同市の開発事業により大部分が住宅地となっている。早くから開けたところで、明治初期から個人所有の土地が多く、ごく一部が土地台帳上「村持」または「共有地」と登載されていた。昭和六二（一九八七）年ころ、その土地の一部を売却処分するため、「小野原財産区」名で所有権保存登記をしたが、処分された分以外の土地につき、小野原住民入会権者からの「財産区有として登記したのは誤りである」との申入れにより、市長は調査の結果、財産区名義の所有権保存登記を抹消し、小野原の入会権者代表二名の名義で所有権保存登記をした。これに対して同地区の住民（同地区の開発事業による外部からの転入者）

の一部が、本件土地は財産区有であるから個人名の所有権保存登記は違法であるとして、その取消しを財産区管理者たる箕面市長に求めたが、同市長が応じなかったので、前記住民ら一九名は同市長を相手として、本件土地の所有権保存登記の回復請求を行なわないのは違法であることの確認を求める住民訴訟を提起した。同地区入会権者二〇七名も補助参加し、本件各土地は住民の共有の性質を有する入会地であると主張した。

〔判旨〕「小野原村では、特に組山経営の中心が個人の分割経営に置かれたために、次第に個人の占有的観念が高められ、山林の私有地的観念と私有的利用がもたらされるようになった。　明治六年地租改正によって近代的所有権制度が導入されたところ、小野原村においては、山林原野についても大部分が個人持とされた。しかしながら、本件各土地は、後記のとおり、旧土地台帳上『村持』、『共有地』等と記載された。

昭和五八年五月、小野原地区自治会の役員会において小野原財産管理委員会が設立された。小野原財産管理委員会規約には『この規約は、大字小野原部落有財産として、別紙共有者名簿記載の者が旧来から引継ぎ共有する本規約附属書財産目録に掲げる土地、建物の財産管理を適正に行うために定める。但し共有地については、地方自治法に規定される財産区財産として管理しなければならない。』と規定され、本件各土地を含む財産目録が添付されている。

昭和三一年度の箕面市の固定資産課税台帳には、上記の納税義務者として小野原共有地と記載があり、……課税対象地であった当時の税金や管理経費については、小野原地区の住民から徴収する道徳と呼ばれる会費により賄われていた。

本件各土地の旧土地台帳の所有主（所有者）氏名欄には共有地と記載されている。同地の登記簿表題部の所有者欄も共有地と記載されていたが、隣接地との境界確定に先立ち、平成一〇年九月二一日、錯誤を理由に小野原財産区に変更され、同年一〇月二〇日、小野原財産区の名義で所有権保存登記がされた。

以上の認定事実を総合すると、小野原財産区が存在し、本件各土地は小野原財産区の財産であるというべきである。

すなわち、組山経営により組み分けされた山林原野に対する私有地的観念の強まった小野原村では、そのほとんどが個人の私有地とされ、小野原村の構成員において、特定の個人の私有地であると認識されていなかった本件各土地を含む土地については、共有地、村持、大字小野原といった名義で旧土地台帳に記載されたといえる。村持、共有地、大字小野原といった名義で旧土地台帳に記載された本件各土地を含む土地については、農林省及び大阪府による買収を除いて、所有権の帰属が特に問題となるような処分が長年にわたって行われなかったことから、箕面市においても、小野原地区の住民においても、本件各土地の所有権の帰属や課税対象地か否かといった点について不明確なまま取り扱われてきたものと推測できる。昭和四二年以降、箕面市は大阪府より財産区財産の管理処分に関する指導を受け、箕面市内の財産区財産に関する調査を行い、本件各土地についても財産区財産であることを確認して、地方税法三四八条一項により本件各土地を非課税対象地とすることにした。箕面市は、以後、共有地、村持、大字小野原名義の土地について、財産区財産であることを前提に、それらの処分に関与し、必要に応じて、順次、登記名義を小野原財産区名義に変更していった。これに対して、小野原地区の住民は、特段異議を述べることもなく、むしろ、法に定める財産区管理会ではないものの、財産管理委員会を設置したほか、財産管理委員会委員が中心となって、共有地、村持、大字小野原名義の土地について、財産区財産であることを前提に、その処分管理について箕面市と交渉を行ってきたものである。

以上によれば、小野原財産区は、明治二二年四月の町村制施行により小野原村を含む五村が合併して島下郡豊川村が成立した際に、旧小野原村が有していた本件各土地を含む部落有財産をそのまま『町村の一部』が保有するものと認められて生じた旧財産区であって、本件各土地は小野原財産区の財産であるというべきである。」

2　住民共有の入会地と判示したもの

大阪高裁昭和三〇年一〇月三一日判決〔26〕

京都府竹野郡豊栄村（現京丹後市）大字是安の山林で、古くから是安区と同村吉永区との共有入会地があった。大正一四（一九二五）年、同郡八木村（その後、豊栄村）有となったが、昭和二四（一九四九）年に旧所有者たる両区に払い下げられた。払下げ後、吉永区のＹら四名と是安区住民である三名、計七名の所有名義で登記され、持分の分割協議が行なわれたが、この持分の決定につき是安区が異議を申し立て、登記名義人たるＹら七名を相手として所有権移転登記抹消請求の訴えを提起した。第一審は、是安区は財産区であるからその代表者は村長となり、同村長が参加しない本訴は不適法であるという理由をもって棄却したので、是安区が控訴した。

〔判旨〕「財産区に関する現行地方自治法第二九四条の規定は、市町村の一部である部落が旧慣により部落として財産を有し、又は営造物を設けている場合、若くは市町村の合併に当り従来所有の財産又は営造物の帰属統一について協議の調わない場合において旧来の部落若くは市町村をしてその儘これ等財産営造物を保有せしめるがため、特に該財産又は営造物の管理及び処分についてのみ右部落又は合併前の市町村を財産区としてこれに特別地方公団体たる法人格を認めるとするものであるから財産区なるものは右の財産又は営造物と離れては存在せず、若し処分その他によってこれを喪いその管理処分事務の終了したときはここに財産区は消滅し、爾後は単なる市町村の一部として独立した人格を有しないこととなるから、最早財産権の主体となり得ない筋合である。従って爾後該部落民全員のため財産を取得しても法律上は部落住民の共有若くは総有となるべきものであって、財産の取得によって新たに財産区なる法人が成立するものではない。是安区は旧町村制施行後も本件土地の管理処分に関しては財産区であったものと認めるべきであるが、大正一四年一一月二五日、本件土地を八木村に無償譲渡し、その所有権を喪失したことによって右物件に関するかぎり財産区たる是安区は消滅したものというべきことは明らかである。その後昭和二四年三月一九日是安区住民が一団として本件土地を豊栄村から払下げを受けたとしても、これによって是安区は財産区となるべきものではない。」

千葉地裁昭和三五年八月一八日判決〔32〕

千葉県安房郡鴨川町（現鴨川市）の通称和泉山は、旧和泉村等五か村の共同入会地で、明治一五（一八八二）年地券交付の示達があったのに関係住民の間で意見がまとまらなかったため、官有地に編入された。住民は入会稼ぎができなくなるのをおそれ協議の上、国から売払いを受け、右土地は明治二一（一八八八）年に和泉村等四か村（一か村脱落）名義で所有権登記が行なわれ、町村制の施行により旧村ごとに財産区が設けられ、右土地の登記名義は和泉など四財産区共有となった。昭和一二（一九三七）年に関係財産区の間で土地を分割し入会権を解消するという協定が成立した。

昭和一六（一九四一）年、右土地上の立木伐採権能につき財産区と住民との間に紛争が生じたので、和泉区住民の大部分（選定当事者X）は和泉財産区を相手として、右土地にXらが共有の性質を有する入会権を有することの確認を、予備的に共有の性質を有しない入会権を有することの確認を求める本訴を提起し、係争地の国からの買受代金を負担したのは住民であって当時の町村でないから売払いを受けたのは町村でなく住民であり、その後も住民が入会収益し公租を負担してきたのであるから行政上の町村その後身である財産区は係争地の所有者となるいわれはない、と主張した。

［判旨］「㈠一旦民有地と査定せられ和泉村に新地券を下付すべき旨の示達まであったものを関係町村間に紛争があったために官有地に編入してしまうことは元来無理で違法な処分であったこと、㈡関係町村住民等は古くから五一〇町歩の林野につき入会権を有していたが、官有地となり右権利を失っては死活に関するというので初め民有地にそのまま復帰するように運動したのであるが千葉県の方針に基き払下を受けることとなったもので、その目的は右林野につき従来の如く権利として入会山業したいためであったこと、㈢千葉県は払下に先ち共有山林管理方法規約書を徴し五一〇町歩の一部七八町歩は保存林とし、売木の際町村に分配される代金は町村において貯蓄すべき旨定めしめ且払下の通達書において毎年規約による山林管理の状況を報告すべき旨を命じたが、右保存林自体を山業の都合により廃止することを得る旨定めた右規約の条項及びX主張の如き内容の貫目木伐鑑札制度を定めた（この制度は入会権あることを前提として始めて理解し得べく、住民等の山業が和泉区主張の如きものであるとしては理解し難い。）規約の条項を存置せしめた上払下をなしたこと、㈣払下代金を和泉村住民等に一戸当り均一の金額を出金せしめ且払下代金については町村会の議決を経た形跡がないこと、㈤右代金の納入は戸長によりなされず町村総代等によりなされたこと、㈥右林野の官有地名義であった期間は満六ヶ

月にも足らず、右全期間住民等の山業が継続したとの点については証拠がないが少なくとも町村総代等と県当局とが払下により民有地とすることの了解の成立した九月以降においては当時の状況から見て住民等が入会山業に従事したことを十分に推認できるから、住民等が山業を一時中止されたとしてもその期間は極めて短期間であったことを考えれば前記払下後においても四ヶ町村住民等は権利として五一〇町歩の林野に入会うことができたと見るのが無理のない自然な見方と言わなければならず、そして払下を受けたものは和泉村住民団体外三つの町村住民団体（学者により『実在的綜合人』『部落協同体』『部落民の総合的全員』『住民の統一的な総合体たる部落』などと言われるもの）であると言わなければならない。当時町村は未だ自治体たる町村と右町村住民団体とに明白に分れる以前であり、両者共に町村と言われていたから、町村名義で払下げられ、町村名義で払下による所有権取得登記がなされたことによって、自治体たる町村が払下を受けたものと速断することはできない。又町村合併に際し払下林野につき財産区の設定されたことはX等の自認するところであるが、このことのみにより逆に払下を受けたものは自治体たる町村であると断定するのは正しくない。

次に明治二二年町村制が実施せられた以後民法施行の時まで及びその後において右状態に変化があったかどうか及び民法により如何なる権利が認められたかの点につき検討するに、明治二二年の町村制施行の際における町村合併により、和泉村は東条村大字和泉となったが、その際東条村和泉区、ほか三財産区が設けられ、五一〇町歩の林野の登記簿上の共有名義が右四財産区の共有名義に変更せられたこと、右林野も財産区に属する財産として取扱われ、財産区名義をもって右林野に対する公租公課が賦課せられ、納入されたことについては当事者間に争いがない。しかし明治二一年六月一三日内務大臣訓令第三五二号第八条において各町村の協議がととのわない場合の町村財産処分の基準として『民法上の権利は町村の合併を為すに就き関係を有せざるものとす。即各町村に於て若し町村たる資格を以て共有するに非ずして、町村住民又は土地所有者に於て共同して所有し又は維持共用せし営造物又は山林原野田畑等あるときは従来の儘たる可し』と命令したが、五一〇町歩の林野を払下所有する者が住民団体であり、その土地につき入会権が存し所謂『数村持地入会』の状態にあったとすれば右林野についての権利は正に『民法上の権利』と言わなくてはならないから、右財産は町村の合併には関係なく、これについては財産区は設定すべきものではなかったと言わなくてはならない。それにも拘らず右五一〇町歩の林野が財産区に属するとせられたのは右林野の性質に対する理解が乏しかったためであると言う外はない。

ところで部落住民団体（『住民の統一的な総合体たる部落』）なるものの存在は明治二二年の町村制実施以後殊に明治三一年民法施行以後においても認められるかと言うに、民法第二六三条及び第二九四条において入会権については第一次に各地方の慣習に従う旨規定されたが、右は民法施行以前において認められていなかったことを民法において新たに創設したのではなく、民法施行以前においても認められていた原則をそのまま民法の規定として採用したにすぎない。換言すれば民法施行の前後に拘らず入会権に関しては第一次に各地方の慣習に従うべきものと言わなければならないのであるが、古くから各地方に存する入会慣習中各地方に普遍的なものは、庄屋、総代等の代表者及び山業施行等に関する規約を持って入会住民等が一団となって入会山業を継続して居り、右団体を表現するに村なる言葉を使用していた慣行であって、この現象を最も正確に把握するには明治初年の町村なる言葉のうちに自治体たる町村の外に部落住民団体なるものを認める必要があるとされるが、右必要は町村制が実施せられたことによって毫も減少するものではなく、民法施行後現在に至っても全く同一である。しかして右に説明するとおり民法施行当時において五一〇町歩の林野はいわゆる『数村持地入会地』

であったから、民法は和泉外三ヶ部落住民団体に対し共有の性質を有する入会権を認めたと解しなければならない。」

鳥取地裁昭和三八年九月二七日判決〔38〕

鳥取県岩美郡国府町（旧宇倍野村、現鳥取市）法花寺区と三代寺区との共同所有に属する林野につき両区の意見が対立したため、法花寺区が三代寺区を相手として共有物分割の訴えを提起し、地方公共団体たる財産区ではない法花寺区が同じ区である三代寺区を相手とするものであると主張した。三代寺区は、本件土地は両区住民の総有に属するもので、公共団体たる区の所有ではなく、仮に公共団体たる両区の所有に属するならばその訴訟当事者は管理者たる町長がなるべきである、と抗弁した。

〔判旨〕「現行法上地方自治法において地方公共団体の種類を特定しこれのみに法人格を認めている趣旨よりすれば、地方公共団体の一部は財産区でない限り法人格を認められず、本件における主張の如く旧町村制施行当時より存する所謂『旧財産区』たるためには原、被告である法花寺区、三代寺区が旧町村制施行以前より当時の公共団体たる独立行政単位としての所謂『旧村』として財産又は営造物を所有していた事実が認められなければならない。

国府町大字法花寺、同三代寺の地域は、明治初年頃は夫々独立した行政村たる邑美郡法花寺村、三代寺村の区域をなし、その後明治二二年の町村制施行により、国府町の一部たる大字の地域となり、現在に至っているが、古くより（おそくとも明治初年の頃から）現在に至るまで右両地域に住む住民が各地域毎に集団を形成し農業協同生活を営み、両大字間には権益の差なく世帯単位で本件土地に慣行的に入会って来たもので、右住民は夫々長年月の共同生活を通じて形成された各地域単位の規約に基き、それぞれの農業協同生活体の一代表機関たる区長その他の役員として伍長数名を設け、これを毎年初回の右地区単位の住民総員（但し世帯単位）の会合（町村制施行後は区会と呼ばれている）で互選し、その年の農事の方針計画、農業労働の労賃額、川魚の漁獲権の入札等を協議又は決定し、又この区会及び随時の区会で本件土地の入会に関する諸事項、即ち、入会地の道路の敷設、修繕、その他の役務の賦課に関する事項、入会山林の消防、山番、その他入会地の監視に関する事項（例えば、造林木窃取者に対する料金、発見者に対する報酬料金の積立）入会収益の分配方法に関する事項等を決定し、右両地区民が自らこれを守り、右入会に関して両部落で交渉の必要な場合には各団体の区長、伍長が団体構成員を代表して交渉に当る外、かかる集団的農耕入会地の管理に要する費用及び租税は通常入会収益や諸種の入札収入の積立金でまかない、必要に応じ戸数割で徴収して来たことが認められ、この区長や区会は明治初年の行政単位たる旧村の行政機関たる村長、村会、戸長更には旧町村制第六八条の行政区の区長、同第一二五条の財産区の区会とは明かに無関係なものと考えられる。本件各地域にはおそくとも明治初年頃には既に農耕と入会生活を契機とする地域的農民共同体が行政村と別に強固に存在していたものと認めることができ、土地台帳には権利者として『法花寺村、三代寺村、村中』と記載され、地租の領収書の納税者として『三代寺、法花寺入会』と記載されていること、その他入会地所に関しては両部落民は『住民みんなもち』の意識を有し、入札せり売境界確定、立木窃取者に対す科金決定、山番設置等を実施して今日に至ったことが認められ、これに本来慣行による入会権の内容はおおむね下刈りによる薪炭木の採取、牛馬の飼料の採取、肥料としての雑草木の採取等農耕生活の補充手段的なものを主とし植林、立木の伐採売却、開墾、賃貸というような処分を付随的にも内容とするものでないことを併せ考えれば、むしろ本件土地は権利能力なき社団たる両区が右両村村中持の名義で地券交付を受けた民有地であって右両団体の共有に属し、各団体においてはこの共有持分権をその構成員たる各世帯が講学上所謂総有の形態で共同所有するものと推認するを相当とする。

以上のとおり旧町村制施行前の独立行政単位たる原、被告の前身である両村が財産又は営造物を有しないのであるから、法花寺、三代寺は『旧財産区』ではない。」

津地裁四日市支部昭和四二年六月一二日判決〔42〕

三重県桑名郡多度町（現桑名市）大字古野所在の山林で、古くから同町古野、猪飼、北猪飼の共同入会地であって、公簿上も右三大字共有と記載されていた。古野と他の二大字との間に紛争を生じ、大字猪飼（X_1）、北猪飼（X_2）は大字古野（Y）を相手として、係争地が三大字共有に属することの確認と係争地の分割を求める本訴を提起した。当事者適格につき、原告二大字は、三大字とも当初独立した自治体である村で町村制施行後村の一大字となったが区会や区長等の機関をおいて活動してきたのであるからいずれも財産区または法人である、と主張し、大字古野は、三大字とも財産区ではなく訴訟当事者能力を有しない、と抗弁した。

【判旨】「X_1X_2は、X_1X_2Yとも財産区または法人であると主張するけれども、本件においては、X_1X_2Yが地方自治法（旧町村制）にいう財産区となり、財産区として管理運営されてきたことを認めうる証拠がなく、また、地方公共団体と別個に、X_1X_2Yに法人格を付与したとみられる法律上の根拠もないから、右主張は採用できない。

しかし、もと、それぞれ独立した村であったX_1X_2Yは、町村制施行後いずれも地方公共団体の一大字となったが、その後八〇年にわたり、地域的共同生活を円満に営むため、明文の規約こそないけれども、永い歴史と古い慣行に従い、一定の地域に住む一定の住民を区民とし、その区民からなる総会を置き、毎年定期に開かれる総会において区を代表する区長のほか、副区長会計などの役員を選任し、予算、事業計画、区民から徴収する区費の額等を決め、区長ら役員はそれに従って農道や用水路の開設修理、消防、祭礼等種々の事業や活動をし、かつ、区として固有財産を保有するほか、必要に応じて財産を取得または処分するなどして、地方公共団体の一部を構成しながら、なお、これと別個の存在として、これと独立して活動を続けてきたものであり、今後も同様活動を続けるであろうことが認められるから、X_1X_2Yはいずれも民事訴訟法四六条（現二九条）にいわゆる法人に非ざる社団で、代表者の定めのあるものに該当」する。

第一審は右のように財産区でないと判示したが、第二審名古屋高裁昭和五三年七月二一日判決〔42〕は、「この〔大字の——筆者注〕ような権利能力なき社団は……社団自身が私法上の権利主体となるものではない」と第一審判決を取り消して、両大字の請求を棄却した（三一五頁参照）。

大阪地裁昭和六一年七月一四日判決〔66〕

係争地は大阪府泉南郡泉南町（現泉南市）所在の、泉南町別所、泉南町兎田、泉佐野市上之郷共有名義で所有権保存登記された三大字（部落）共有の入会地で、別所の持分の譲渡を受けたYが共有持分三分の一の移転登記を経由したところ、他の二部落の代表者から、共有入会持分は三分の一ではなく四三七分の五七（この割合はある時期における各部落の世帯の数によって決められた）であるという理由で、Ｙの共有持分の訂正を求めた。本件では兎田、上之郷ともにそれぞれ三名、計六名が肩書なしで原告になっている。

［判旨］「本件土地は、明治初年頃以前より別所村（現別所部落）、兎田村（現兎田部落）及び上之郷村（現上之郷部落）の三住民による入会地であり、遅くとも明治四二年頃には右三部落の住民（但し、部落内において一戸を構える世帯主たる者に限る。）全員の合意により『共有山取締中合規約』なる規約を設け、右住民らは右規約及び慣習の規制の下に本件土地に自由に立ち入って雑木、下草等を採取していたこと、更に各部落の住民らは各々その総会において管理委員を選任し、右管理委員らは各々各部落固有の他の入会地を管理するほか共同して本件土地を管理し、本件土地に生成する立木、まつたけ等を売却し、本件土地に対し植林を行う等の業務を執行していたこと、明治初年頃に明治政府から右管理委員らに交付された本件土地の地券には、本件土地の共同所有者として『別所村、兎田村、上之郷村』と記載され、本件土地の地租又は固定資産税は右管理委員らが立木売却代金等の本件土地から得られる収益の中から支出して納入していたことが認められる。

右認定の事実によれば、本件土地は、遅くとも明治初年頃には別所、兎田、上之郷三部落の住民らが共有の性質を有する入会権をもつ入会地となり、本件土地の所有権は右三部落の住民らに総有的に帰属するに至ったものであると認められる。

この点につき、本件土地につき昭和三四年八月一五日に現別所部落である泉南郡泉南町別所、現兎田部落である同町兎田及び泉佐野市上之郷を共有者とする保存登記が経由されていることは当事者間に争いがなく、権利能力なき社団は不動産登記簿上の権利の名義人となる資格がないと解すべきであるから、右のような登記は、右三部落自体が法人格を有しかつ本件土地を共同所有していることを前提としてなされているものと思われる。そして、市町村の一部である部落が法人格を有する場合には明治二一年法律第一号町村制一一四条（明治四四年法律第六九号による改正後は同法一二四条）に規定する公法人たる『町村の一部』として法人格を取得し、同法廃止後も地方自治法二九四条一項により特別地方公共団体たる財産区として法人格を維持している場合と同法施行後に同条項の規定により財産区として法人格を取得した場合の二とおりしかないので、右保存登記は財産区としての右三部落を登記名義人とする登記であると解するほかない。しかし、本件土地については一貫して右三部落の住民らによって選出された管理委員がこれを管理し、本件土地の地租または固定資産税も右管理委員がこれを納入していたことが認められ（なお、地方税法によれば財産区財産は非課税である。）他方本件土地を財産区管理人たる市町村長が管理したことを窺わせる証拠はないので、右のような登記の存在は前記の認定の妨げとはならない。

前記認定の事実によれば、本件土地は右三部落住民による入会地であり、数部落の住民が共同して入会を行うところのいわゆる数村入会地であったものと認められるところ、右三部落住民は本件土地に対して各別に管理委員を選任し、右各管理委員は本件土地以外の自己の所属する各部落固有の他の入会地の管理も行っていたこと、本件土地の立木売却の収益は各部落の管理委員に分配された後に各部落における諸費用等を控除して各部落住民に分配されていたこと、右各部落管理委員に対する収益の分配割合は各部落住民の数の変動にかかわらず一定であったことの各事実を総合すれば、本件土地の所有権は、直接右三部落住民らに総有的に帰属するものではなく、右三部落住民らが各部落住民ら毎に共有持分を有し、各部落住民らに各々の共有持分が総有的に帰属する関係にあったものと解するのが相当である。」

大阪高裁平成九年八月二八日判決〔82〕

兵庫県北部にある美方郡温泉町（現新温泉町）内越坂《おつさか》集落内の山林を、同県内のＹ会社が産業廃棄物処理場用地とする目的で本件土地を買収するにあたり、土地台帳上、「越坂持」と登載されていたので同集落全員から売却の承諾を得た上、温泉町長に同意を求めたが、同町長は環境悪化のおそれがあること、本件土地が「越坂財産区」有であることを理由として売却に反対した。しかしＹ会社は係争地を越坂住民の共有であると判断して住民らとの間で売買契約を締結し、集落の代表者Ａを「越坂」の代表者としてＹ会社名義に所有権移転登記を行なった。これに対して温泉町長は、係争地が越坂財産区の所有に属すること、同財産区管理者たる町長の同意がないことを理由に、Ｙ会社への所有権移転登記が無効であり、その所有権移転登記の抹消登記を求める本訴を提起した。

第一審神戸地裁豊岡支部平成六年八月八日判決〔82〕は本件土地が財産区有であることについて当事者間に争いがなかったため、管理者たる町長の承認のない売買は無効である、と判示した。Ｙ会社は控訴して、越坂部落には財産区固有の機関がなく、本件土地には固定資産税が賦課されてきたことを理由に、本件土地は財産区有でなく、かつ本件売買に集落住民全員の同意を得ているから有効である、と主張した。

第二審は次のように、本件土地は財産区有ではない、と判示した。

〔判旨〕「本件土地を含む公有林野整理簿控えないし土地名寄帳に記載されている土地は、少数の例外を除いて、土地台帳の備付の当初からその所有・質取主氏名欄に越坂村と記載されているもの、所有者越坂村として表示登記のみなされているものが殆どである。このことと、村共有地の分筆に届出を要したことからみると、公有林野整理簿控えに記載されている土地は、沿革的にみて財産区有である可能性があるものと考えられる。
しかし、公有林野整理簿控えに記載されている土地に関して、それが作成された大正一〇年ないしそれ以前に、町村制第一一四条所定の、条例を発行したり、区会又は区総会を設けたりした形跡は窺われないし、その会計を分別した形跡も窺われない。また、本件土地はいずれも最近まで保存登記もなされないままで推移していた。そして、公有林野整理簿控え記載の各土地の当時の管理利用の実態は、重要事項の決定は部落協議によってなされていたことが窺われるのである。

『関係町村の現況』に八田村の財産区として記載された『越坂』に関しては、財産管理会の設置等、八田財産区に関するような地方自治法上の措置が採られているわけではないし、また、右財産区としての『越坂』の記載が、例えば総会決議による等、越坂村住民全体の意思を反映したものであることを裏付けるような事情を窺わせる証拠もない。そして、一方では、同じ温泉町管内においては、明治年間に財産区となった湯財産区、また、昭和二九年の町村合併を機会に財産区となった八田財産区ともに、明確に財産区有となった土地については、法律の定めに従って非課税とされているのに、土地名寄帳記載の土地については、従前から、そして右町村合併後も、引き続き課税されているのである。これらの点を併せて考えれば、温泉町長の土地名寄帳記載の土地に対する固定資産税の課税行為は、そこに記載された土地が財産区有ではないという判断を自ら示す行為であると評価されても仕方のないものである。

以上述べてきたところからすれば、本件土地が財産区有であるか否かについては、『関係町村の現況』の八田村の財産区の欄に越坂が記載されていることをどうみるか、そして、その推測を支持・補強する事実として、後日、そこに記載された土地を売却処分するに際して、財産区有であることを前提とした所有権移転登記手続がなされていることと、土地名寄帳に法人の記載があることの二点をどうみるかが問題となる。そして、右二点のうち前者の点は、他に（保存登記を経て）所有権移転登記手続をする方途がないままに、本件土地の売却に関するそれに至るまでには特に町長に拒否される等の不都合が生じなかったところから、越坂部落の住民が、あたかもそれが財産区有であることを前提とするような方法を採ってきたに過ぎないものとも考えられるところに鑑み、また後者の点は、当該町村合併申請者の一員である温泉町長の、その記載の趣旨とは相容れない固定資産税課税の事実に照らして、いずれも決め手として評価することはできない。のみならず、右課税を継続してきたという事実は、財産区の管理者たるべき温泉町長自身、それが財産区有ではないものと認識していたことを示すものであるというほかはない。」

福岡地裁小倉支部平成一二年一月二〇日判決〔87〕

福岡県北九州市小倉南区大字貫《ぬき》の山林は土地台帳上したがって表示登記には「人民共有持主惣代何某」とのみ登載され、所有権登記はされていなかった。昭和三六（一九六一）年ころ、この山林の一部に福岡県行造林が行なわれることになり、同県のため地上権設定登記が必要となったので、市長（当時小倉市長）嘱託により「大字貫」名義で所有権保存登記をした上、地上権設定登記をした。その後、県行造林木の伐期になって、この「大字貫」が入会集団をいうのか、財産区に該当するのかが争われた。

〔判旨〕「本件係争地を含む約九〇筆の土地がその範囲であると推認されるところ、そのほとんどは、『人民共有持主惣代』ないし『〇〇組人民共有持主惣代』名義のまま現在に至っているのに対し、『大字貫』名義となっているのは、県行造林の対象とされた本件係争地一三筆のみであること、県行造林契約を締結するにあたっては、地上権設定登記が必要であり、その前提として、所有権保存登記を経由する必要があったところ、大正二年当時、県行造林の対象地となった各土地の登記簿謄本の表題部はいずれも『人民共有持主惣代何某』ないし『上貫組共有持主総代何某』となっており、共有者の氏名も人数も表示されていなかったため、そのまま所有権保存登記を申請することは不可能であったことに照らし、右所有主氏名欄の書き換えは、県行造林契約に基づく地上権設定登記を可能にするため、誤謬訂正に名を借りてなされた蓋然性が高いと認められる。

そうすると、右各土地の土地台帳の最初の所有主欄に『人民共有持主惣代某』ないし『上貫組共有持主惣代』と記載されている事実は右各土地が貫地区の住民の共有の性質を有する入会地であったことを推認させるものということができる。

貫三か村は、町村制施行後もそれぞれ代表者として『区長』を置き、（上、中、下）三区長の合議により、入山管理や入会団体の運営を行ってきたが、その後、全入会権者を構成員とする『貫入会林野組合』を組織して、入山管理等の事務を引き継ぎ、現在に至っていること、本件係争地の地租ないし固定資産税は、入会団体において、入会権者から徴収する分担金を主たる財源として納めてきたこと、昭和一八年ころ、県行造林契約に基づいて県から支払われた分収金を入会権者において分配したことは前記認定のとおりであり、これらの事実を総合すると、貫山林野の管理・利用は、町村制の施行の前後を通じ、一貫して、三区長の合議あるいは入会権者の決議に従って行われていたことが推認できる。

そして、右にいう区長は、明治初年の行政単位たる旧村の行政機関としての村長、戸長、あるいは、町村制にいう区長や区会とは明らかに無関係のものと考えられるから（町村制の施行にあたり、貫地区において、区会や区総会が設置されたと認めるに足りる証拠はない。）、遅くとも町村制施行当時、行政上の村とは別個に、農家を中心とする生活共同体（入会団体）が確立しており、右共同体は、町村制の施行によって旧『村』が有していた行政上の組織単位としての側面が新町村に移行した後もなお、従前と同様存続していたと認められる。

不要存置国有林野整理処分規則（大正四年七月二四日省令第一四号）には、払い下げを受ける縁故者について、『縁故カ市町村内ノ部落ニ係ルトキハ其ノ市町村ヲ以テ縁故者トス若シ市町村ニ於テ買受ケサルトキハ当該林区署長ハ其ノ縁故部落ノ住民共同ヲ以テ縁故者ト認ムルコトヲ得』（二条二項）と規定されている。

権現山三番の土地は、国有林野法に基づき、不要存置林野として、明治四〇年七月二七日、『芝津村』に払い下げられたと認められるところ、北九州市は右土地につき所有権を承継しておらず、土地台帳には、『芝津村』の記載の上に『貫』と付記されている上、明治四二年九月一六日、名義人更正として『大字貫』名義に改められていること、右土地が地元の祭神である貫大権現が祀られた権現山一番の土地に附属する入会地であり、貫山林野の一部を構成していることに照らし、右土地は、『芝津村』が払い下げを受けた形となっているものの、実質的には『大字貫』の住民が金員を拠出するなどして買い受けた蓋然性が高いと認められる。

明治二二年の町村制の施行により誕生した新町村の財政的基盤を確立するためには、旧町村が保有する財産をできるだけ新町村に移行することが望ましく、政府は町村制施行後も一貫して新町村への財産統一政策を推進していたことに照らし、前記国有林野施行規則は、旧財産区たる『町村ノ一部』が土地を買い受けることを否定し、市町村のみが『縁故者』たり得る旨規定したものと解するのが相当であるから、北九州市の右主張は根拠がなく、権現山三番の土地を財産区たる『大字貫』が買い受けたと推認することはできない。」

3　要約

大字有、区有の入会地盤所有権の帰属に関する以上の諸判決をつうじていいえるのは、住民の共同所有に属すると判示した判決は、その土地の歴史的経緯や社会的背景、そして現在の行政上の取扱いなどを十分に検討した上で判断しているのに対して、財産区有と判示したものは歴史的沿革はおろか現実の行政上の措置さえその検討が不十分である、ということである。

土地所有権の登記（表題部登記を含む）が大字または旧村等であるので、それを単純に区有すなわち財産区有と解したのはまだしも、「共有地」「（旧）町共有」、すなわち村人共有であるものを、（旧）村有したがって財産区有と解するのは誤りである。共有地を「住民共有と考えるは困難」という判示（大分地裁昭和五七年七月一九日判決〔62〕）を理解することは困難であり、また、共有地であるが故に地租ないし固定資産税が賦課されてきた土地を「財産区の財産であるというべきである」（大阪地裁平成一六年一月二〇日判決〔93〕）というのは不当であるというべきであろう。

以上の判決をふまえて、いわゆる大字、区有地が財産区有地であるか、住民共有地であるかを判断する基準は次のようになる。

① 国有林野からの売払いによる大字有、区有名儀の土地は財産区有とはならない。

② かつて財産区有地であっても、市町村有に移転統一して財産区が消滅した後再び集落がその土地を取得しても再び財産区が復活することなくそれは住民共有入会地である。

③ 地租、固定資産税およびその財産から生ずる収益に住民税が賦課されているものは財産区財産ではない。逆に公有財産であることを理由にこれらの課税がされていない土地は財産区有地である（ただし公共用道路

——私道、公共用溜池、墓地は非課税地）。

④　その土地、財産につき地方自治法に定める財産区議会または総会あるいは財産区管理会が設けられているものは財産区有である。条例にもとづかない管理会などは財産区の機関ではない。

⑤　市町村の合併協定書によりその土地につき財産区を設けることが決められているものは財産区財産である（これは新財産区の場合）。

⑥　大字有、区有のまま未登記であった土地が、処分、変更の必要上、財産区有として登記され、それにより以後課税負担がなくなっても、多くは便宜的な登記であって、それによって財産区財産となっ、た、ということはできない。とくに再び住民共有（代表者等）名義となったものは取引の便宜上、財産区の名義を借りたというのが実態である。

四　法人、社寺有名義

入会地の所有者となっている法人には、会社（商法人）のほか、社団法人、財団法人、生産森林組合、農業協同組合、あるいは中間法人等がある。このうち、前述のように、たとえば電力会社やパルプ会社などの企業体の所有地はその会社の所有地であって、その土地上の入会権は共有の性質を有しない入会権である。財団法人などでも同様に、大規模な法人の場合は同様であるが、一般にこのような法人や組合はその構成員（社団員や組合員）が地元住民とくに入会権者だけ、という場合が少なくない。つまり、入会地を保全するため（入会地の所有権をその名で登記するため）に入会権者が組織した法人、と考えられる場合が多いのである。会社でもそのようなものがあり、会社の株主、社団法人や中間法人の社員、協同組合等の組合員など、それぞれ組合や法人の構成員が入会権利者（集団構成員）とほぼ一致しているときは、そのような法人や会社が所有する共有の性質を有しない入会地でなく、実質的にはその構成員の共有の性質を有する入会地であると解してよい。財団法人は本来その主体は財産であって、制度的には社団法人のような構成員（社員）はいないのであるが、実際上、入会権者である構成員を評議員とか会員などにしている例もある（ただし、入会林野整備事業によって設立された生産森林組合および農事組合法人の所有する土地は入会地ではないのであるから、その組合や法人の土地である）。

このように、法人や会社、組合などの所有名義の入会地がそれらの法人などの所有地（共有の性質を有しない入会地）であるか、それとも実質上、その法人等を構成する入会権者の共有入会地であるのかは、それぞれ実体によって判断するよりほかはない。多くの場合、共有入会地であると思われるが、しかし形式上であれ法人の形態をとっていることから、一般社団法人及び一般財団法人に関する法律、その他、森林組合法などによる制約がある。すべて法人である以上、地方税である住民税（いわゆる法人住民税）納入の義務があることはいうまでもなく、問題となるのは入会財産から収益があった場合の措置である。この収益金は入会権者全員のいわゆる総有に属し、各自分割請求権を有せず、全員の合意がある場合のみ配分できることは前述のとおりであるが、社団法人、財団法人は公益法人（民法三三条）であり、もっぱらその収益は公益のために支出するのが目的とされるため、各構成員に配分することはできない。また協同組合にあっては収益配分の方法が制約されている。

神社や寺院の所有名義となっている境内地以外の土地に入会地は少なくないが、ただその土地が神社や寺院所有の入会地であるか、住民共有の入会地かで問題になることがある。

神社、寺院にも前述のように、一定規模の拝殿や本堂があってその管理運営がはっきりしており、専任の宮司や住職がいる神社、寺院もあれば、ただほこらや仏堂があるだけというお宮やお寺などもある。とくに神社にはただ拝殿があるだけで宮司もおらず、部落が管理しているものがかなりあって、鎮守様とか産土《うぶすな》神と呼ばれている神社にはこのようなものが多い。神社、寺院はふつう宗教法人とされ、その建物や土地は法人の財産とされていることが多いが、前者のような神社、寺院の所有名義の土地は文字どおり、その神社、寺院の所有地といってよい。

明治期に、村《むら》の代表として産土神や檀那寺の名で地券の交付を受けたものもあり、大正期から行なわれた部落有財産統一事業による入会地の市町村統一に反対して入会地を保全するため、社寺の名を借りて（寄進したことにして）所有権登記をしたものも少なくない。とくに神社については明治初期から中期にかけて整理統合が行なわれたため、神社有地として登記されているが、その神社は実在しないこともある。これらの場合は全く社寺有名義の、住民の共有入会地であるが、ただ、その後、氏神社、産土社の格上げ（当時は無格社、村社、郷社などの格があった）のために共有入会地を住民の意思で神社に寄進したところもあるので、一律には規定し難く、社寺有となった経緯を十分検討する必要がある。

次に、神社や寺院の所有名義となっている土地が集落住民の共有入会地であるか否か争われた事件についての判決を挙げておこう。

甲府地裁昭和四三年七月一九日判決〔48〕

山梨県富士山麓、南都留郡山中湖村の浅間神社所有名義の山林は明治初期、官有地に編入され、御料林（皇室有の山林）となり、その後山梨県有を経て県から地元に売り払われ、地元山中部落では村内浅間神社所有名義で登記した。のち浅間神社（代表者Y）がこの山林を町外の観光業者Xに使用させるため地上権設定契約を結んだが、地元部落住民はこの山林が住民の入会地であり地上権設定は無効であると申し立てたため、浅間神社は地上権設定登記ができず仮登記をした。そこでXがYを相手として地上権設定登記を求めて提訴したが、地元住民（Zら）が訴訟参加して、この土地は神社の所有地でなく住民共有の入会地であると主張した。判決は次のように、住民の共有入会地であり、したがってXは地上権設定登記はできない、と判示した。

この判決は、本件土地が国有地であった時代の入会権についてもこれを認め、最高裁判所で支持されている（最高裁昭和五七年七月一日判決〔48〕――三二六頁参照）。

〔判旨〕「本件土地所有の帰属について考えるに、本件土地払い下げ運動は専ら山中部落としてなされ、その払い下げ代金も当時の山中部落民全員の平等な拠出金によってまかなわれたこと、払い下げ後、本件土地の所有名義を如何にするかが議論され、結局所有名義は浅間神社名義とし部落民の従前からの集団的な草の採取等の利用行為を確実且つ容易に継続することができるようにしてわざわざ共有名義を避けたこと、浅間神社は払い下げには何等の貢献もしていないこと、後記判示のとおり、後日神社費用、公共物建築等の費用捻出の為本件土地上の産物を処分した際、その処分の決定権は神社以外の部落内の諸機関にあるとされていること、以上の各事実を併せ考えてみると、本件土地が浅間神社所有名義とされたのは、本件土地が官有地に編入されたことによってその利用に苦しんだ山中部落民が、本件土地を官有地編入前と同様に確実且つ容易に利用してゆく為に考えた一つの便法にすぎないというべきであって、従って本件土地自体の真の所有者は前示実在的総合人たる山中部落であるといわなければならない。もっとも本件土地が払い下げによって神社所有名義になってから現在迄、本件土地上の立木、風倒木、転石等を相当多量に売却する際、浅間神社氏子総代会によってこれが承認され、神社本庁に対してその処分許可申請手続きがなされている。そうすると一見本件土地が真実浅間神社の所有になったものの如くにも見られるが、しかし右産物の処分の決定については、前記認定のとおり実質的には有志会、または各常会の決定、もしくは区長の決定等によって行われ、且つそれが必要とされているのであって、これは本件契約についても専ら有志会においてその是非が論議せられ、その契約時においても区長が氏子総代とともに契約書に署名押印しているところからも明らかであろう。若し本件土地が真実神社所有であれば、このような事態は生じ得ない筈であり、財産処分については氏子総代役員会が最高の決議機関となっている筈である。それが実際には、右の如く財産の処分は部落内の他の諸機関において事前に決定され、氏子総代役員会は最後に形式的になされているだけということは、本件土地は部落民の集団的利用の便宜上信託的に神社所有名義にしただけで、その実質的所有権は山中部落にあることをうかがわせるに十分であり、ただ法形式上宗教法人法等の適用をうける神社所有名義にした為、その限りにおいて産物の処分の手続に右法律上の制約をうけているにすぎないものというべきである。

また右売却代金から神社の改修費用等浅間神社固有の支出がなされていることも前記認定のとおりであるが、しかしこのことは本件土地が神社の所有になった為ではなく、もともと浅間神社の維持管理上、山中部落民が同時に浅間神社の氏子であるための義務であったところからなされているものと認めるのが相当であり、右の代金支出の点から直ちに本件土地が浅間神社有地であると認めることは困難である。」

名古屋高裁昭和四六年一一月三〇日判決〔50〕

本件は寺院所有名義の山林に関するもので、岐阜県養老郡養老町鷲巣部落のいわゆる共有入会地は、明治二二（一八八九）年、当時部落代表者個人名義で登記されたが、昭和一八（一九四三）年、寄附を原因として光明寺（Y_1）名義に所有権移転登記された。その後も一定の管理規定のもとに部落住民に入会利用されてきたが、昭和三六（一九六一）年、光明寺はその土地および地上立木をY_2に売却（所有権移転登記）したので、部落住民Xほか八〇名が光明寺とY_2を相手として、その土地上にXらが共有の性質を有する入会権を有すること、光明寺からY_2への土地および立木売買の無効の確認と、土地所有権移転登記の抹消を求める訴えを提起した。

第一審**岐阜地裁大垣支部昭和四四年一一月一七日判決〔50〕**は、次のようにこの山林がXらの共有の性質を有する入会地であることおよび売買の無効の確認と、抹消登記請求を認めた。

「登記簿上どういう名義にしたらよいかということについて昭和一七年ころから種々部落有力者の間で下相談がなされたのであるが、個人名義では同じような危険があるのでそのような危険がなく、また将来名義変更手続を要するような事態の生じないように鷲巣部落住民が先祖代々その建物の建築修理や諸行事や生活費などの経費についても一切面倒をみてきた同部落内に存する村社の白山神社と仏堂の薬師堂……の名義を借りるのがもっともよい方法であると考えられることから薬師山山林を二分し、それぞれ寄付名義で右神社と仏堂に所有権移転登記をしようということになったが……前記〔集落――筆者注〕組員は昭和一八年始めころ正式に総会を開いて全員一致の議決により、前記のように白山神社と光明寺に、山林を二分してそれぞれ名義を移すことを決めたのである。

右のように所有権移転登記をなしたのは前記の事情によるものであって、本件山林についての、登記原因を証する書面として作成されたA名義の寄付証書も単に登記上の所有名義を光明寺に移すための便宜上形式的に作成されたものにすぎず、実際に右のような寄付が行われたものではなく、また光明寺に本件山林の管理を委ねたものでもなく、その後同寺にいわゆる入山料を支払ったり、またその指図、支配を受けるというようなこともなく、本件山林の管理、利用の形態はその前後を通じ全く変らなかったものであって、右登記に要した経費や税金等もすべて当時の組員に割当てて負担したものであり、右登記上の所有名義の移転は前記のような事情から単に名目だけを移したものにすぎなかったのである。」

光明寺とY_2らは、第一審判決の取消しを求め、部落代表者から光明寺へ移転登記をしたのは虚偽表示であり、光明寺の登記を信用したY_2らは善意の第三者であるから民法九四条二項により、Y_2らはXらに対して登記の無効を主張できない、と主張したが、控訴審は次のように判示し、Y_2の主張を認めなかった。

［判旨］「入会権の内容は慣行上から来ていて種々様々で権利者の出入りもありその凡てを公示するのが不適当、かつ不可能でないかと考えられるのと入会権というのは取引も余り頻繁でない地方農村にあるものが多く、地域も広大なものが多いから、かかるものを取引せんとする第三者が取引に当りよく注意すれば不測の損害を免れる場合が多いしその程度の注意をこの第三者に要求することはそれ程酷でないと考えられるので登記なくして第三者に対抗できるという取扱いは必ずしも不合理ではない。このことは通謀虚偽表示の無効を善意の第三者に対抗できないと規定した民法九四条二項はこの場合に適用がないという原裁判所並に当裁判所の考え方に

通ずるもので、Xら又はその先代が、入会権という権利の実体の表現とは異る普通の所有権の移転登記をA、従って又その相続人或は光明寺のためになしたことは一種の通謀虚偽表示となり、それが取引の安全を害することがないとはいえないが入会権の取引は今でもそれ程頻繁でない特殊事情に鑑み当裁判所の引用する原判決が説明しているように現行法制上、本件のような登記が広く行われている登記面上のことでなく、現地等においてより積極的に通謀虚偽表示を作為した場合に限り民法九四条二項を適用するというのは妥当なことであり、こうしたものを取引する第三者は単に登記面のみでなく、それ以外の事情があってその実体を見抜けず取引に参加したのは無理でなく、保護さるべきだという場合に限って民法九四条二項を適用してよいのである。これを本件について見るに、現地においてYらの判断を誤らせるような積極的な行為をなした事実は認められないのであるから、むしろこれを取引せんとするYらの方でより慎重に調査して取引に入ってよいと要求することは決して無理でないというべく、本件は民法九四条二項が適用さるべき場合でないというのを相当とする。」

すでに最高裁昭和四三年一一月一五日判決〔40〕は民法九四条二項と入会権との関係については適用がない、と判示しており、これについては次節でふれることにする。

入会地の所有権登記に「地縁による団体」（地方自治法二六〇条の二――以下「地縁団体」と呼ぶ）の名で登記する例が見られる。この地縁団体は、いわゆる町内会、部落自治会等が所有する不動産――主として集会場の土地、建物など――をその名で登記することができるようにするため、その町内会などの団体に登記能力（事実上法人としての資格）が認められたものである。この地縁団体は一定の地域に居住する全住民を構成員とし、加入脱退は自由で、市町村長の認可によって成立するが、行政上の組織でなく公的な法人でもない。したがって一定の資格や条件を伴う世帯によって構成される入会集団とは別個の存在である。その故に、入会地が地縁団体名義で所有権登記がされていても、それは地縁団体の所有地ではなく、入会集団が地縁団体に登記名義人となることを委任した（名を借りた――後述）ものと解すべきである。

五　個人所有名義

個人所有名義の登記には、個人単独、少数（二、三名程度）の共有、多数共有、ときには入会権者全員共有の場合がある。すでに述べたように、入会権の存在、そして何人が入会権者であるか、について登記は関係ないのであるが、登記の物神性ともいえる登記に対する過信から、登記があれば権利があるという観念に取りつかれて、個人所有名義の入会地では登記をめぐって問題になることが少なくない。

個人単独もしくはごく少数の共有名義の場合、稀にその登記名義人の所（共）有であるといわれることがある。このような場合、その名義人（もしくはその先代等）の、もと個人持であったか、あるいは自己の資産（私財）でその土地の払下げを受けあるいは買い入れた等の事実がない限り、その名義人の個人的所有地ではない。

それ以外、個人有名義であっても村山、野山などと呼ばれている共同利用地は、集落（部落）や組（旧村）の共有入会地で、名義人の個人的所有地ではない。個人有名義の入会地は、明治初期、村の総代あるいは代表者名義で地券の交付を受け、それが土地台帳に、そして登記簿表題部に登載され、さらに（多くはその承継人が）所有権登記されたものと、もと区や組の所有として土地台帳や表題部登記されていたものが後に（市町村の名を経由する場合がある）集落の数名の共有名義となっているものも少なくない。

いずれにしても入会地の所有権の主体は、共有の性質を有する入会地である以上、集落また入会集団であるが、原則としてその名で所有権を登記することはできず、個人の名でしか登記することができない。その個人名も一切肩書等をつけることができない（土地台帳＝表題部登記には、個人名に総代等の肩書きがついていることがあるけれども、その場合は「総代」等の肩書によって示され、村や組の所有地であることが明らかである）。いずれにしても入会地の登記名義人は、その集落を代表して所有権者となっているのである。この代表というのは必ずしも集落の代表（例えば総代、区長、部落長等）を意味するものではなく、集落、集団を代表して登記名義人となったということを示すものである。

このことは、実質上入会地盤の所有権者である入会集団が、その「登記上所有者」となる人の名を「借りて」所有権登記したことを意味するものであり、法律的には集団がその名義人に登記上代表者となることを「委任」したことになる。委任されて登記名義人となるのは集団の構成員であれば誰でもよく、また何名でもよい。入会権者全員の名で登記されている例もあるが、これは集団が権利者全員に登記上の所有者＝登記名義人となることを委任したことを意味するのであって、権利者全員の共有地になったことを意味するものではない。したがって登記上はそれぞれ共有権者として何分の一かの持分権を有することになるが、いうまでもなくその持分権は自由に譲渡処分できるものでなく、入会権者でなくなれば実体上権利を失うのである。

この個人名義の登記が委任によるものであることは、登記の実務上も以下のように示される。

入会地の登記名義人は集落の代表者や役員の交替等によって変更されることがしばしばある。この登記名義人の変更、たとえば甲から乙への名義変更の所有権移転の登記原因は売買でも贈与でもなく「委任の終了」とされている。つまり入会集団が甲に登記名義人となることを委任したが、一定の期間の後甲に対する委任関係が終了する。その委任関係が終了すれば、登記名義人は本来、委任者である入会集団となるべきであるのに、それがただちに新たに集団から委任された乙に移転登記されるのは次の理由によるものである。

入会地盤の所有権者は入会集団であるから、本来、入会集団の名で所有権登記して、集団が甲に「委任」を理由として所有権移転登記をすることになるはずである。そして甲が登記名義人となり、一定の期間の後委任の終了によって、再び集団が所有名義人となり、次いで集団が乙に委任することによって乙が所有名義人となるというたてまえなのである。しかし入会集団は登記上権利者となることはできない（それができるならば何も登記名義人となることを個人に委任する必要はない）。「委任」する権利の主体を登記することができないため、登記原因として「委任の終了」はあっても「委任」はないのである。

ちなみに、委任は売買や貸借と同様に当事者間の契約によって成立し、その種類に格別制限はなく、委任契約はいつでも解約することができる（民法六五一条）。もとより委任には一定の信頼関係が前提となり、入会集団の（通常は集団構成員であるという）信頼のもとに登記名義人となることを委任するのであるから、その者が構成員でなくなれば集団としては当然に解約＝委任の終了の通告ができる。また委任は委任者または受任者の死亡によって終了する（同六五三条）。したがって委任関係は売買や貸借等と異なり相続されない。それ故に入会地の登記名義人が死亡した場合、その地位が相続されることはない（ただ登記手続上は相続人を経由して移転登記をする）。入会地の登記名義人が死亡したとき、その相続人である世帯の後継者（跡継）が相続を登記原因として登記名義人となっている例が多く見られるけれども、本来は正当ではない。ただ、集団が結果としてその跡継に新たに登記名義人となることを委任したと考えれば、必ずしも不当とはいえない。その者を正当な登記名義人として認めるか否かは集団の意向で決めればよいのである。

個人共有名義の場合、登記名義人だけが入会権者あるいは地盤所有権者であるか、あるいは地域外に転出した登記名義人がなお入会権者であるか、がしばしば問題になることがあるが、これは入会権者（集団構成員）の地位の得喪に関することで、第二章で述べたとおりである。また、個人所有名義の登記の場合、その登記名義人が現実の入会権者でなく、すでに死亡していたり、転出して権利者ではない場合がしばしばある。しかし、このことはその集落の入会権の存在を何ら左右するものではない。しかしながら、その入会地を処分する場合、具体的には入会地を道路その他の用地として売却する場合、貸付けとくに分収造林設定などの場合に登記との関係で問題が生ずる。つまり売却（所有権移転）、貸付契約（地上権設定など）における集落の代表者、つまり契約の当事者となる者と登記名義人が同一である必要がある。契約の当事者が登記上の所有者でないと契約による所有権移転や地上権設定等の登記ができないので、この場合には登記名義人を契約当事者と一致させる必要がある。また、当面そのようなことがなくとも、入会地の登記名義人が死亡していたり、また転出して現に入会権者でなくなった場合など、一般に現在の入会権者である者に登記名義人を変更したいと考えるのは当然である。したがって、入会集団はそれらの者に対して所有（共有持分）権等の移転登記を求めることになるが、この登記をめぐってしばしば問題を生じ、訴訟になることも稀ではない。

六　入会地盤所有権の登記請求

入会権の存否、すなわち入会地であるか否かは土地の登記とは関係ないのであるが、土地の開発、利用が進むにつれ土地所有権の登記が問題となることが多くなる。当然のことながらその登記は権利の現状を示すものであることが望ましい。

しかしながら、共有入会地においてその所有権者である入会集団（集落）はその名で登記することができないから、個人の名（単独、共同を問わず）で登記せざるをえない。つまり集団はその集団の構成員である入会権者のうちの代表者一名ないし数名あるいはその全員に登記名義人となることを委任せざるをえない。ところが個人とは生身《なまみ》の人間であるから変動がある。たとえば現在登記上の所有者は現存せずその名は現在の入会権者の父祖であるとか、その人はすでに離村して現在消息不明などという例も稀ではない。登記名義人の変動とは、名義人の死亡、離村等による失権のほか代表者（名義人）の交替等である。そのほか登記上の所有権（通常は共有持分権）が集団外の第三者に売却された場合など、全く実体とは反した登記がされることもある。

このような場合、入会集団としては正しい登記上の表示を求め、登記名義人もしくはその法定相続人が所有権移転手続に応ずれば問題はない。通常は問題ないのであるが、登記手続のわずらわしさや（転出者の場合）、転出者（稀には在村者）とくにその相続人が登記上の共有持分権を通常（民法上）の共有持分権と思い込んで自己の共有権と主張し、集団からの移転登記請求に応じないことがある。このことは、その土地が入会地であることを否認していることになるので、そのため登記請求の前提として、その土地が入会集団の共有入会地であることの確認を求めなければならない。これには入会地であることの立証が重要であるが、その請求には入会権者全員が訴訟提起者（原告）とならなければならない。このことはしばしば問題になるが、第八章「訴訟当事者」で検討する。

入会集団が登記名義人に対して集団の代表者等への所有権移転登記等を求める訴訟、そして判決は少なくない。

次に、この点について判示した代表的判決を挙げる。なお、入会権における転出失権の慣習を明言した最高裁昭和四〇年五月二〇日判決〔37〕も、登記についての請求はしていないけれども、登記上共有権を有しない入会権者が転出した登記名義人（相続人）から登記上共有持分を買い受けた第三者に対して共有入会権の存在（したがってその第三者は実体上共有持分権を有しないこと）の確認を求めたものである。

このように登記請求は入会権にもとづくものであり（登記名義人である相手方は入会権の存在を否認しているのであるから）、その前提として係争地が原告らの共有入会地であることの確認を求める必要がある。そこでこの確認訴訟において、原告らが入会権者全員であるか否かがしばしば問題になることは、第八章に見るとおりである。

名古屋地裁岡崎支部昭和四一年三月二二日判決〔40〕

本件は最高裁昭和四三年一一月一五日判決〔40〕、名古屋高裁昭和四二年一月二七日判決〔40〕の第一審判決である。愛知県豊田市御立集落の入会地は集落の所有名義であったが、明治四二（一九〇九）年に役員であった$A'_1A'_2A'_3$に売買を原因とする所有権移転登記が行なわれた。その後、相続人$A_1A_2A_3$にそれぞれ移転登記が行なわれたが、A_1がその登記上の持分をY_1Y_2に売却、その一部にY_3のため抵当権を設定、それぞれ登記を完了した。A_1ら三名を除く集落入会権者Xら七五名はこれを不当として、本件土地がXらおよびA_1ら七八名の共有入会地であることの確認と、Y_1Y_2に対し共有権移転登記の、Y_3に対し抵当権の抹消登記を請求したほか、A_1ら三名に対して、もともとA'_1から三名の共有地となったものではないから共有持分権の相続登記は無効のものであるという理由で、その抹消登記も請求した。

〔判旨〕「本件各土地がXらと$A_1A_2A_3$らの総有に属するものであること、明治四〇年一一月二七日に高橋村大字御立の名義で保存登記がなされていたが、名義人の法人格が認められなくなった関係で、$A'_1A'_2A'_3$の三名の代表者名義で明治四一年二月七日受付の売買による所有権移転登記がなされたこと、A_1は先代A'_1の三分の一の持分があるとし相続によって取得したとして、昭和三六年五月二一日受付の相続を原因とする所有権持分移転登記をなした上、甲地をY_1に乙地をY_2に売渡し、丙地をY_3に抵当権設定をなし、前記の各所有権持分移転登記及び各抵当権設定登記がなされた次第が認められる。

右認定のごとく別紙目録記載の各不動産がXらと$A_1A_2A_3$の総有に属する以上、A_1にはその共有持分なるものは存在せず、従って処分の権限を有しないA_1より持分を買受けたと称するY_1Y_2において持分所有権を取得するいわれなく、又同じく抵当権設定をしたと称するY_3においても抵当権は成立しないものといわざるを得ず、右各登記はいずれも無効原因にもとずくものという外はない。

Y_1は区民の代表者名義で登記したことは公示されていないし登記を信じて名義人たるA_1より持分を譲受けたY_1は保護さるべきであると主張するが、たとえ登記名義を信用したとしてもその登記が真実に合致しない以上無権利者より譲受けた第三者に権利の移転するいわれなく、従ってY_1Y_2に対し各持分移転登記のY_3に対し各抵当権設定登記の各抹消登記手続を求めるXらの請求も正当というべきである。」

福岡高裁昭和四七年七月二四日判決〔51〕

長崎県佐世保市日野町所在の二筆の溜池はY_1Y_2名義で所有権登記がされていた。溜池の流水使用者たる水下農民Xら三六名は、係争地たる溜池はXら水下農民の祖先が造成したものであり、仮にそうでなくともXらが水下組合員として共同で管理してきた以上時効取得したという理由で、Y_1Y_2に対して溜池がXら水下組合員の所有に属することの確認と、Xら三名に所有権移転登記を求める本訴を提起した。Y_1Y_2は、本件溜池はともにY_1Y_2らの先祖に当たる$Y'_1Y'_2$が造成したもので、Y_1Y_2はそれぞれ相続によってその所有権を取得し、Xら水下農民に無償で流水を利用させていたものであり、Xらは溜池保持のため労力や費用を提供したとしても、無償で流水利用しているのであるから当然であり、かつ溜池は水田に水を要するときのみ利用していたのであるからXらが常時占有していたとはいえない、と抗弁し、第一審長崎地裁佐世保支部昭和四五年七月二七日判決〔51〕はXらの主張を認めなかったので、Xら控訴。

【判旨】「日野水下組合は構成員たる水下農民から独立した権利主体ではなく、農民が個人としての地位を失わずにその集合体がそのまま単一体としての団体を構成していたもので、個人と団体とが不可分の一体をなす綜合的団体であったものと認められ、前記ため池および用水に関する権利は同水下組合員の総有的支配に属し、その性質は入会団体員の入会地に対する総有的支配に類似したものと考えられる。したがって、水下農民はこのような団体関係において本件ため池および用水に対し共有の性質を有する入会権類似の権利を有するものと解するのが相当であるから、現在水下農民の地位を承継している本訴選定者全員およびXらは本件ため池を共有（総有）しているものといわなければならない。

　$Y'_1Y'_2$は水下農民の一員として本件ため池を共有していたものであるが、右両名はともに、それぞれ所有田地を全部売払ったため水下農民としての地位を喪失したことが認められ、その後その子孫であるYらにおいて右ため池の水下に水田を取得して水下農民となったことを認めるに足る証拠もない。

したがって、本件ため池が水下農民の総体である水下組合の総有的支配のもとに水下農民の共有に属するものである以上、$Y'_1Y'_2$は水下農民の地位を喪失したことによって右ため池に対する権利を失ったものであり、その相続人であるYらも右ため池に対しては何らの権利を有しないといわなければならない。

　してみれば、Yらに対し、本件ため池の所有権確認および前記各所有権保存登記の抹消登記手続にかえて所有権移転登記手続をなすことを求めるXらの本訴請求は、すべて理由があり、認容すべきものである。」

最高裁平成六年五月三一日判決〔72〕

愛知県豊田市大畑集落の共有地は、地目が山林原野のほか畑、一部は宅地や道路になっており、A_1A_2ら二四名の共有名義で登記されていた。A_2が集落から転出後死亡、その後、A_2の相続人A_3がY_3のため抵当権設定登記、A_3その後死亡、Y_1Y_2が同人を相続した。大畑集落の入会権者全員二四名は、集団（大畑部落有財産組合）全員の決議により代表者組合長X_1がY_1Y_2を相手として本件各土地が大畑財産組合構成員全員の総有に属することの確認を求めるとともに、組合員X_2がY_1Y_2を相手としてA_3の登記上の持分について真正な登記名義の回復を原因とする移転登記手続を、Y_3を相手として抵当権抹消登記の請求をした（登記上A_3の共有持分についてX_2に移転登記することを求め、その前提として集団が総有権を有することの確認を求めたものである）。

　第一審名古屋地裁平成元年三月二四日判決〔72〕はX_1X_2の主張をともに認めたが、第二審名古屋高裁平成三年七月一八日判決〔72〕は、入会地の総有権の確認請求は、入会権利者組合構成員全員でしなければならない（入会集団では訴訟適格を有しない）という理由で、これを取り消し、X_1X_2の請求を認めなかった（この点に関し三一三頁参照）。

X_1X_2は上告して、上告人である組合はいわゆる法人でない社団に該当するからその代表者の名で訴訟能力を有し、代表者は組合員総員によって選出されているから対外的に当事者適格を有するのに、これを否定した原判決は不当、と主張した。

〔判旨〕「権利能力のない社団である入会団体において、規約等に定められた手続により、構成員全員の総有に属する不動産につきある構成員個人を登記名義人とすることとされた場合には、当該構成員は、入会団体の代表者でなくても、自己の名で右不動産についての登記手続請求訴訟を追行する原告適格を有するものと解するのが相当である。けだし、権利能力のない社団である入会団体において右のような措置を採ることが必要になるのは入会団体の名義をもって登記することができないためであるが、任期の定めのある代表者を登記名義人として表示し、その交代に伴って所有名義を変更するという手続を採ることなく、別途、当該入会団体において適切であるとされた構成員を所有者として登記簿上表示する場合であっても、そのような登記が公示の機能を果たさないとはいえないのであって、右構成員は構成員全員のために登記名義人になることができるのであり、右のような措置が採られた場合には、右構成員は、入会団体から、登記名義人になることを委ねられるとともに登記手続請求訴訟を追行する権限を授与されたものとみるのが当事者の意思にそうものと解されるからである。……

これを本件についてみるのに、記録によると、X_2は、訴えの提起に先立って、上告人大畑町部落有財産管理組合の総会における構成員全員一致の議決によって本件各土地の登記名義人とすることとされたことが認められるから、本件登記手続請求訴訟の原告適格を有するものというべきである。」

福岡地裁飯塚支部平成一六年九月一日判決〔95〕

福岡県嘉穂郡庄内町（現飯塚市）仁保地区の溜池（五筆）はY_1ら六名共有で登記されているが、Y_1Y_2以外はすべて死亡、その法定相続人らもほとんど地区外に転出し、所有権登記名義が複雑になったので、集団すなわち仁保生産水利組合（集落内に農地を所有もしくは耕作する者によって構成される。X組合、代表者X_1）は、平成一三（二〇〇一）年、組合の決議により、代表X_1X_2所有名義とすることを決定。X組合が本件溜池を所有することの確認と、X_1X_2への移転登記を求めてY_1らを相手に提訴。Y_1は組合員であるが、Y_2はもと共有名義人で町外に転出したA_2から持分を買い受けた者で、組合員ではない。それ以外のA_3～A_6の相続人約二〇名は、二名を除きすべて町外への転出者である。

【判旨】「従来の農業生産は、共同利用の池沼井堰や山林原野の存在に依拠していたが、それらは、村民共同体の入会地として存続することになるものの、明治初年に地所名称区別や地租改正により近代的所有権制度が確立していく過程では、実在的綜合人と称される村民共同体に法人格がないため、権利者を確定して登記、登録する方法がなく、特定の個人名義でそれがなされたことは公知の事実である。仁保地区でも、他の地方と同様に、入会地が存在したと考えられ、本件ため池についても、そのため、地券の発行の際、『村持』の入会地ではあるが、『共有総代』である二人の名義で登録され、明治二二年に地券が廃止されるとともに始まった土地台帳規則に基づく同台帳への登録の際に、同人らを含む六人の名義で変更登録されたものと認められる。

ため池は、とくに水田耕作などの農業生産を考えた場合、最も共同利用、共同所有が必要な施設であって、その底地の所有権は重要な権利であり、その水の利用について、他の地区の利用があっても、水利権とため池の底地の所有権とは別であり、仁保地区がその地区から床敷料という料金をもらっていること、家督相続登記があることは、登記名義が個人にあり、登記簿上、通常の共有と区別が付かないため、登記名義人が単独で登記できることから、いずれも本件ため池が入会地であるとの認定を妨げる事情とはならない。

かつて、仁保村住民により対象物件の泥池や本件ため池が築かれて以来、同地区で農地を所有して農業を営み、その水をかんがい用水として利用してきた者らの団体がその入会権を有していたことは当然として、確認証書を作成嘱託してそれを確認した五八名の農業者団体がそれを承継していることは容易に推認できる。問題は、その団体とX組合とが連続性を有するかであるが、X組合の構成員が、仁保地区に農地を所有し、本件ため池の水をかんがい用水として利用するとともに、本件ため池のごみの清掃、土手の草刈り、水門の調整などの管理をしている点から、外形的に入会権者の要件を満たしており、その相続関係上のつながりについても、X組合の構成員の半数は、住所や氏で関係が確認できる範囲で、確認証書の当事者の関係者であり、その他の者も上記のように現に仁保地区で農業に従事していることからその関係者と推認できること、仁保地区に、他にその権利を主張する団体がある形跡はないことからすると、現在、X組合が、本件ため池の共有の性質を有する入会権者であると認めるのが相当である。

上記のとおり、X組合は、本件ため池について、共有の性質を有する入会権を持っているから、その入会権に基づく物上請求権を行使して、その実体と齟齬する登記名義を有し、又はその相続人として登記義務を負うY_1らに対して、その所有権移転登記や抹消登記手続を求めることができるというべきである。」

所有権の登記がされていない（登記簿権利部のない）入会地の所有権保存登記をする場合、表題部登記名義人自身もしくはその相続人が権利保存登記するならば問題はないが、これらの者が現在入会集団構成員でない場合には、まず所有権保存登記名義人として集落から委任された者がこれら名義人もしくはその相続人等を相手に、当該土地がその集団の共有入会地であることの確認を求めなければならない。そして裁判上所有権者である（所有者としての資格がある）と確認されれば、それによって表示登記を訂正することができ、その後、権利部への所有権保存登記をすることになる。次の判決はこのことを示している。

福岡高裁平成五年三月二九日判決〔77〕

福岡県宗像市大字徳重所在の墓地および溜池は、登記簿表題部にＡほか二名の名義で登記されていたが、村落集団である徳重区が実質的に支配管理してきた。同区では所有権登記をする前提としてこれらの三名の名義人の相続人であるＹらを相手として、本件土地が同区の所有に属することの確認を求めて、徳重区の代表者Ｘが本訴を提起した。Ｙらの内一名のみ徳重地域内に居住、他はいずれも宗像市外に居住している。

第一審福岡地裁平成三年一〇月二三日判決〔77〕は徳重区の総有に属することを認めたので、Ｙらは控訴したが、第二審も係争地の歴史的沿革を十分に審査した上、同様に徳重区構成員の総有に属する、と判示している。

〔判旨〕「本件不動産は権利能力のない社団である徳重区の構成員の総有に属するものであるということができる。

そして、本件において、Ｘは、徳重区の代表者としての資格に基づき、個人名義で本件不動産について所有権保存登記をするために、本件不動産の所有権の確認を求めているところ、社団構成員の総有に属する不動産は、右構成員全員のために信託的に社団代表者個人の所有とされるものであるから、代表者は、右の趣旨における受託者としての地位に基づき、社団の構成員の総有に属する不動産について、所有権の確認を求めることができると解するのが相当である。」

前掲名古屋高裁昭和四二年一月二七日判決〔40〕および名古屋高裁昭和四六年一一月三〇日判決〔50〕において、登記上所有権を取得した者が入会集団からの登記請求に対して、民法九四条二項を理由として自らの権利を主張している。たしかに民法九四条二項は、相手方とつうじた事実と異なる意思表示（通謀虚偽表示）は善意の（その事実を知らない）第三者に対抗することができないと規定している。たとえば甲が差押えを免れるため自己の所有地を乙所有名義で登記し、事情を知らない（善意の）第三者丙が乙からこれを買い受けた場合、甲は丙に対してこの登記は事実に反しているから乙丙の売買は無効だ、丙は権利を有しない、と主張することはできない。しかしながらこの法理は入会地盤所有権登記には適用されず、このことは次のように最高裁判所も認めている。

最高裁昭和四三年一一月一五日判決〔40〕

本件は前掲名古屋地裁岡崎支部昭和四一年三月二二日判決〔40〕の上告審判決で、第一審ではYらは民法九四条二項の主張をしなかったが、第二審で自分たちはA_1が三分の一の持分を有すると記載された登記を信用して所有権移転等の登記をした善意の第三者であり、仮に本件土地が住民の総有地であるとすれば、それは虚偽表示にほかならないから、Xらは民法九四条二項の規定によりY$_1$らの登記の無効を主張することができない、と主張した。これに対して第二審名古屋高裁昭和四二年一月二七日判決〔40〕は次のように判示した。

「本件土地は前説示の如く所謂村持入会地として大字御立の部落民全員に総有的に帰属し、各部落民は共有におけるが如き独立の持分権を有するものではないから、登記簿上は前記三名の所謂名目的個人持名義となっているとはいえ、同人らは本件各土地につき何らの持分をも有しないのである。したがって、また、本件各土地は、ことの性質上その持分を移転するというようなことは有り得ないところであって、そこには、旧来の慣習ないしは部落規範に基く部落民としての協同体的利用が存するのみである。換言すれば、個々の部落民が本件各土地に対する権利の得喪、変更は、専ら部落の住民としての資格の取得、喪失にかゝるものというべく、部落民としての資格を得れば当然原始的にこれを取得し、その資格を失えば当然これを喪失するのであり、その間、何人と雖も、その権利を承継的に取得するすべなきものである。かくの如きである以上、本件においては、Y_1らが取得したとする本件土地の持分なるものは存在せず、また、同人らは、いかなる意味合においても本件土地の持分を取得するに由なきところであるから、民法第九四条第二項の適用または準用の余地なきものと解される。」

Y_1らは民法九四条二項を理由として保護されるべきであると主張して上告した。しかし最高裁判所は次のように入会地の登記については民法九四条二項は適用されない、と判示した。

【判旨】「原審が適法に確定したところによれば、右の土地については古くから原判示の入会権が存在し、その地盤である右土地は、いわゆる村中入会の土地として大字御立の部落民全員の総有に属して現在にいたったのであるが、部落名義の保存登記では登記権利者としての資格を欠如するため、当時の高崎村の所有名義にするか、あるいは部落民全員の名義にするかの岐路に立たされ、登記の必要上、当時の部落の区長ないし区長代理をしていたA_1ら三名の代表者名義で、右のとおり本件共有登記を経由したというのである。

そうすれば、総有の対象である土地については、もともと共有持分というものは存在しえないものであるにもかかわらず、あえて本件共有登記が経由されるにいたったのは、前示のように、部落民全員が入会権者として登記の必要に迫られながら、共有の性質を有する入会権における総有関係を登記する方法がないため、単に登記の便宜から登記簿上前記三名の共有名義にしたにすぎないのであって、これを捉えて入会権者と前記三名との間に仮装の売買契約があったものと解し、あるいはこれと同視すべきものとすることは、相当でないというべきである。したがって、民法九四条二項の適用または類推適用がない。」

共有入会地盤所有権は真実の所有者である入会集団の名では登記できないのであるから、その登記は実体とは原則として異なっていても、通謀虚偽表示とはならない。

いわゆる転出者や第三者が土地の所（共）有権を主張するのは、「登記あるところに権利あり」と思う登記に対する過信とともに、入会の実態を認識しないことによるものである（転出者が登記名義人であるときは入会地の認識があるため共有持分権を主張することは少ないが、その相続人には当該集落に住んだこともない者が少なくないため入会慣習を認識せず共有持分権を主張することが少なくない）。とくに持分権あるいは抵当権を取得した第三者は通常有償で取得しているので、それだけ自己の（登記上の）権利を主張する。

これら転出者や第三者の実質的権利を否定した右の各判決は、それぞれの土地が入会地であること、集落の入会慣習を認定してこのような判示をしている。

前掲最高裁昭和四三年一一月五日判決〔40〕また名古屋高裁昭和四六年一一月三〇日〔50〕のいうように第三者が善意で、つまり個人的な共有地と思って入会地の持分を取得してもそれでは権利取得を否認される（民法九四条二項）ので、土地の取引（売買・貸借）しようとする相手方の方で慎重に調査すべきである。したがって土地取引の相手方としては、その土地が入会地であるか否かを十分に検討する必要があり、入会地であること、すなわち入会権の存否を確認する必要があることになる。それでは入会地であるか否かを判断する指標は何か。土地の売買、貸借は現地の見聞、土地登記の確認の上で行なわれるので、取引の相手方は次の点に留意すべきであろう。

① その土地が何と呼ばれているか。里山、共有地、あるいは地下《じげ》、方限《ほうぎり》などその地方独特の名称で呼ばれているか。また、どのように利用されているか。

② 所有権登記の保存登記あるいは表示登記が土地の現在の登記上所（共）有権者と相続関係のない少数の者であったり、また集落等の名であった場合は入会地であると推測される。

第五章　入会権と地盤所有権

入会権が存在する土地、すなわち入会地が市町村有や財産区有の公有地や国有地である場合、その入会権は共有の性質を有しない入会権であるが、その土地が公有財産、国有財産であるため、それぞれ地方自治法、国有財産法上の制約を伴う。それ故に何らかの制約を伴うことはあっても、入会権が民法上の物権である以上、地盤が公有あるいは国有に属するという理由で入会権の存在が否定されることはない。

しかしながら戦前においては、公有地、国有地ともきわめて政策的な理由により行政庁は入会権を否認する態度をとってきたため、その存在が争われることが多かった。ここでは主に沿革的事情をたどるとともに、現在公有地および国有地上の入会権について地方自治法や国有財産法等の規定との関連を検討する。

一　公有地上の入会権

公有地とは地方公共団体が所有する土地のことであるが、都道府県は山梨県と北海道を除いては行政上必要な財産とされる土地以外の土地をほとんど所有しておらず（ちなみに県有林などと呼ぶところがあるが、そのほとんどは民有地に県が造林者――県行分収造林――であって、造林木は県の所有であるのでこのように呼ぶものと思われる）、入会権の対象となる山林原野や溜池等を所有する地方公共団体は、市町村および財産区の他、わずかであるが一部事務組合（地方自治法二八六条）である。財産区についてはすでに述べたとおりであるが、財産区の実体は入会財産そのものであるといってよい。現在の市町村は明治の市制・町村制の施行によって生れた市町村（地方自治団体と呼んだ）を受け継ぐものである。はじめに市町村有財産の形成過程を見ることにする。

1　市町村・財産区有地の形成過程

旧民法が公布されるより以前の明治二一（一八八八）年に市制、町村制が公布され、これにもとづいて翌二二（一八八九）年に新しい地方自治体＝行政体として市、町、村が生れた（北海道、沖縄および一部の島嶼を除く）。これは、従来の町や村（明治一一（一八七八）年郡区町村編制法の町や村等）の合併によって行なわれたもので、入会財産支配の主体であった従来の村は独立した行政体（公法人格）としての地位を失ったが、なお村は生活共同体たる実体を備え、林野等入会（村持共有）財産の主体として、部落、大字等として存続し続けた。町村制の実施は、旧村持の財産（庁舎等行政財産）以外の村持入会財産を新町村の財産にすることを企図したのであるが、これを強制することはできなかったから、一方で新町村に統合することを推奨しながらもなお旧村持財産として承認せざるをえなかった。それとともに町村有財産としながらも、旧村人の権利は無視することができなかった。

ともかく町村制の施行により町村有とされた入会林野について、町村制は、町村の財務として次のように規定した。

第八三条　旧来ノ慣行ニ依リ町村住民中特ニ其町村有ノ土地物件ヲ使用スル権利ヲ有スル者アルトキハ町村会

ノ議決ヲ経ルニ非サレハ其旧慣ヲ改ムルコトヲ得ス

第八四条　町村住民中特ニ其町村有ノ土地物件ヲ使用スル権利ヲ得ントスル者アルトキハ町村条例ノ規定ニヨリ使用料又ハ一時ノ加入金ヲ徴収シ又使用料加入金ヲ共ニ徴収シテ之ヲ許可スルコトヲ得但特ニ民法上使用ノ権利ヲ有スル者ハ此限ニ在ラス

ここで問題となるのは、右八三条にいう「旧来ノ慣行ニ依リ……使用スル権利」が入会利用権を指すものであるか否かである。というのは当時まだ民法の施行なく、旧民法には入会権の規定もなかったからである。しかし、明治二四（一八九一）年四月内務省通牒、県第二四号には「元来右八四条ノ趣旨ハ入会山林秣場ノ類旧慣ニ依リ其市町村住民若クハ或ル一部ノ人民ニ限リ共同使用ヲ許シ来タルモノアリテ新ニ之ニ加入シ其ノ権利ヲ得ントスルモノアルトキ特ニ加入金又ハ使用料ヲ収入スルヲ得シメタル義ニ有之」といっているところから、むしろこの使用する権利は入会権を指したものというべきであろう。もし入会権が「使用する権利」に含まれないとすれば、この町村制の規定はほとんど意味のないものになってしまう。

ただその後、民法法典調査会（明治三〇（一八九七）年）において入会慣習による権利はすべて町村制上の権利であるという、いわゆる入会公権論の主張があったことは前述のとおりである。

他方、新町村有に統合されなかった旧村持地はこれをほぼそのままの形態で所有することが認められたが、町村制の規定により、「町村の一部」の財産として町村長が管理しうる道を開いた（一一四条、一一五条）。これが後に財産区有地として取り扱われるに至ったものである。

以上のようにして、民有とされた入会地とくに林野を公的に取り込む体制は整ったが、しかし、入会権者の採草採薪等のための入会地に対する依存度も高く、その採取慣行は強固のものであったし、また町村も積極的に植林等をする意向もなかったので、旧村持入会地はそのほとんどが従来のすがたで運営されていた。

明治四二（一九〇九）年、政府は公有林野の調査を各府県に照会し、同四三（一九一〇）年三月農商務省は公有林野造林奨励規則を制定した。同年四月に開催された地方長官会議において農商務大臣が公有林野整理について訓示を行い、同年一〇月、農商務内務両次官から「公有林野整理開発ニ関スル件」（林第四九二七号）という通牒が発せられた。その通牒の内容は次のとおりである。

「公有林野ノ整理開発ニ関シテハ従来屡〻訓示相成候次第モ有之一日モ之カ企画ヲ緩ウスヘキモノニ無之特ニ部落有財産ノ主要部分タル林野ヲ市町村ニ統一帰属セシムルコト整理開発ノ一捷径トシテ之カ遂行ヲ図ルハ最モ必要ノ事ト存候尤モ是等ニ就テハ貴官ニ於テモ種々御配慮ノ上既ニ夫々奨励ノ方法ヲ講セラレ漸次実績ノ見ルヘキ向モ有之候モ本件林野ノ整理統一ハ実行上困難ノ点少ナカラスシテ之カ完成ヲ得ルハ容易ノ儀ニ無之ト存候就テハ各地ノ実況ニ応シ大体別紙ノ方法御斟酌ノ上一層御配慮相成度依命此段及通牒候也」

この通牒を根拠にして本格的に部落有林野統一事業が開始された。統一は「部落より経営能力の一層強大であるところの市町村に林野の所有権を移す」ことであり、つねに無償無条件を目標として指導された。この無償無条件で林野の所有権を移転する統一事業を規定する法律は何もなく、その根拠となったのはこの次官通牒だけである。このような重要な改革を、法律上の根拠が何もなく単に行政命令だけで行なったことは、旧憲法下においてさえ違憲の疑いが濃厚であるといわざるをえない。

この部落有財産統一の対象となったのは村持財産のうち山林原野のほか溜池、温泉（鉱泉地）等であったが、わけても重要なのが山林原野で、一般にこの統一事業は部落有林野統一と呼ばれている。

部落有林野統一にとって入会権の整理は不可分の問題と考えられていた。入会権の整理は、第一段階として数町村の共同入会地を市町村の単独所有に整理し、第二段階としてそこに管理区分を行なって入会廃止の手続をとるという過程をとって行なわれた。第一段階の数町村入会地の単独市町村帰属は、当事者たる市町村の協議によって地盤の分割等により、いわゆる村々入会地を一村入会（共有）地とすることであった。第二段階は旧村持（部落有）入会地を無償で市町村有に帰属させ、これを施業（植林、開墾等）予定地とそれ以外の土地に区分することであった。

この統一事業は長年の慣習の改廃を意味するものであったから、多くの農民からの抵抗を受け、なかなか進まなかった。

ことに入会権の整理＝否認に対して、農民はしばしば入会権確認訴訟を提起して争った。この確認訴訟に対して裁判所が、後述のように地元農民の林野利用権が民法上の入会権であると判断しており、このような裁判所の態度はたしかに政府の入会排除＝統一政策に歯止めをかけるものであった。また管理区分においても、公有林野の現状維持申請が多く、放牧や施肥料給源のため放牧、採草地確保の意見が数多く出て、これらの意見の調整のため時日を要し、統一事業はなかなか進捗し難い状態にあった。

このように統一事業はさまざまの障碍にあい、政府の意図どおりに進まなかったので、最初は無償無条件統一を強要していた政府もその後、有償条件つき統一を認めざるをえなくなり、大正八（一九一九）年五月「公有林野整理促進ニ関スル件」（林第八七〇号。農商務内務両次官より各府県知事へ依命通牒）についての通牒を発し、統一に際して分割を認めたり、部落住民に産物採取を認めたり、あるいは統一地に地上権設定または分収林によって造林させたりする等の譲歩を示した。もとよりそのことは統一事業の後退を示すものではなかったが、昭和期に入っていわゆる部落強化政策がとられるようになると、この統一事業はそれに反する性格をもっていたので次第に後退し、昭和一四（一九三九）年をもって打ち切られた。もとよりこの政策にかかわらず市町村有に統一されずにいわゆる部落有、区有として残った林野も多く、また統一された林野といえどもその七割以上が入会権者の権利を認めた条件つき統一地であった。

昭和二二（一九四七）年、市制・町村制は廃止されて、新たに地方自治法が施行され、公有林野は同法の規定に服することになった。公有林野に関する規定については、地方自治法の規定は――地方自治あるいは私有財産についての考え方を別にすれば――市制・町村制のそれと著しくは変わらなかった（同法二三八条の六）。地方自治法では、市町村の一部で財産を有するものには「財産区」という名称を与え、特別地方公共団体としてこれに独立した法人格を認めるに至った（同法二九四条以下――ただしその管理処分については市町村長の権限に服する）。昭和二八（一九五三）年町村合併促進法（法二五八）による市町村合併にあたって、とくに市町村有林野の帰属が合併の障碍となることが少なくなかったので、とくに同法にもとづく合併に伴う合併前の市町村有財産を従前どおりの住民の権利として保全するため、前述のように新市町村有とせず、旧市町村財産を財産区財産として認めることとした。

このように公有地上の入会権の存在について、行政は否定的立場をとってきたが、裁判所は一貫して公有地上の入会権を認める立場をとっている。

最初に現れたのは次の判決で、その原審では公権的な判断をしたようである。

大審院明治三九年二月五日判決〔6〕

三重県鈴鹿郡白川村（現亀山市）大字白木の大字有林に、大字（管理者村長）が鈴鹿郡（当時は郡も地方自治体であった）のため造林の目的で地上権を設定したことから、大字住民は柴草立木等の採取が困難になったので、大字と郡とを相手として、大字有林に入会権を有することの確認を求めた。

第一審も、第二審名古屋控訴院も同じように、町村の住民が他の「町村有の山林に対する入会稼ぎの権利は多く入会権であるが、その町村有の山林に対する入会稼ぎの権利は入会権ではない。なぜなら町村の住民がその町村の所有する財産を使用する権利は町村制で認められている使用権（旧慣使用権）だからである」と判示して大字住民の主張を認めなかったので、大字住民はその権利が公権ではなく入会権であると主張して上告し、大審院は次のように判示して大字住民の主張を認めて原判決を破棄した。

【判旨】「およそ町村の住民が各自山林原野の樹木柴草等を収益する権利すなわち民法上の入会権はその山林原野が他の町村の所有であるか自分の住んでいる町村の所有であるかをとわず有することができ、昔から他村の山林あるいは自村の山林に対して入会ってきたもので自村の山林といえども入会権を設定することができる。そして町村制に規定する町村又は区の営造物その他の財産に対する行政法上の共用又は使用の権利に関する規定中には住民がその山林の天産物すなわち樹木柴草等を各自採取する権利を含まない。したがって大字白木住民は入会権を有するというべきであり、町村制の規定によってその入会権を失うものではない。」（傍点筆者）

右の判決中、「行政法上の共用又は使用の権利」とは、いわゆる旧慣使用権で、ここで大字有地とは、市町村の一部である大字（すなわち旧財産区）の所有する土地として取り扱われており、本判決は、要するに大字（財産区）有地に民法上の入会権が存在していることを認めているのである。

町村有地上の入会権について判決が出されたのは昭和に入ってからである。

大審院昭和九年二月三日判決〔17〕

［判旨］「本件山林は元治田村地内七部落の共有であったが町村制の施行後治田村の所有となりその基本財産となったものであって、治田村の住民は古くから各自本件山林に立入り薪炭用雑木秣および石灰石を採取し、多年の慣習により治田村の所有する本件山林に入会権を有し、その入会権は住民らの共有に属しない山林を目的とするもの、すなわち共有の性質を有しない入会権であることは明らかである。そして町村制に規定する町村又は町村の一部一区の有する営造物その他の財産に対する行政法上の使用権に関する規定中には町村の住民が山林の天産物すなわち雑木秣石灰石などを各自採取する権利を含まないと解するのが正当である。」

その後も、部落有財産統一事業に関連して、町村有、大字有地上の入会権の存否が争われることは少なくなかったが、判決はすべて民法上の入会権であることを認め、町村制上の公権ではないと判示している。

大審院昭和一一年一月二一日判決〔18〕

［判旨］「大字住民のいう惣村入会の場合に必ずしも入会権が町村又は部落共者に属する、とはいい難く、又村民の入会地を利用する関係を公法上の関係とはいい難い。大字住民は多年の慣習により現在大字の所有する本

件山林に於て柴草等を採取して来たものであるから、共有の性質を有しない入会権を有することはもちろんであって、この権利は大字住民が住民たる資格を失わないかぎりもつことができる私権である。そして民法の条文はこの権利に適用されるべき法規を定めその権利関係を整理したのであって新たにつくったのではない。入会権は民法施行以前から私権として認められてきたことはいうまでもないことであって、町村制に規定する町村又は町村の一部が有する営造物その他の財産に対する行政法上の使用権は本件入会権のように町村有山林の天産物をその住民が各自採取する権利を含まないと解すべきであるから、町村制の施行によってそのような入会権が性質をかえることはない。」（傍点筆者）

大審院昭和一九年六月二二日判決〔20〕

〔判旨〕「町村制九十条にいう旧来の慣行により町村住民中特に財産又は営造物を使用する権利とは町村有財産を使用する行政法上の権利を指し、本件のように毛上物草木の採取伐採植林等のため土地を使用収益するような町村の私有財産を目的とする純然たる民法上の権利は同条の規定には含まれないと解すべきである。」（傍点筆者）

右の判旨中注目されるのは、町村制に定める旧来の慣行により使用する権利とは、町村の行政財産を使用する権利を指すのであって、住民の入会慣習のある町村有地（その多くはもと大字有地あるいは国有地からの不要存売払地であった）は特別に公共の用に供される場合を除き行政財産でないから、町村の私有財産というべく、それ故に私権たる入会権の存在を否定する理由はない、ということである。

戦後、市町村、財産区有地上入会権の存否を争われた事件は少なくないが、まず、入会権の存在を否定する側が、地方自治法上の規定を理由にしている例はない。昭和二〇年代末に行なわれた市町村合併に伴い、入会権の存否が争われた事件が少なくない。

以下の二例は第二章で見た、新戸が本戸に対して自らも入会権者である（入会持分権を有する）ことの確認を求めたもので、その前提として町村有地である係争地上に入会権が存在するか否かを判示したものである。

その一は秋田県仙北郡西木村（現仙北市）西明寺部落内における村有地上の入会権の存否に関するものである（四六頁参照）。

秋田地裁大曲支部昭和三六年四月一二日判決〔33〕

[判旨]「本件土地が部落有財産統一事業の一環として大正一二年八月一〇日に村有化され、部落住民八八名に賃貸されたことは当事者間に争いがない。そこで問題となるのは、この措置により従前の入会権が消滅したか否かである。近代法的観点から見れば、これによって入会的利用関係は賃貸借による利用関係に切りかえられ、入会権は消滅したものと見られるであろう。しかしもともと封建時代の遺物である入会権の問題をかかる近代法的観念によってのみ割り切ることは許されない。民法第二六三条及び第二九四条が、入会権に関する第一次的規制を『各地方の慣習』に一任したのはこのためである。

従って、この場合入会権が消滅したかどうかは法律上の概念の操作によって決定されるべきではなく、部落内において承認された入会の慣習が消滅したかどうかという判断によって決定されるべきである。

そして、次の理由により入会権は消滅しなかったものと認められる。西明寺部落財産統一条件第二項によれば『日用の薪炭材秣および副産物の採取ならびに放牧其他旧来の慣行はこれを認め、各部落相侵されないよう使用させること』と定められているところから見ても、部落有財産統一の措置がただちに入会の廃止を意味しなかったことは明らかである。

次に、西明寺部落総会報告書によれば昭和二五年当時『既存権利者』（賃借名義人となった八八人）以外の者も平等に無料で本件山林に入会していた状況が認められる。しかもその状態は、少なくとも昭和三〇年本件紛争が起る直前までつづいたことは明らかである。そうすると、部落有財産統一により本件土地の賃借人となった者八八名は、要するに部落住民全体のための賃借名義人となったのであり、その賃借権なるものの実体は部落住民全体の入会権であったと認めるのが相当である。」（傍点筆者）

熊本地裁宮地支部昭和五六年三月三〇日判決〔60〕

本件は熊本県阿蘇郡南小国町における町有地上の入会権の性格に関するものである（五八頁参照）。

〔判旨〕「本件入会地は、政府の部落有林統一政策に基づき南小国町の所有となったが、従来の入会慣行はそのまま持続するという条件が附されて黒川部落民の入会権が確認され、その際さらに、入会地上の天然木、人工造林木を伐採した場合には、伐採収益を入会集団七割、南小国町三割の割合で分収する旨の統一条件も附けられた。南小国町では、右の統一条件にそって、南小国町町有林野部分林設定条例を制定して、造林組合の結成を促し、造林組合との間で分収契約を締結することによって、天然木の保護撫育、人工造林を奨励してきた。そして、分収権の確保を図るために、伐採に当っては、造林組合長から南小国町へ部分林伐採申請をさせ、森林組合に委託して入札によって売却し、分収してきた。

ところで、本件入会地は、元来、黒川部落有財産として、黒川部落民に総有的に帰属する私有財産たる共有の性質を有する入会権の客体であったことは、本件入会権の歴史に照らして、明白である。そこでは、観念的には、黒川部落民の地盤所有権に対する総有権と地上産物に対する使用、収益、処分の総手的権能が一体となっていたといえる。そして政府の部落有林統一政策に基づき、黒川部落民のこの権利内容のうちから、地盤所有権が奪われて、南小国町の所有に帰したが、残りが黒川部落民の権利として留保され、この結果、黒川部落民の入会権は地役的入会権に変化したものである。つまり、黒川部落民の入会権、これに基づく地上立木その他の産物の使用、収益、処分の権能は、元来黒川部落民の総手的権利であったものであり、統一条件によって与えられたものではないのである。」

このほか、市町村、財産区有地上の入会権の存否が争われたものがいくつかあり、入会権の存在を否定しているものも少なくない。しかし、それは地方自治法（いわゆる公権論）を根拠にするのではなく、みな入会権者である住民の係争地に対する使用管理行為の減退ないし消滅を根拠に入会権（地役入会権）の解体消滅を理由として入会権の存在を否定しているのである。もとよりそこに公的な権力が作用しているのが見られるし、また消滅を判示したものの中には地盤所有者たる市町村が地盤を第三者に処分したものもあり、入会集団と市町村および第三者との間で入会権の存否が争われたのであるが、これは第七章で検討する（二八〇頁以下参照）。

2　地方自治法との関連

行政においてはしばしばこの地方自治法の規定を根拠に、公有地上の入会使用権を地方自治法上の「旧慣使用権」である、と解する向きが少なくない。その理由は、地方自治法上、旧慣使用権が市町村有地上の権利として明記されており（二三八条の六）、かつ実務上も必要な用語（入会林野近代化法に旧慣使用権という用語がある）である、という理由によるものである。判例上否定されたはずの権利が実定法上存在しているということであれば、きわめて不当なことであるが、現在この用語は必ずしも公有地上の入会権の存在を否定するものではない。

地方自治法二三八条の六第一項の規定は、その前段において旧慣による入会権（民法上の）をそのまま承認する旨を宣言し、後段において、その廃止あるいは変更する場合の手続を定めたものと解すべきである。市町村有地の入会権も私権たる入会権であるから、その廃止・変更には必ず当該入会団体の意思――全権利者の同意――によらなければならない。しかし、この場合、入会権利者と地盤所有者とは別個であり、入会権利者の意思のみでは変更・廃止の効力を生じないのであって、土地所有者の同意を必要とする。その土地所有者たる市町村の同意――意思決定――は単にその長の裁量だけではなく、議会の議決を必要とするのであって、この場合の議決があってはじめて土地所有者の同意が得られたことになり、それによって入会権の変更・廃止の効力が生ずると解すべきである。つまり第二三八条の六第一項後段の規定は、入会権利者が入会権の廃止・変更を決めた場合、これに法律上の効果を発生させるための手続を定めたものなのである。決して入会権利者の意向を無視して一方的に廃止あるいは変更しうる旨を規定したものではない。

二　国有地上の入会権

国有地上に入会権の存在を否定する成文上の根拠は何もない。国有林野法には入会権に関する条項は全くなく、国有財産法に行政財産には私権の設定を禁止する旨の規定がある（一八条）。しかし、通常の国有林野は行政財産たる企業用財産とされるが、公用財産でも公共用財産でもなく、地元住民に慣習的に入会利用されている国有林野は直接行政目的に供されているわけではない。国有林野を行政財産と解しても、この規定は行政財産に新たな私権の設定すなわちたとえば地上権の設定を禁止するにとどまるものであって、国有財産法成立前から存在していた入会権まで否定する趣旨のものではない。

国有林野の形成は明治初期の土地官民有区分にはじまるのであるが、そのことは村人の入会慣習に直接消長を来すものではなかった。国有林野への入山取締りが厳しくなるのは明治二〇年代からで、その反射として官地の下戻運動が起るようになる。明治三二（一八九九）年森林法とともに国有林野法、国有土地森林原野下戻法が制定され、この下戻法が不当に官地に編入された土地を出願によって民有地として下げ戻すというのであったが、出願の条件が厳しく、これによって下げ戻された土地はわずかであった。ただ、国有林野法には部分林、委託林など制限的に入会慣習を認める制度が設けられ、また、明治末期から国有林の不要存置整理処分によって入会地の制限的払下げが行なわれた。

これらの規定が設けられてから、国有林野特別経営事業が行なわれるようになって国有林の入会利用がきびしくなり、入会地の閉め出しが行なわれるようになった。国有林野と入会権との関係については法律上何の規定も、また規則もなく、国は一般的には国有地上の入会権の存在を認めていた。しかし国の森林経営と地元住民との入会権について争いを生じ、大正初期、裁判所は次のように判示して国有地入会権の存在を否定した。

大審院大正四年三月一六日判決〔10〕

これは、国有地上に入会権が存在するかどうかが正面から争われたもので、長野県小県郡東内村（現上田市）村内にある国有林野に村びとが入会権を有することの確認を求めた事件である。

第一審長野地方裁判所は「国有林野は直接行政の目的として公用に供されるものではなく、もっぱら国家の収入を目的とする財政的資産であることは疑いない。国有林野は収益財産で民法を適用すべき財産であり、入会権がわが国古来認めた民法上の権利である以上、国有林野上に入会権の存在を認めなければならないことはいうまでもない。したがって、国有林野が国有財産であるという理由で当然民法の適用を排除すべきだという（国の）意見は正当ではない」と判示した。これに対して国は控訴したところ、第二審の東京控訴院大正三年七月九日判決〔10〕は、土地官民有区分によって官有地に編入されたときは入会権は消滅する、と第一審判決をくつがえした。大審院はこれを支持して次のように判示した。

〔判旨〕「明治七年ないし明治九年の地租改正処分に関する諸法令によればその改租処分においては一般の土地を官有と民有とに区分し、その区分を実行するため従来人民が土地を入会利用してきた状況を考慮し、民有とするのが適当であると認めるに足りる実績のあるものはすべてこれを民有地に編入し、そうでないものは慣習的に村民が入会利用してきた土地であっても官有地に編入し、官有地に編入したものについては従来慣習的に村民が入会利用してきた関係は官有地編入と同時に当然廃止し、入会のような私権関係の存続を全く認めない趣旨で地租改正処分が行なわれたことは明白である。

官民有区分に伴う地租改正事務局の達しなどの規定をみるに、従来村民の入会利用の慣行があった土地もまたすべて之を官有民有に区分し、入会慣習の証拠に照らして実質上之を村の所有地と同視されるもの又は村民が立木を自由にすることができてその土地所有者とちがわないような関係があるものはみなこれを民有地と定め、村民がただ天然生草木などを伐採するだけの関係しかなかったものはみな官有地に定め、官有地に編入したときは従来その土地において慣習的に村民が草木等を伐採してきた関係は当然廃止されるので、そのため村民の生活にたちまち支障をきたし損害を及ぼすことを考慮し、とくにその村民に土地の払下げ又は貸渡し等を許す趣旨で地租改正が行なわれたことを知りうるし、この趣旨から考えると、官有に編入した土地に対し従来慣習的に村民が入会利用してきた関係は、入会権であると否とを問わず地租改正処分によって官有地編入と同時に当然消滅させ、以後一切入会のような私権関係の存続を認めないものであったと解すべきである。」

この判決は、官有地に編入された林野につき、「従来慣習的に村民が入会利用してきた関係は官有地編入と同時に当然廃止し、入会のような私権関係の存続を全く認めない趣旨で地租改正処分が行なわれたことは明白である」といっているが、決して明白ではない。地租改正、土地官民有区分は土地の所有者を明らかにするだけの目的で行なわれたのであって入会関係を左右するものではなく、それ故に官地編入後も入会利用は行なわれたし、そのため取締規定なども出されたのである。

このように本判決には問題があり、当時学者はほとんどが、地租改正＝官民有区分は入会の廃止を伴うものではない、という理由でこの判旨に反対した。この判決の後も、国有地上の入会権に関する大審院判決が二、三あるが、いずれもこの判決と同様に国有地上に入会権が存在することを否定している。

戦後、国有地上に入会権の存在を認めないという判決の不当性、そしてそれに従う国の行政方針の不当性が問題にされた。もっとも、前述のように、国有林野整備による入会地の売却や、あるいは部分林や共用林野等の国有林野法にもとづくいわゆる地元利用施設の活用により国有林野（林野以外の国有地の入会利用はないわけではないがきわめて些少である）の入会的利用が制限的に認められたので、著しい不満は出なかったものの、国有林野上に入会権の存在を認めないという行政庁の態度は変わらなかった。

しかし、かつて国有地であった民有地上の入会権の存否をめぐって、官地編入と同時に入会権が消滅したという右大審院判決の不当性が主張されるようになり、最高裁判所は次のように判示して、国有地上にも入会権が存在しうる、と従来の判例を変更した。

最高裁昭和四八年三月一三日判決〔28〕

本件は国有地上入会権が存在するか否かを地元住民と国とが争った事件ではなく、いわゆる新戸が本戸に対して国有林野に同様の入会権を有することの確認を求めた事件である。

係争地は青森県西津軽郡木造町（現つがる市）の日本海に面した海岸防風林で、地元広岡集落住民は古くから自費で植栽し、明治以降国有林野に編入された後も植栽を行ない、植栽木は住民のものとされ（これを官地民木と呼んでいる）、そのほか落枝をとるなど住民の入会利用が行なわれてきたが、本戸と新戸との間で争を生じ、入会権が存在するか否かが紛争の前提となった。第一審**青森地裁鯵ヶ沢支部昭和三二年一月一八日判決〔28〕**は次のように判示した。

「本件山林は天和二年頃津軽藩主から広岡村に貸下げられ、広岡村民が農業経営上防風防砂の目的をもって森林を育成したものであって、爾来広岡村の入会山として同村部落住民において右の目的を害しない範囲に於て薪炭材を採取してきたものであるが、その後も同部落住民において平等の割合をもって本件山林について補植、根払その他の管理の労務に服する反面、本件山林より生産される松、雑木等を薪炭材料として共同で収益し、その慣習は近年に至っても存続し、昭和二〇年、二三年にも本件山林から松の立木を伐採して部落住民に分配したことが認められる。

右のように部落住民一般に古くから本件山林に立入りその立木などの生産物を採取してきた事実があるときは入会権があるものと認むべきであり、本件山林の地盤は国の所有であるからその入会権はいわゆる官有地入会にあたり地役権的な性質をもち、土地を利用する権利そのものは部落協同体に属し、部落の住民各自はその部落の一員であるかぎりにおいて収益する権利をもつと解するのを相当とする。」

この判決は国有地上の入会権の存在を認めたが前掲大審院大正四年三月一六日判決〔10〕には全くふれていない。この判決に不服であった本戸側は、控訴して本件土地がかつて入会地であったとしても明治初期の官地編入によって入会権は消滅し、本戸たちは「民木」の総有権を有するにすぎない、と主張した。第二審仙台高裁秋田支部昭和四一年一〇月一二日判決〔28〕は、前掲大審院大正四年三月一六日判決〔10〕を正面から批判し、①地租改正当時、官有地に編入された土地について入会権を消滅させる旨の法規がないこと、②民法が慣習による入会権の存在を認め、これについて民有地と国有地とを差別していないこと、を理由として本戸の主張をしりぞけた。

本戸の人々は上告して、第二審判決は藩制時代および官地編入後の入会慣行の証明が不十分である、と主張したが、最高裁判所は次のように国有地上に入会権の存在を認め、事実上判例を変更した（やや長文にわたるが、重要な判決であるので必要な部分を全部掲げる）。

〔判旨〕「明治初年の山林原野等官民有区分処分によって官有地に編入された土地につき、村民が従前慣行による入会権を有していたときは、その入会権は、右処分によって当然には消滅しなかったものと解すべきである。その理由は、つぎのとおりである。

明治七年太政官布告第一二〇号地所名称区別が制定されることによって、それまでの公有地の名称は廃止され、土地は、すべて官有地と民有地のいずれかに編入されることになり、ついで、明治八年六月地租改正事務局乙第三号達によって、官民有の区別は、証拠とすべき書類のある場合はそれによるが、村持山林、入会林野については、積年の慣行と比隣郡村の保証の二要件があれば、書類がなくても民有とすべきことが定められ、比較的大幅な民有化が意図され、この方針は、同年七月地租改正事務局議定地所処分仮規則に引き継がれたが、同年一二月地租改正事務局乙第一一号達によってこの方針は変更され、入会林野等については、従来の成跡上所有すべき道理のあるものを民有と定めるのであって、薪秣を刈伐し、秣永山永下草銭冥加永等を納入していたというだけでは民有とすべきではないと解釈すべき旨を明らかにし、さらにこれに基づき同九年一月地租改正事務局議定山林原野等官民所有区分処分派出官員心得書をもって具体的な区分の基準を示し、その三条として従前秣永山永下草銭冥加永等を納めていても、かつて培養の労費を負担することなく、全く自然生の草木を採取して来た者は地盤を所有する者とはいえないことを理由として官有地と定めるべき旨が明らかにされている。これらの規定によると、村民に入会慣行のある場合においても、所有すべき道理のない場合には、その地盤は官有地に編入されるべきものとなっているのであるが、その場合に、村民の有した入会権が当然に消滅するか否かに関する規定は置かれていなかった。右心得書三条但書の趣旨も、右入会権の当然消滅を規定したものとみることは困難である。そもそも、官民有区分処分は、従来地租が土地の年間収穫量を標準とした租税であったのを地価を標準とする租税に改め、民有地である耕宅地や山林原野に従前に引き続きまたは新たに課税するため、その課税の基礎となる地盤の所有権の帰属を明確にし、その租税負担者を確定する必要上、地租改正事業の基本政策として行なわれたもので、民有地に編入された土地上に従前入会慣行があった場合には、その入会権は、所有権の確定とは関係なく従前どおり存続することを当然の前提としていたのであるから、官有地に編入された土地についても、入会権の消滅が明文をもって規定されていないかぎり、その編入によって、入会権が当然に消滅したものと解することはできないというべきである。もっとも、その後官有地上の入会権を整理し、近代的な権利関係を樹立しようとする政策に基づいて、従前入会権を有していた村民の官有地への立入りを制限し、あるいは相当の借地料を支払わせて入山を認めることとした地域があり、このような地域においては、従前の入会権が事実上消滅し、あるいはその形態を異にする権利関係に移行したとみられるが、一方、官有地に編入されたとはいえ、その地上に村民の植栽、培養を伴う明確な入会慣行があるため、これが尊重され、従前の慣行がそのまま容認されていた地域もあり、このような地域においては、その後も官有地上に入会権が存続していたものと解されるのである。……以上の解釈と異なる大審院判例（……）は、変更されるべきである。

そこで、本件において、官民有区分処分後入会権が消滅したか否かについてみるに、原審が適法に確定したところによれば、明治九年頃本件土地が官有地に編入されるにあたって、本件土地上に借地権は設定されなかったこと、明治一三年に屏風山に関係している地元六六か村の総代甲[1]外数名より青森県令に対し、屏風山保護取締のために屏風山を永代世無代価で拝借したき旨願い出ていること、その後明治二二年に屏風山の管理が郡長に委託されていること、そして、これは委託願委員甲[2]外一一名が取締規約を作って青森県知事に願い出た結果、許可を受けたもので、以来、関係一一か村より総代、取締役を選び、屏風山の保護取締にあたっていたこと、右一一か村よりなる組合は明治四〇年過ぎに解散したこと、右は、屏風山に関係する地元一一か村よりなる組合ともいうべきものに対し、屏風山の保護取締を委託したものであった等の事実が認められるというのであり、この認定事実のもとにおいては、右委託のあったことをもって、従前の入会権が消滅し、あるいは入会権以外の権利関係に移行したものと解することはできない。しかも、……本件土地が、官有地に編入されたのち、その地上の松立木は広岡部落が労力を投じて植栽保護してきた功により広岡部落有のものと認められたこと、しかし、すでに広岡部落は、右合併により行政村たる資格を失い単なる自然村として俗称されるにとどまっていたので、植林後に分家したため植林に参加していない分家の者も含めて当時の部落の戸主全員を仕立人とすることによって、対外的に村中仕立であり広岡部落総有のものであることを表示するようにしたため、現在の屏風山官地民木林台帳には仕立人として記名共有の形式で記載されていること、右仕立人名義人となっている者は勿論、その後分家して広岡部落に一戸を構えるようになった者は、村山と呼ばれている本件土地の補植、根払、伐採等に参加するとともに当然本件土地の毛上物一切の収益に参与してきたもので、戸主あるいは世帯主は旧戸、分家を問わずその権利者となり、昭和七年の調停の際の紛争を除き、本件紛争に至るまで山委員（……）の連絡により各戸一人ずつ本件土地に出て共同して松立木、新たに植栽した杉立木、風倒木、害虫木、老齢木、雑木等を伐採し、各戸ほぼ平等に分配していたが、時には学校、消防屯所、火の見櫓、防火用貯水池、神社、共同墓地の休憩所等の資材や農道、農道の橋等の改修、あるいは学校の薪炭材にあて、売却した代金を消防屯所等の建築費にあてたり消防ポンプやホース等を購入したりして部落の公共的事業等に使用して来たこと、前記台帳に共有名義人として記載されている者も他村に移転した場合には、権利者でなくなること、権利者は、本件土地上に伐採後も植栽できること、使用収益の範囲は松立木のみならず、雑木等毛上物一切に及んでいること等が認められるというのであり、これらの事実関係のもとにおいては、本件土地が官有地に編入されたのちにおいても、依然として従前どおりの入会権が存続していたものであ」る。

この判決以後、国有地上入会権の存否を扱った判決もなく、また官有地編入を理由に入会地の消滅を主張した事件もなく、国有地上に入会権が存在しうることは確定したといってよい。

第六章　入会権の管理・変更・処分

いわゆる土地の開発、農村の都市化等に伴って、入会地（とくに入会林野）の利用形態が変化し、さらにその貸付けや売却が行なわれるようになる。これらの入会地の利用や所有の変更が入会権者全員の同意のもとに行なわれるならば、形式的には問題はない（そのことが入会地の近隣に与える影響などは別としてである）。しかし、入会権者（集団構成員）の生活、職業の多様化に伴い、入会地に対する態様も異なり、必ずしも利害関係が一致せず、土地の売却や利用方法の変更等について意見が対立することが少なくない。

入会地の売却のほか入会権の放棄は入会権の処分、入会地の貸付けおよび地上権・抵当権の設定、入会地の個人分割等は入会権の変更または処分となる。入会地の個人分割とは、その入会地を集団の管理からはずして（入会地でなくして）各個人の所有地に分割することをいい、全部を分割処分すれば入会権の解消となる。後述する入会林野整備は、入会権の処分（全部または一部）に該当する。一方、入会地の利用目的や利用形態を変更することは入会権の変更となる。入会地の一時的な、短期間の貸付けなど、入会権の管理行為といってよい場合もあろうが、入会権のそれまでの行使形態が長期間にわたって停止、変更する状態をもたらすものは入会権の変更か処分というべきであろう。

改めていうまでもなく、入会権は共有の性質を有するものも、また有しないものも、まず各地方の慣習に従うほか共有の規定を適用、あるいは地役権の規定を準用する、と規定されている（民法二六三条、二九四条）。つまり入会権の内容である固有の慣習とは、その権利の主体が通常の個人でなく世帯（主）であって、各自が有する権利（持分）は自由に譲渡処分できない、その持分にもとづく分割請求ができない、ということであり、それ以外はすべて共有の、または地役権の規定に従うべきである。したがって、共有の性質を有する入会権において、各入会権者は共有持分を有するが、その持分は分割請求できないものであるから、共有の規定に関する民法二五六条以下二六二条までは適用はなく、その他つまり共有物の変更、管理、保全等については民法の規定を適用する、というのである。共有の性質を有しない入会権においても同様であり、したがって入会地を売却したり貸付けなどする場合に入会権者全員の同意が必要であることはいうまでもない。

民法は共同所有財産について、「他の共有者の同意を得なければ、共有物に変更を加えることができない」（二五一条）と規定し、「共有物の管理に関する事項は、前条の場合を除き、各共有者の持分の価格に従い、その過半数で決する」（二五二条本文）、「ただし、保存行為は、各共有者がすることができる」（同条但書）と規定している。管理行為や保存行為が何であるかは後に見るとして、入会地の売却等に相当する共有財産の処分について民法には規定がない。

共同所有財産は、各共有者がその何分の一かはその財産に対して所有権を有しているのであり、その持分権は各自の財産権である。個人の有する財産上の権利（共同所有権の一部）をその者の同意なくして処分できないことは自明の理であろう。したがって共有財産の処分は共有者全員の同意がなければできないことは当然のことであるから、民法は何の規定も設けなかったのである。

最近、入会地（主としてその一部）を貸付け、売却することが多くなったが、その貸付け、売却等について、入会権はまず地方の慣習に従うとされており、当集落ではこれまですべて多数決で処理し運営してきたから、入会地の貸付け、売却なども多数決で差し支えない、という意見が聞かれることがある。その理由として、集落の総会の決議事項などすべて「多数決」で決定してきており、また集落の慣習を明文化した規約にも、総会での審議事項は多数決ないし過半数で決める旨規定されている、などといった理由で、入会地の貸付けや売却が多数決でできる、というのである。

そこでまず問題にされるのは、当該集団に入会地の貸付けや売却について全員の同意でなく、過半数ないし多数決（以下、特別のことわりがない場合、両者を含めて単に「多数決」という）で行なった慣習があるか否か、である。そのような事実があった、ということではなく、慣習として存在するか、つまり、入会地の貸付けや売却が何人かの反対があったにもかかわらず行なわれる、というのがしきたりであった、ということを証明する必要がある、ということである。

そこで、そのような多数決の慣習が存在するか否かとともに、入会地の変更や貸付け、売却等についての具体的な判決例を見た上で、入会地の変更、貸付け、売却等についての必要な措置は何かを検討する。

一　入会権の管理と保持

入会権の管理でもっとも一般的な行為は入会集団の運営である。具体的には入会地の維持管理についての事項すなわち出役作業の日割や内容、必要な費用の負担等の決定、予算決算の承認、立木等地上産物の処理、役員の選出、入会権者（集団構成員）の加入脱退の承認等である。このうち、地上産物の処理および入会権者の加入脱退等以外は、総会等で一括承認され、実際は役員会等に委任されていることが多い。

ただ立木や山菜等の入会地上産物の売却が多数決でできる（管理行為といえる）か否かであるが、これら地上産物（永久保存木などを除く共同造林木や山菜類など）は経済的利益を得ること、すなわち換金を目的とするものであり、入会基本財産でない財産を金銭に換えるだけであるから管理行為つまり多数決でできると解してよい。もとよりその売却代金は集団の総有に帰属するから各構成員は配分請求権をもたない（一一四頁以下参照）。

入会地の管理に関する事項は、各共有者の持分の価格に従い、その過半数で決するとされているが、入会権者の持分は通常平等であり、また持口に差がある場合も、そのほとんどは収益金配分割合の差にすぎず、権利行使等は平等であるから、実質的には平等、特別な場合（たとえば、ある入会権者が持分二口、つまり出役も費用負担も二人分であるような場合）を除き一人一票、集団構成員の過半数で決することができる。ちなみに、過半数であっていわゆる多数決でないことに注意を要する。

入会権の保存行為とは、共有財産に対する侵害の防止や侵害のおそれのある行為に対する予防等であって、入会地についていえば、第三者あるいは集団構成員による無断の車輌機器類の乗入れや搬入、不法投棄、無断の伐採や地盤の改廃等の行為の中止の請求、これらのおそれのある行為の予防等であって、これらの行為は、各入会権者が単独でもすることができる。これらの入会地が侵害されている工事やまたそのおそれがある場合、それの防止の申入れや、それを求める訴訟の提起や防止に必要な措置を講ずるのに、他の入会権者の同意を必要としないのは当然である（単独でもできる、という意味であって、多数、全員ですることも当然可能である）。

二　入会権の変更

入会地の利用目的や利用形態は、社会的、経済的事情により変化する。草木の採取から植林へ、そして古典的共同利用から留山、割地利用へと変化もとげるが、これらの変化は一般には若干の年月をかけて行なわれてきたけれども、しかし、決議等によって一時的に行なわれることもある。これが典型的な入会地、入会権の変更である。

具体的な例として、入会山を採草地として使用してきたが、構成員のほとんどが採草の必要がなくなったため新たに共同造林（第三者による分収造林を含む）地とすることを集落の総会で決定する例は多い。ただその場合、なお採草地を必要とする少数の者は、造林地となることによって採草が失われるのであればそれに反対するであろうが、そのような場合、総会の決定あるいは大多数の決定という理由でその少数の反対意見を無視して植林するということはしない。採草地を必要とする反対者に対して、最少限度でも採草地として残すか、別に採草地を設定するとか、最低限何らかの措置を講ずるはずである。少数の反対者はその措置が自分の希望から全くかけはなれたものでない限り、多少の不満はあっても、みなの決めたことに従うことになる。このようにして全員の同意を得た上で、植林すなわち入会地利用の変更が行なわれるのであって、少数でも反対を多数で押し切るという論理は入会集落の規範、慣習にはなじまないのである。

入会権の変更とは、入会権者の権利を失わせるのではなく、その権利行使の条件や形態を変更することである。したがって入会地を第三者に貸し付け、使用させることは当然入会権の変更となる。入会地の貸付けについては後に検討するが、入会地を一時期、たとえば夏のキャンプ場、冬のスキー場として貸し付け、あるいは短期間作業場として第三者に使用させることは一般に管理行為とされている。それは、その第三者への貸付使用が入会権者たちの権利の行使を妨げるものではない、あるいは仮に権利行使を妨げるものであってもそれが非常に軽微な場合に限られる、という理由で必ずしも全員の同意を必要としないのである。したがって、その貸付使用が短期間でなく、また土地の現状を変更し、それによって入会権者の権利行使が妨げられるような場合は当然、入会権の変更行為にあたり、全員の同意を必要とする。

次の判決は、入会集団の多数の意見により入会地を個人有に分割・配分することとしたが、これに賛成しない者に対してこれまでの割地の返還、明渡しを求めた事件についてのものである。

千葉地裁八日市場支部昭和四三年一一月二二日判決〔49〕

千葉県八日市場市（現匝瑳《そうさ》市）長谷にある住民一七五名共有名義の共有入会地で、古く採草用地であったが大東亜戦争のはじまるころから開墾が行なわれ、各共有者は区から一定面積の土地の割当てを受け（区長から賃貸する、という形式をとった）、各自食糧増産を行なった。その後、社会事情の変化に伴い、他の作物をつくり、あるいは建物を建てるなど割当地の利用方法も変化したが、その後この割当地を分割して各共有者の個人有地にしようとする意見が出され、共有者Xら五名が発起人となって共有地を分割する目的で共有地管理組合を組織し、共有者九五名が参加した。しかし、この組合に参加せず、分割に賛成しない者がいるので、右共有地組合（X）は共有者Yら三五名を相手として、それぞれ占有している割当地の明渡し、返還を請求する本訴を提起した。

［判旨］「本件土地は、元来八日市場市長谷所在の所謂長谷区居住の区民により、入会権の性質を有する土地として共有されて来たものであるところ、慣行として共有権者により構成されている長谷区の区民大会により承認選出された区長にその管理権限が一任されていたものであり、今次戦前戦後を通じ土地の有効利用、食糧増産等の目的のためにも合致するよう管理運営されて来た事実、Y等は、歴代区長の承認の下に、それぞれ本件土地の各占有部分を使用或は賃借して、住居のため、開田のため、畑地化のため等の目的を以て、占有使用し賃借し来ったものである事実、即ちY等は、それぞれ請求の趣旨記載の占有中の土地につき、本件土地の共有権者全員の委任を受けた区長との間に使用或は賃貸借契約が有効に成立存続していた事実が認められる。

仮りに右賃貸借なり、使用貸借契約が成立していなかったとしても、Y等は、民法第二百四十九条により本件土地に対し共有持分に応じた使用をなし得るものであり、従ってX組合はY等に対し、管理権の行使として単なる不法占有を理由として当然に直ちに明渡を求め得ないことは明白である。少くともその前提として、Y等がその持分を超えてそれぞれ請求の趣旨記載の土地の内どの部分をどの範囲で不法に占有使用しているかの事実を主張立証することが必要であり、右主張立証の認められない限り、単にX組合に管理権限が有ることから直ちにその管理権限に基き本訴のような明渡を求め得ないものと解するのが相当である。」

この事件ではYらの土地使用を入会集団から借り受けた（賃貸借契約による）という形式をとっているが、共同所有地を共同所有者が借り受ける、ということはありえず、実際は共同所有者が共同所有地の一部を使用する、つまり割地利用する、ということである。したがって本件での問題は割地利用の変更であり、それゆえに当然全員の同意を要する。入会地の貸付けとは、入会集団が構成員以外の第三者に使用させる場合であって、前述のように、原則として（ごく短期間のものを別として）入会権の変更行為となるので入会権者全員の同意を要する。なお、第三者に貸し付けた入会地の返還を求めるのは集団の管理行為にあたるので過半数の決定ですることができる。

三　入会地の処分（解体・放棄）

1　入会集団の解体

入会地全体の売却、入会地全体の個人に対する分割、そして入会集団組織の解散が入会権の完全な処分であり、これについて入会権者全員の同意が必要であることはいうまでもない。当然のことながら、入会集団の解散についての慣習などあるはずがない。ここにいう処分とは共有入会地を各構成員の個人所有地とする、積極的（人為的）な入会権の解体、集団の消滅を目的とするもので、以下の判決は構成員の圧倒的多数で解体を決議したが、その当否が争われたものである。

福岡高裁昭和五八年三月二三日判決〔61〕

福岡県嘉穂郡穂波町（現飯塚市）忠隈集落はかつて筑豊炭田と呼ばれた地帯の南に位置し、多くの炭鉱があった。本件係争地は古くは草刈場であったが、大正初期にボタ（石炭の鉱滓）捨て場として炭鉱会社に貸し付けられていた。しかし、石炭産業の衰退、炭鉱の閉鎖により集落に返還され、一部住宅地となっているほかは雑種地で、四一名共有名義で登記されているが、忠隈住民集団である忠隈一区財産組合が管理支配しており、その構成員は右登記名義人のほか登記上共有名義を有しないX_1ら一〇名を含む五一名で構成されており、炭鉱のあったときは本件土地の貸付料が五一名全員に配分されていた。

昭和四一（一九六六）年に、登記上の共有権者だけで右組合を解散して通常の共有地にする旨の決議をし、非名義人にわずかな見舞金が支払われただけであった。結局、非名義人一〇名は権利を奪われたことになったので、一〇名のうち地区外に転出した者と権利（共有権）を譲り受けた者を除くX_1ら四名は、同財産組合（Y）を相手として、自分達を除外し登記上の共有権者だけで決議した組合解散は無効である、という訴えを提起した。

第一審福岡地裁飯塚支部昭和五六年九月二四日判決〔61〕は、同土地は昭和四二（一九六七）年まで忠隈部落の入会地であったが、その年の総会で入会集団は解散され、登記上の共有権者で組織された同財産組合の土地となったと判示したので、X_1らは控訴して、全員の同意のない入会組合の解散は無効である、と主張した。

〔判旨〕「昭和四二年八月八日の臨時総会において、これまで登記簿上共有名義人である者と登記名義を有しなかった者が一緒になって組織した組合を解散し、右共有名義人のみで新組合を組織したうえ、入会地の管理、収益、処分を行うことが臨時総会出席者において反対なく決議された。

しかし当時の入会権者四一名全員が右臨時総会に出席していたものではなく、二万六〇〇〇余坪に及ぶ入会地の処置については、もともと登記簿上の共有名義人の共有物という意識から何等の決議もなされなかった。

X_1らはいずれも入会権を認められて来たもの（但し、X_1は女子分家者として半権利である。）であって、いずれも入会地につき登記簿上の共有名義をもたなかったから前項の解散決議が有効な場合入会権を喪失する者であった。

X_1は組合長A_1宅で開催された臨時総会に出席しておらず、当日、A_1から呼ばれて組合長宅に赴き、記念品料と記載された封筒を手渡されたに過ぎなかった。

入会地は入会権者集団の総有に属するものであるから、いわゆる忠隈憲法と称された『共有物に関する契約』において入会地の処分につき特段の定めのみられない本件では、入会地の処分については入会権者の集団たる組合員全員の同意が必要であったと解すべきである。しかるに組合解散を決議した臨時総会には組合員全員が出席しておらず、全員の同意がなかったことが明らかなばかりか、組合長を始めとする主だった組合員が、当時入会地は登記簿上の共有名義人の共有物という意識から入会地の処分について何等の決議もしなかったから、いずれの点からしても右解散決議は無効であり、入会地は依然として解散決議当時の入会権者集団の総有に属し、その入会権者集団で組織する組合の管理たるべきである。

登記簿上の共有名義人だけで組織したという忠隈一区財産組合は、その組合長も組合の名称も同一なだけでなく、その組合の主体をなすものは従来から共有名義を有した入会権者であり、かつまた、その管理運営する不動産も入会地そのものにほかならないから、入会権者集団としての忠隈一区財産組合と登記簿上の共有名義人のみで組織したという忠隈一区財産組合は、実体は同一のものであって、Yは入会権者集団としての組合たる実体を依然維持しているものといわねばならない。組合長をはじめ組合運営に参与する主だった組合員は、臨時総会当時、入会地は登記簿上の共有名義人の共有物であるとする意識から、その共有名義を持たない者には恩恵的に利益配分をなしていたに過ぎないのではないかという考えにわざわいされて、殊更、共有名義を持たないものから入会権の放棄ないし入会権の消滅につき承諾を得るまでもないとして、餞別金の趣旨で寸志の名目のもとに五〇〇〇円ないし一万円を交付したものと推認されるのであって、寸志名目の金員をXらが受領したからといって、入会権の放棄ないし入会権の消滅の承諾とみることはできない。」

那覇地裁石垣支部平成二年九月二六日判決〔75〕

沖縄県でもっとも南西にある石垣島の中心石垣市の中心部からほど遠からぬ真栄里という集落には、四〇筆からなる原野、保安林等の入会地があり、その一部につき売却の話が出たのを機に、入会権者の確定が行なわれ、集落入会権者の総会で権利者六〇名を確定し、総会出席者四一名（ほか委任状による出席者七名）の決議で、入会権を解散し、六〇名の共有地にすることとした。その後、六〇名の共有権登記が行なわれ、共有者をもってY共有者組合（いわゆる任意組合）を組織することにした。しかしXら四名は、入会地の解散、そしてその財産を特定の者の個人的財産とすることに反対し、Y組合（実体は入会集団と変わりない）を相手として、全員の合意によらない入会集団の解散は無効であることを理由に、各自が共有の性質を有する入会持分権を有することの確認を求めた。なお本訴提起までに各筆土地の配分計画等は全く行なわれていない。

〔判旨〕「現に共有の性質を有する入会地としてこれを利用する慣行が継続しているのにかかわらず、当該入会権を決議により消滅させ、特定の者の共有に移行させるためには、第一に、入会権者全員の合意が必要であると解されるところ、本件入会地は、旧来の利用方としての採草や牛馬の繋留としてはあまり利用されなくなっているものの、第三者への賃貸により、その賃料収入を、特定の個人に配分せずに、部落のために使用するという方法で、総有的な利用を継続しており、その限度においては、なお入会権は、これを人為的に消滅させる行為がない限り、存続しているというべきである。そこで、入会権者全員の合意があったかについて検討すると、右合意は必ずしも同時にされる必要はなく、一部の者の合意を残りの者が追認することでも差し仕えないと解されるものの、実体の変更を何等伴わない形で観念的に入会権を消滅させる意思表示であるから、合意あるいは追認されたというためには、入会権の消滅についての法的な意味、すなわち、他に特別に決議がない限り、通常の共有になれば、家の物ではなく戸主名義人の個人財産となり、同じ家で部落のために労力を提供してきた者には帰属しないこと、その収益を部落のために提供する義務は消滅し、本件入会地からの収益を持分の割合に応じて個人で取得できるから、部落のために提供しない者が現れても、これを拘束できないこと、保存行為を除き、入会地の利用は、過半数の同意がないとできないことになること、共有持分権を自由に譲渡できるようになり、その結果、過半数の者が譲渡し、譲受人らが、管理方法について異なる決議をすれば真栄里入会地の現況は大きく変化することも有り得、これを防止することはできなくなること、共有者の一人が現物分割を主張すれば、これに対応しなければならなくなること、その後の共有者組合に加入するか否かは全く個人の自由であることなど総有との基本的な違いについて十分に理解してなされるべきところ、本件臨時総会に出席し、趣旨説明を受け、合意をした者は、仮に全員としても四一名であるが、入会権が消滅するとどのように法律関係が変更されることになるのか、他に権利を有すると認められる者がいないのか、欠席した者が同意しなければこの決議も無効となることなどについて十分に意見交換がされた事実は認められずその後、組合の執行部に本当に消滅したのかという質問が出されたり、組合長から自然消滅したという発言が出されたりしていることからは、基本的な事柄についても、なお、理解しないまま、決議に同意した者の存在が窺われ、仮に本件入会権者を六〇名に限るとしても、未だ本件入会地において入会権が消滅したと認めるには、なお疑問があると言わねばならない。

入会権を決議により消滅させるには、その入会財産の処分方法について決議しなければならないかについて検討すると、もし入会慣行が現に存在しているのに、単なる入会権の消滅決議だけが行なわれると、今後その入会慣行がどのように変更されるのか明らかでなく、また、通常の共有に移行するとしても、従前の入会慣行のどの部分を承継し、どの部分を承継しないかが判然としないことになることを考えると、最低限そうした問題が生じないように決議後の財産の帰属、利用等について併せ定めることが必要であると解すべきところ、本件入会地の消滅を決議するに当たり、これを通常の共有に移行させる旨の決議はあったものの、それ以上に具体的な決定はなかったことが認められる。」

Y組合控訴。しかし福岡高裁那覇支部平成六年三月一日判決〔75〕は控訴棄却した。

右の二判決における対象となっている土地は山林原野ではなく、大部分が宅地や雑種地である。したがって後述する入会林野整備事業によることはできないので、入会集団独自で解体手続を行なわなければならない。しかし、右の二件は解体後の入会地の利用について何ら具体的な計画が示されていない。この解体はいわば看板の掛け替えにすぎず、必ずしも全員が解体による新たな利用を求めたものでないから、二判決とも解体を無効と判示したものである。

共有の性質を有する入会権の放棄とは入会地を無条件で第三者に売却処分した場合であり、協議による解体というには解体後の具体的な処分計画、つまり個人（または少数の共有）名義で土地の分筆が確定していることが必要であろう。共有の性質を有しない入会権の放棄は、集団の管理機能の放棄による場合のほか、地盤所有者との合意により放棄してたとえば公園地にすることや、住民の住宅地として使用することであろう。

2　入会林野整備

入会地全体の処分＝入会集団の解散も、入会地の一部の解体（入会権者の個人有地とする）も、それが全員の意思の一致によって行なおうとするのであれば、入会林野整備事業によることができる。

入会林野整備とは、「入会林野等に係る権利関係の近代化の助長に関する法律」（昭四一法一二六——略称「入会近代化法」）により、入会林野における入会権を消滅させ、かわって所有権その他個別的な用益権等におきかえることをいう。具体的には、共有の性質を有する入会地にあっては入会権者各自の個人有地に分割（分筆）するか、あるいは入会権者全員の民法上（二四九条以下）の共有地とすること、共有の性質を有しない入会地にあっては入会権を消滅させて各入会権者の権利を個別的な地上権、賃借権におきかえることである。

この法律は、主として山林原野を農林業の合理的経営をはかるため入会地における入会権を他の近代的な権利におきかえ、利用を推進することを目的とする（もともとは入会権が林野の利用の障碍になっていたという発想があった）。したがって、この法律の対象となる土地は山林原野が主となる。ただし目的は農林業利用のためであるから、農地はもとより農業用溜池その他農林業用適地であればこの法律の対象の土地となり、逆に入会林野であっても整備＝権利関係近代化の目的が、農林業と関係ない、たとえばゴルフ場やその他の施設設置目的の場合は対象とならない。

この法律にもとづく入会林野整備は都道府県の事業として行なわれる。入会権者の総意により対象となる入会林野等の新たな利用計画とそれに伴う権利関係を定め、入会地に権利を有する者（とくに共有の性質を有しない入会地にあっては地盤所有者）の同意を得た上、整備計画書を作成し、市町村長を経て都道府県知事に提出、その認可を申請する。知事は利用計画の適否および従来の入会持分権に比し新たな権利の偏在の有無等を審査の上、その整備計画が適当と判断したときはこれを認可する。認可後、知事は遅滞なく、計画書に記載された新しい権利設定のために登記の嘱託をし、認可証と登記済証を申請者に交付する。

以上が入会林野整備事業の骨子であるが、入会林野は一定のまとまった土地であり、これを個別に細分化することは、すでに割地利用されている場合などを除き、あまり好ましいこととはいえない。また、民法上の共有地にすることは、共有者がごく数名の場合を除き権利関係がきわめて複雑になる（持分の譲渡が自由になり、かつ持分権がすべて民法上の相続の対象となる）。そのため、入会権者が整備後取得する共有持分を出資して、生産森林組合（森林組合法（昭五三法三六）九三条以下）もしくは農事組合法人（農業協同組合法（昭二二法一三二）七三条の一五以下）を設立することを入会林野整備計画書とあわせ申請するときは、整備計画とあわせて設立が認可され、地盤所有権はいったん入会権者たる共有者全員の共有で登記された後ただちに生産森林組合もしくは農事組合法人の名に移転登記される。すべて知事の嘱託による登記手続が行なわれる。共有の性質を有しない入会地の林野整備の対象地はほとんどが市町村有もしくは財産区有地である。この入会地の場合、入会権を他の権利におきかえることはあまり実益がない（地上権や賃借権よりも、期間の制限がなく登記なくして第三者対抗力を有する入会権の方がはるかに強力な権利である）。もとよりこの場合は入会権者の総意のほか地盤所有者たる市町村や財産区の同意が必要であることはいうまでもないが、財産区有はもとより市町村有入会地もかつては集落所有の入会地であったものが多いので、この整理事業によって共有の性質を有しない入会権を消滅させ、一部を市町村の直轄地にするとともにその大部分を入会権者たる地元集落住民の所有地とする、という目的で行なわれることが多い。この場合でも、やはり個人分割や記名共有方式には問題があるので生産森林組合等の名で登記されることが多い。ちなみに入会林野整備後通常の共有となった土地も出資等により会社または法人（認証が必要）を設立してその団体の所有にすることは自由であるが、それは共有権者となったもとの入会権者が自らの手によってすべきことであり、とくに入会地をもって生産森林組合もしくは農事組合法人を設立する場合にのみ、整備事業に付託してその設立手続ができることになっている。

四　入会地の貸付け・売却

入会地の貸付けや売却は、いわゆる開発の進んだ昭和四〇（一九六五）年ころから各地で見られるようになった。しかし貸付けや売却などの処分行為に対する入会集団構成員の利害関係も一致せず、意向が同じでない場合が少なくない。貸付けや売買に賛成する者が少なければ問題ないが、賛成者が多く少数の者が反対もしくは不同意の場合が問題となる。

ここでいう入会地の貸付け・売却は共有入会地についてのものであって、地盤所有権のみでなく入会収益権の処分をも意味する。地役入会権（つまり入会収益権のみ）の売却は事実上入会権の放棄を意味し、その貸付けとは分収造林などのため第三者使用を認めることであるが、多くの場合、地盤所有者の同意が必要であり、その必要のない貸付けなどは入会権の管理事項かあるいはその変更にあたる、というべきであろう。

入会地の一部が、入会権者の多数の賛成で売却あるいは貸付けされた（契約の締結や登記が行なわれた）が、少数の反対者は当然その売買・貸付契約等の無効を理由として、その土地が集団の共有入会地であることや賃借権の不存在確認等（さらに所有権移転登記の抹消登記や立入禁止等）の請求をすることになる。まずそれに関する判決を見ることにする。

1　入会地の貸付け

入会地の貸付けが入会権の変更や処分か、という議論があるが、いずれにしても入会権者全員の同意が必要であることはいうまでもない。ただ、その貸付けの期間や目的によっては（変更処分に該当せず）多数決で足りることもあるので、入会権者の権利行使いかんによって決定すべきである。

東京高裁昭和五〇年九月一〇日判決〔47〕

静岡県伊豆半島の南端、賀茂郡南伊豆町湊地区の弓ヶ浜とよばれている海浜地は湊漁業会名義で登記され、湊部落住民によって漁網や海藻の乾場として利用されるとともに防風林として松の植栽も行なわれてきた。この部落代表者が右土地の一部をホテルおよび関連施設建設のためにY会社と賃貸する契約を結んだので、この部落住民たるXら六〇余名は、Y会社を相手として、この土地の賃貸は住民の有する入会権の内容を別のものに変更する重大なものであるから、入会権者全員の同意が必要であるのに全員の同意を得ていないから無効であると主張した。

第一審東京地裁昭和四三年五月一〇日判決〔47〕は、入会権を消滅させるのでなく利用形態を変更するのはその入会集団の慣習による多数決でも差し支えない、と判示したが、第二審はこれを取消し、次のように全員の賛成が必要である、と判示した。

〔判旨〕「湊区長Aが昭和四〇年一月一三日Y会社との間に、ホテル等の施設の所有を目的として本件土地をYに賃貸する旨の契約（以下本件賃貸借契約という）を締結したことは当事者間に争のないところであるが、右の賃貸借契約につき、Xらは、入会権の性質上または湊区における慣例上入会権者総員の合意または同意を必要とするところ、これを欠くから無効であると主張するのに対し、Yは、湊区の最高議決機関である総会の決議は出席者の過半数によってなされる慣わしであるところ、昭和三九年一一月二一日開催された臨時総会において圧倒的多数をもって決議され、更に昭和四〇年一月一五日開催された吉例と呼ばれる定時総会において異議なく承認されているから、有効であると主張するので、以下この点につき検討を加えることとする。

ホテル等の施設の建設のため本件土地を他に賃貸することはその入会的形態の変更を来たすものであるから、原則として、これにつき入会権者全員の同意が必要とされるのは入会権の性質上当然のことであり、そして、本件土地を含む浜の入会集団を包摂する湊区においては、入会地に関する事項のうち、常務的管理事務のような比較的重要でないものについては区長及び評議員らの役員（これらは、吉例と呼ばれる湊区の定時総会において選出されるものであるが、実質的には入会団体の機関としての機能をも併有している。）がこれを決定処理しているけれども、その他の事項については入会権者である住民の全員の了承のもとにこれを決定実施しており、例えば、昭和三二年二月に浜のうち本件土地に隣接する部分をA会社に賃貸した際も、区長は、区内の各班の班長を通じて入会権者である住民に対する説明、説得を行い、ほぼその同意が得られる見通しがついたところで同年一月一五日開催された吉例において右賃貸の件を付議したが、なお一部の反対者があったところから、更に同人らに対する説得を重ねて、これを納得してもらい、結局入会権者全員の同意を得ているのであって、従って、本件入会集団における慣習は、前記原則を何ら修正、変更するものでなく、本件賃貸借契約の締結のような行為については入会権者全員の同意を必要とするものであることが認められる。

しかるに、本件賃貸借契約の締結につき本件入会権者の全員の同意があったことについてはこれを認めるに足りる証拠がなく、却って、Yの主張する臨時総会のみならず吉例においても一部の反対者があったことが明らかであるから、本件賃貸借契約は無効のものといわなければならない。

なお、Yは『Xらを含む入会権者らは、現在、本件土地につき慣行による従来の使用収益を廃止しているかまたはこれを禁止されているから、本件土地に対する妨害排除請求を有しない』旨を主張するけれども、Xらが本件土地につき共有の性質を有する入会権を有することは前述のとおりであって、Xら入会権者は入会地である本件土地につき総有権を有しているのであるから、現に本件土地の使用収益をしていると否とにかかわらず、右の総有権に基づく本件土地に対する妨害排除請求権を有することは明白である。」

広島地裁福山支部平成六年六月二日判決〔81〕

広島県芦品郡新市町（現福山市）中戸手組住民共有の入会地は入会権者全員一六四名の共有名義で登記されており、住民の用材や雑木等の採取に利用されてきたが、その後権利者の入会地利用も減少してきたので、平成二（一九九〇）年五月に、入会集団（代表者A）と開発会社Yとの間でゴルフ場造成の目的で賃貸借契約が締結され、Yは造成工事をはじめた。ところが、当初から入会地のゴルフ場造成に反対していた入会権者Xら九名は、右の賃貸借契約締結に土地所有者である入会権者全員の同意を得ていないから同契約は無効であるという理由で、Yを相手に土地明渡し、入会権行使に対する妨害の排除を求める訴えを提起した。

本件でも、集落の総会でゴルフ場建設に反対意見が出されたか否かが問題になっている。

〔判旨〕「㈠　本件賃貸借契約を締結することは、右賃貸期間内は入会権行使が事実上不可能な状態となるのみならず、入会地たる本件山林の原状に根本的な変化をもたらし、原状回復困難にし、入会地に変更を加えるものであるから、入会権者全員の同意を要し、また、他地区に転居して一旦入会権を喪失したが、再度転入して入会権を復活する可能性を有する者の意見をも聞くことが相当というべきである。

しかしながら他方、本件山林において山切り又は間引き、こごりなで木の葉なで等の入会地における作業や収益行為がなされていたのはせいぜい昭和四二年頃までで、植林など一切行われていないこと、そのため、入会山林の大部分は荒れ放題で、松は松食い虫に侵され、かずらは這い、雑木は茂り、通う道すら定かでなく、現在、入会山林の利用も、年二回行われる神社の斎灯で焼く木材として切るか、松食い虫の防伐をした木材を捨て値で売却するぐらいで、入会権者に作業等の役務や山税、固定資産税負担金、出不足金等の負担だけを強いている状態で、本件山林の入会的利用はほとんどなされない状況にあったことが認められる。

従って、右の入会権行使の状況にあっては、要求すべき入会権者の同意の形式、態様についてもおのずから緩和して考えざるをえないところであるし、入会団体への復帰可能性を有する者の意見聴取がなされなかったことが、処分行為の効力に影響すべきことにはならないものと言わざるを得ない。

(二)　総会では、総代のA_1が、本件山林につき、ゴルフ場と賃貸借契約を結ぶことにつきこれまでの交渉の経過、ゴルフ場の従業員については地元優先で採用することになること、賃料額について説明した。これに対し、出席者から、ゴルフ場建設に伴う水害への対策について質問があり、調整池・堤防により対処するが行政機関と折衝中である旨答弁され、農薬による公害の懸念の質問があり、これに対してはゴルソ場と町で構成される調査機関が定期的に検査する旨の答弁があり、固定資産税の負担増の質問があって、ゴルフ場が負担するとの答弁があったほか、賃料が安いとの意見が述べられた。しかし、ゴルフ場と賃貸借契約を結ぶことについての反対意見はなく、出席者のA2が再度検討すべきである旨発言したが、議事として採用されることなく進行し、出席者の中から質疑なしとの声があがり、これを受けて議長が、『質疑がないようですから、決をとりますが、全員賛成したものと認めてよろしいでしょうか』との趣旨の発言をし、多数の拍手があって議事を終えた。

その後、再度総会を開くべきであるとの提案、申し出はなく、ゴルフ場建設に反対する動きも窺えないまま、ゴルフ場建設計画が進められ、中戸手共有林役員総会の協議がなされたうえ、本件賃貸借契約締結に至った。

㈢　以上認定したとおり、総会招集通知の内容も万全でなく、総会の議決方法も杜撰であり、ゴルフ場建設に伴い、通常指摘される保水能力の低下や農薬による生活環境破壊についてはもちろん、賃貸借期間についても入会権者の間で吟味がなされる機会が与えられないまま、本件賃貸借契約締結に至ったことが認められる。

しかしながら、各入会権者において、本件山林につき相当期間、農薬等による生活環境破壊がなされない方法でゴルフ場として使用する目的で賃貸することにつき検討する機会あるいは総会に出席して意見表明する機会を与えられながら、何等反対意見も表明することなく、異議のない態度を示してきたものであり、右の限度では同意したものと評価されてもやむを得ないものと言うべきである（従って、Yにおいては、本件山林の貸借使用に当たっては、農薬等による生活環境破壊をもたらさない措置を講ずべき義務がある）。」

福岡高裁宮崎支部平成一八年四月二八日判決〔94〕

鹿児島県奄美大島の最南に位置する大島郡瀬戸内町網野子集落の入会地は、瀬戸内の海を望む海抜約四〇〇メートルの位置にあり、集落の代表者Xを含む九名の共有名義で登記されているが、瀬戸内町が塵芥処理場設置の目的でそのうち約二ヘクタールの貸付けを同集落に申し入れた。同集落（四〇余名）は集会の多数決で貸付けを決定した。これに対してXら九名は環境悪化を招くという理由で貸付けに反対し、本件貸付けは共有物の変更行為に該当し、共有者全員の同意が必要であるのに全員の同意がないので本件貸付けは無効であるという理由で、同町（Y）に対して施設建設の中止を求める訴えを提起した。同町は、網野子集落の規約に、総会の決定は多数決によるという条項があり、集落の多数決によって本件貸付けを決定したのであるから有効である、と抗弁した。ただし多数決で決定しうる事項が列挙されている中に、財産の処分・変更については掲げられてなく、ただ列挙されている事項の最後の事項として掲げられた「その他総会に提案を必要と認める事項」の中に入会地の処分・変更――本件では貸付け――が含まれるか否かが問題となった。

第一審**鹿児島地裁名瀬支部平成一六年二月二〇日判決〔94〕**は次のように多数決による貸付けは無効であると判示した。

「本件賃貸借契約は、本件土地上に本件施設を建設するために締結されたものであり、期間が二五年で延長される可能性もあることに加え、本件施設には埋立処分場も含まれており、本件施設が本件土地に建設された場合、入会権者であるXらが、本件建設予定地を使用収益することは将来にわたって困難になることが予測されるから、たとえYが指摘する本件建設予定地の本件土地に占める面積割合や本件土地の使用収益の実績を考慮したとしても、本件賃貸借契約の締結が、本件土地の入会地としての利用形態を大きく変更するものであることは明らかである。

……（中略）……

特段の慣習が存在しない限り、入会地の処分行為に対する同意は、その性質上、入会権者全員の同意が必要であるが、ここでいう全員の同意とは、総会決議で反対した者、あるいは、総会には欠席したものの反対の意思を有していたことが明らかであった者が、総会後説得に応じ、あるいは、反対意思を表明しなくなったことにより、全員が同意したものと合理的に推認される場合を含むというべきであるから、全員の同意ではなく、総会の多数決で処理されたといえるためには、総会で決議に反対した者が存在し、その者が総会後も反対の意思を有していたことが明らかであったにもかかわらず、その存在を無視して決議に従った処理がなされたと評価できることが必要である。

してみると、以上認定の網野子集落で過去に行われた本件土地上の立木の売却や本件土地の一部の土地の売却は、網野子集落の総会において、賛成多数の議決を経ているものではあるが、いずれも、反対者の存在を無視して、多数決による議決により処理した事例であるとまではいえないというべきである。なぜならば、これらの売却事例は、反対者が最終的には多数決により議決に従わなければならないと考えて同意したものと推認される事例か、あるいは、反対者が最後まで反対意思を維持していたものか不明で、結局、反対者の存在を無視して、多数決で議決して処理したことが明確でない事例に関するものだからである。

したがって、上記各事例を根拠に、重要事項を総会において多数決で処理する慣習があったと推認することはできない。

また、Yが、総会の多数決による議決で処理してきたとして指摘する事例は、処分行為ではなく、管理行為の事例であるか、あるいは、処分行為であったとしても、反対者が最後まで反対意思を維持していたものか不明な事例に関するものであるから、このような事例の存在をもって、上記判断が左右されるものではない。

……（中略）……

さらに、Y主張の解釈を前提にすると、入会地である集落所有の山林（集落有財産）の処分に関して、入会権者の過半数が出席し（本件規約一一条三項）、その過半数の賛成（同条五項）、つまり、全入会権者の四分の一強の人数が賛成すれば、その処分が可能となり、極めて不合理な結果を生ずることとなる。

上記のことに加えて、本件規約制定前後の集落有財産の処分事例をみても、必ずしも多数決で処理されてきたものか明確ではない点があることをも併せ考慮すると、本件規約一一条二項七号の『その他総会に提案を必要と認める事項』に集落所有の山林（集落有財産）の処分も含まれるとするYの主張は、採用し難いといわなければならない。

……（中略）……

平成一〇年一一月二九日の網野子集落の総会において、本件施設の建設に反対する者が少なくとも五名はいたこと、同総会以降、X_1らは、本件土地における立て看板掲出等により反対意思を明確に表明していたこと、平成一二年二月一四日の網野子集落の総会において、X_1らが本件施設の建設に反対意見を表明して退席したこと、その後、同年三月一日、本件賃貸借契約が締結されたが、同年四月一六日の網野子集落の総会では、この点についての新たな決議はなされておらず、その総会の直後、原告らは、弁護士を通じて本件施設の建設計画の白紙撤回を求めていることが認められる。

以上の事実にかんがみると、本件賃貸借契約締結の前後を通じて、原告らが本件賃貸借契約の締結（本件施設の設置）に反対していたことは明白であり、これに同意（追認）したことを推認判断することはできない。」

この判決は、権利者の過半数の出席によるその過半数の議決が、ときには権利者の四分の一を超える者の賛成、すなわち実質的には権利者の半数の賛成にもならないことがありうる、というきわめて重要な指摘をしている。しかし、第二審は、多数決は正しいという理由で原判決を取消し、貸付けを有効と判示した。

〔判旨〕「民法二六三条は、入会権については、当該地方の慣習に従う旨定めているから、入会集落の基本財産の変更・処分を、入会集落の最高意思決定機関としての集落総会の多数決により決定する旨の慣習があれば、その慣習が第一次的法原とされることは蓋し当然であって、これが民法二五一条に反して無効と解されるいわれはなく、また、入会集落の集落規約が多数決原理を採用しているのであれば、その規約の規定に従ってこの関係が処理されるべきものであることも同様である。

したがって、Yが主張する本件慣習の存在又は本件集落規約の規定をこれと同趣旨に解することができるのであれば、これを有効と認めるべきことに何らの妨げもない。

……（中略）……

イ　ところで、本件集落は、本件集落規約制定前後において、網野子総会を本件集落の最高意思決定機関と位置付け、そこでは、多数決原理が採用され、本件集落民は、その構成員として、これに出席して特定の議題に対して賛否いずれかの意見を表明し、これに従って議決権を行使する権利を有するものであり、本件集落の意思は、所定の招集手続を経て開催されるこの網野子総会における決議により形成・決定されることが予定され、かつこれを要するものであり、原則としてこれ以外に本件集落自体の意思の形成・決定の場があったことを認めるに足りる証拠はない。そもそも、集落が集落総会を設け、それを集落の最高意思決定機関として位置付けていること自体、その目的・理由が決議要件いかん（全員賛成、特別決議、普通決議か等々）は格別、集落の意思は、集落総会の決議により形成・決定されるものと認識され、かつ、そのように行われてきたことを意味するものと解さざるを得ないのであって、そのように解さなければ、本件集落が最高意思決定機関としての網野子総会を置いた意味が全くなく、しかるときは、網野子総会は、単に個々の本件集落民の意思確認の場、しかも、当該網野子総会開催時点における意思確認の場にしかすぎないことになり、ついには、本件集落としての意思が形成・決定されない弊に陥りかねないことになる。……棄権者や欠席者に対して改めて意見を聴き、その意見を先に開催された網野子総会における賛否数に加算して本件集落意思を形成・決定することなどもあり得ない。そのために、本件集落規約においても網野子総会の定足数及び決議数が定められているのである。

本件集落規約は、網野子総会において出席した本件集落民全員の同意をもって制定され、網野子総会を、従前どおり、本件集落の最高意思決定機関と定めたものである。そうである以上、定足数や決議数は格別、本件集落規約において特に明文をもって網野子総会の権限に属しないものとしてその権限から除外しない以上、本件基本財産の変更・処分を含めたすべての事項が、網野子総会の権限に属する事項と解するのが正当であり、これが網野子総会の権限から除外されるものと解することは正当でなく、このように解すべき根拠はない。

したがって、本件集落規約上、本件基本財産の変更・処分は、網野子総会の決定権限に属し、それは、その一二条二項七号の本件概括規定がこれを認めているものと解するのが相当であり、本件集落規約が本件基本財産である本件集落山林の変更・処分を網野子総会の決定権限から除外する趣旨であると解することはできない。

なお、本件集落規約の制定過程において、本件概括規定に本件基本財産の変更・処分を網野子総会その他の権限に属せしめるか否かの議論を全く欠いていたことは、上記判断の妨げとは何らなり得ない。またXらは、この場合、極端な例を挙げて、このように解すると、本件集落民全員の四分の一に一名を加えた者が議案に賛成すれば、本件基本財産である山林の変更・処分（本件集落規約の改廃も同様である。）が可能となって不合理である旨主張するが、これは、本件集落規約の趣旨ないし会議体における決議の原則を甚だしく誤解するものである。本件集落規約は、議案に賛成する者が上記同数に達すれば、反対者がこれをたとえ一票でも上回っても当該議案が可決されることを定めている訳では無論なく、その場合は、当該議案は否決される道理である。網野子総会の開催通知を受けてこれに出席せず、また、出席したとしても棄権する者（中途退場者も同様である。）は、客観的には適式に成立した賛否いずれかの決議に従う意思を行動で表明したものとみなすのが当然であるから、これを不都合・不合理とする理由は何らない（ちなみに、国会の衆参両議院の場合は、いずれも定足数が三分の一、決議数が過半数と定められている（憲法五六条）から、Xらの主張によれば、網野子総会以上に極端に不合理となろうが、この憲法の規定を不合理とする者はなかろう。無論、衆参両議院の場合も、反対が賛成を上回れば、当該議案が否決される道理であることは多言を要しない。）。」

この第二審判決は、集落の総会における多数が入会の慣習であり、それを成文化したのが集落の規約であるというのである。多数決こそ会議における最高の原理であり、それは憲法五六条に示されているように国会においても定足数が三分の一、過半数の議決によると定められている、というのであるが、憲法ならびに国会法によれば、議員全員の共有財産（というものがあるとすれば）に関する審議が行われることはないと思われるが、この裁判官は、そのような事項が国会で審議されると考えているのであろうか。

なお、この判決の結果にかかわらず、瀬戸内町は処理施設の設置を断念し、工事は行われなかった。

2　入会地の売却

入会地の一部でも売却することが入会権の処分であることは疑いない。入会地盤でなく立木その他地上産物の売却は、入会財産の売却ではあるが、前述のように入会財産の管理行為と見るべき場合が多い。

新潟地裁平成元年三月一四日判決〔71〕

新潟市女池集落に池沼があり、同集落住民の共有入会地であった。同集落では構成員七九名の同意のもとに二筆の土地をAに売却したが、後に転売によりXの取得するところとなった。Xは登記上の共有持分権者もしくはその法定相続人等一二五名に対し、共有持分権の移転登記手続を求めて本訴を提起した。

Yら一二五名中、二九名は不出頭、二名はXの請求を争わなかったが、他の者は、契約当時集落の構成員は八三名であったのに、内四名は売買契約に同意していないから契約は無効だと主張した。本件の争点は、この四名が当時集落構成員としての資格を有していたか否か、有していない場合でも契約は有効に成立したか、である。

〔判旨〕「女池部落構成員目録記載の七九名以外に少くともY3ら四名が女池部落の構成員であった可能性が強く、従って本件土地の売買時である昭和三五年における構成員がX主張にかかる七九名のみであったとの事実を認めることはできない。

そうすると、女池部落が本件土地を売却するについて、右七九名の同意を得たというのみでは部落構成員全員の同意を得たことにならないのは明らかである。

また、昭和三一年六月ころ、女池部落において、部落の構成員を別紙記載の七九名として、本件土地を含む部落総有財産の管理に関し女池共有財産議定書を作成し、その第二条には『共有財産に関し協議議決する場合は権利者の三分の二以上の賛成を必要とする』との定めのあることが認められるが、当時、部落の構成員としての右の七九名以外に前記Y_3四名も存在していた可能性の強いことは前記のとおりであるところ、右四名がその作成に関与していなかったのであるから、右議定書（昭和議定書）のうち少なくとも総有に属する土地の処分に関する定めは、総有者全員の同意ないし承諾がなく作成されたものとして、効力を生じないものと解するほかはない。

よってその余の点について検討するまでもなく、本件の売買契約は無効と言わざるを得ないから、Xは本件土地の所有権を承継取得することもできない。」

大阪高裁平成一二年一月二八日判決〔80〕

兵庫県豊岡市にある但馬空港用地はもと同市上佐野集落住民の記名共有入会地の一部であった。兵庫県（X）は同集落の代表者をつうじて集落の集会で用地買収の話し合いを行ない、その承認を得た。しかし住民Yは、Y先代名義の土地はYの個人有地である、仮に入会地であるとしても相応の持分があり、いずれにせよ先祖伝来の土地であるから売却を拒否するとして売渡証書の押印を拒否した。兵庫県は住民集会での売買契約の締結を理由にYを相手として所有権移転登記を求めたが、Yが集落の総会で売却に同意したか否かが争われた。

第一審神戸地裁豊岡支部平成六年二月二一日判決〔80〕は、上佐野集落の常会でYを含む全員の決議で売却を承知した、と判示したので、Y控訴。

【判旨】「昭和六二年八月には上佐野地区空港対策委員会が設けられ、兵庫県は但馬空港建設事業につき同地区の意見を調整し、原告との交渉に当たった。そして、同委員会は、同月二九日には、同地区世帯主らに対し、事業概要を説明した上、昭和六三年一〇月頃、本件各土地を含む空港建設予定地の所有名義人らに対し、Xの運輸大臣に対する空港場設置許可申請に必要な同意書への署名押印を求め、同年一二月頃までにYを除く本件各土地所有名義人らから署名・押印を受けた。

平成元年二月二三日、上佐野地区定例常会が、地区構成員全員に対する招集通知の上、同地区構成員（入会権を有する世帯主）三八名のうち二名を除く全員、及び入会権者以外の住民二名が出席して開催され、冒頭に選出された議長A_1が司会を行い、本件各土地を含む同地区に所在する入会林野の一部を但馬空港用地としてXへ売却すること、右売買については代表者区長A_1に一任すること及び買収金は後日入会権者全員で協議し分配することを議題に議事に諮ったところ、長時間の審議の中で、二名の者から、『重要案件であり、欠席者もいるので、もう少し延期してはどうか』との意見が出されたが、これほどの多数の構成員が一堂に会する機会は少ないのでこのまま審議を続行すべきであるとの意見も出されたことから、さらに時間を掛けて審議が続けられた。

右審議の中で、区長や空港対策委員長から再三にわたる説明があり、議長も、右議題について、反対意見の者はないかと繰り返し尋ねたが、Yを含め誰からも反対の意見表明はなかった。

そこで、議長は、最終的に、出席者全員が本件各土地をXに売り渡すことに異議なく承認し、売買の交渉や契約締結の手続を区長に一任することが承認されたものと認める旨を宣言して閉会した。

そして、右常会を欠席したA_3についても、組長のA_2が同月二五日に訪問して同様の説明をした上、本件決議に承諾を得た。その結果、本件決議については、入会集団構成員全員が承認したこととなった。

右認定の事実によれば、本件決議が定例常会に出席した入会集団構成員の全員一致で採択されたことは明らかであり、その後、同常会を欠席した構成員からも右決議に承認を得られたことによって、同構成員全員一致で右決議が成立したものと認めることができる。

Yは、右定例常会で本件決議に賛成したことはないと主張するが、Yが右常会に出席して議事に参加していたことはYも認めているところであり、また、何らの発言もしなかったこともYの認めるところである。

右常会での本件決議の審議状況は前記認定のとおりであって、議長から幾度も反対意見の表明を促す発言があったにもかかわらず、Yが何らの発言をもせず、採択の際にも異議を述べなければ、Yが賛成の意思表示をしたものと扱われることは会議体の原則であるから、Yが右決議に賛成したことを否定することはできない。

右常会終了後になって右決議に不同意を表明しても決議の効力を左右するものではない。」


大阪高裁平成一三年一〇月五日判決〔88〕

和歌山市紀の川北岸の栄谷集落の入会地、通称若衆山の一部が、集落組合の総会の決議によりX会社に売却されることになり、組合代表AとX会社の間で売買契約が締結された。この土地は一一五名（組合員のほか転出者を含む）の記名共有名義となっているので、X会社は各名義人に共有持分権の移転登記を請求し、大多数がそれに応じたが、その土地（山林）の直下山麓に住むYら一七名は当初から売却に反対し、Xからの申入れに応じなかったのでX会社はYらを相手に共有移転登記請求の訴えを提起した。Yらは契約締結の責任者であったAが組合から正式に選出されていないから代表権限を有せず、また入会地の売却には全員の同意が必要であるにもかかわらず全員の賛成を得ていないから本件売買契約は無効であると主張した。

第一審和歌山地裁平成一二年三月二八日判決〔88〕は、Aが組合代表として適法に選ばれたものでないから代表権がない者が契約を締結したことになるので、この売買契約は無効である、という理由で、多数決にはふれることなく、X会社の請求を認めなかった。Xは控訴して、Aは適法に代表として選出されており、かつ組合定款によれば総会は組合員の過半数の出席で成立し、議事はその過半数で決することができると規定されているので本件売買契約は有効であるから、Yらは移転登記義務を負う、と主張した。

【判旨】「若衆山組合は、従前の若衆山の入会集団が発展的に移行したもので、若衆山の所有は若衆山組合（組合員の総有）であって、その組合員は、従前有していた入会権を若衆山組合の定款を遵守しながら、その権利を行使できる旨を全員で合意したものである。そして、定款は、当時の入会権者一三四名全員の合意の下で成立したものと認められるところ、定款一九条において一条の山林土地を売却したときは組合は解散する旨が規定されていることを併せ読むならば、その文理解釈としては、一条ただし書の処分には入会地自体を売却することも含まれるものと解するのが相当である。

これに対し、Yらは、たとえ入会集団が、規約において入会地の処分について多数決原理を定めているとしても、そのような規定は無効であると主張し、甲号証及び証人中尾英俊の証言（原審）中にはこれに沿う部分がある。

しかし、入会集団の規範を考えるに当たっては、地域の入会慣行も考慮すべきところ、前記説示のとおり、若衆山組合の母集団ともいうべき共有山組合においては、従前、多数決原理に従い入会地を売却してきたし、ひろく和歌山地方における入会慣行をみても、意思決定機関として総会や部落常会を重視する傾向は残っているが、議決方法としては満場一致よりは多数決がむしろ多く採用されている。そして、その実情も、若衆山組合の活動は、昭和二八年一月から約三〇年の長きにわたって休眠状態にあり、昭和三〇年代後半からは現実に組合員が山に薪を採りに入ることも次第に少なくなり、組合の再建話のころにはほとんど利用されなくなっていた。したがって、若衆山組合の組合員同士の間に入会集団としての古典的、村落共同体的な結びつきを認めることも困難であるから、入会地自体の処分に多数決原理を導入したとしても格別の不都合はないというべきである。

以上によれば、若衆山の売却についても、その意思決定に当たり、組合の多数決原理を妨げるものではなく、したがって、定款所定（一六条、一七条）の多数の組合員が、若衆山の売却に賛成している以上、入会権者全員の合意がなくても、若衆山の所有権は、本件売買によりXに有効に移転したものと認めるのが相当である。」

この判決は、入会地を多数決で売却処分できたというが、そのような事例は何一つ挙げられていない（立木の処分のみはあったかもしれない）。「定款一九条において……組合は解散する」旨の規定は組合の解散に関する規定で、この定款が作成されたのは昭和一五（一九四〇）年である。そして、昭和三〇（一九五五）年後半からは組合員の山入りも減少し、利用されず休眠状態にあった。そうすれば、組合の結びつき、集団的統制も弱まり、その結果、組合的共有は弱化し、構成員の個人的支配権能の強化をもたらすのが通常である。そうであれば、個人の持分権が強化し、多数決のしめつけは弱化しているはずである。このように、集団的統制が弱化した団体においては、構成員全員の意思が尊重されるべきであり、したがって、入会地の処分は全員の同意を得るのが当然であり、多数決処分は認められないことになる。

最高裁平成二〇年四月一四日判決〔89〕

山口県熊毛郡上関町長島の四代集落所有の入会地（表示登記四代組）の一部に中国電力株式会社（Y_1会社）が原子力発電所の建設を計画し、四代集落にその入会地の買入れを申し入れた。集落の代表者（同区長Y_2）は役員会の同意を得て（権利者約一〇〇名全員の同意は得ていない）、四代組所有地をY_2名義で所有権（保存）登記し、別にY_1会社が所有する（同社は近隣の個人有地を買収していた）山林と交換した。これに対して原発設置に反対するXら四名は、Y_1会社およびXら以外の入会権者Y_2ら九〇余名を相手として、本件土地がXらおよびY_2ら四代組住民の共有の性質を有する入会地であることの確認を求めるとともに、Y_1会社に対し入会権にもとづく妨害排除を求める訴えを提起した。

第一審山口地裁岩国支部平成一五年三月二八日判決〔89〕は、入会権確認については当事者適格を欠くとして却下したが、立木伐採や土地の現状変更の禁止を認めたので（三四〇頁参照）、Y_1会社がこれを不服として控訴した。

第二審広島高裁平成一七年一〇月三〇日判決〔89〕は、当事者適格についてはふれることなく、住民の入会権は消滅したという理由で多数決の当否も判断しなかった。そして、四代集落（組）に明治期から法人でない社団である区がおかれ、区が住民の共有入会地を管理することによって住民の共有入会権が区の所有する土地に対する地役入会権となり、住民が入会利用していないので入会権は時効により消滅したという、恥知らずともいうべき判示をした。Xら上告。

争点は、本件交換契約が役員会の総意（事実上の多数決）でよいか、組住民全員の同意が必要であるか、である。最高裁判所は、区が管理したから共有入会権が地役入会権に変更したとの第二審の判示を否定した上で、本件交換が区役員会の総意のみでよいかという点については見解が分かれ、それで足りるという多数意見が三名、役員会の総意のみで住民の総意を聞かないのは不十分であるという少数意見が二名、結局、一名の差をもって（多数決で）本件交換を有効と判示した。

［判旨］「昭和四四年ころには、四代組の所有名義の土地を山口県に売却し、平成八年二月には、役員会の決議により、上関町との間で四代組の所有名義の土地を売却する旨の契約を締結したこと、四代区の区長であるY_2は、平成一〇年一一月三〇日付けで、四代区の財産の管理処分に関する慣行を含むそれまでの四代区の運営に係る慣行を明文化して四代区規約を作成したが、その当時、四代区の財産の処分については四代区の役員会の全員一致の決議による旨の慣行があり、四代区規約には、四代区の財産の処分は四代区役員の総意により決する旨記載された……。

……その処分も、遅くとも平成八年ころまでには、他の旧四代組財産と同じく四代区の役員会の全員一致の決議にゆだねられていたものと解される。そして、四代部落の世帯主の総有に帰属する本件各土地の処分は、当然に共有の性質を有する本件入会権の処分を意味することになる。そうすると、四代部落においては、本件各土地の管理形態や利用状況の変化等を経て、Y_2が四代区規約を作成した平成一〇年ころには、既に本件各土地の処分、すなわち、本件入会権の処分についても、他の旧四代組財産と同じく四代区の役員会の全員一致の決議にゆだねる旨の慣習（以下「本件慣習」という。）が成立していたものと解するのが相当である。

そこで、本件慣習の効力について検討すると、民法二六三条は、共有の性質を有する入会権について、各地方の慣習に従う旨を定めており、慣習は民法の共有に関する規定に優先して適用されるところ、慣習の効力は、入会権の処分についても及び、慣習が入会権の処分につき入会集団の構成員全員の同意を要件としていないものであっても、公序良俗に反するなどその効力を否定すべき特段の事情が認められない限り、その効力を有するものと解すべきである。そして、本件慣習については、本件土地一～三の利用状況等にかんがみても、公序良俗に反するなどその効力を否定すべき特段の事情が存在することはうかがわれないので、その効力を有するものというべきである。」

これに対し、少数意見は、先ず原審の法人でない区の成立について言及し、「明治二四年一〇月に四代区が権利能力なき社団として成立したという事実は、当事者も主張していない事実である。……村会が区会条例を議決したことから四代区が権利能力なき社団として成立したと認定するのは、著しく合理性に欠ける」と指摘した上で、「本件交換契約が本件慣習に基づくものとして有効であるということはできないから、原判決を破棄すべき」と結論づけた。

少数意見は、その理由として、次のように判示している。

「原判決は、『平成八年二月に四代組名義の土地が道路用地として上関町に売却されているが、この売却は役員会の決議に基づいて実行されたものであり、部落の全住民の同意を経た形跡がうかがえない』旨を認定している。しかし、原判決は、上関町への売却について、四代部落の世帯主の中に反対者がいたにもかかわらず、役員会の決議のみで行われたことを積極的に認定するものではない。そして、道路用地としての売却であるから、四代部落の世帯主の全員が明示的又は黙示的に同意していた可能性を否定しきれない。原判決の上記認定事実も、前記慣行の存在を証明する間接事実としてそれほど重要視できるものではない。

(4)　原判決が引用する……平成一〇年一一月三〇日付『四代区規約』には、末尾に『以上の慣行規約により四代区の自治会組織を運営していることに相違ありません。』との記載がある。この四代区規約について、原判決は、『Y[2]は、本件各土地をY[1]会社へ譲渡することへの理解を得るため、平成一〇年一二月一二日に四代区の臨時総会を開催する旨の通知を発したが、上関原子力発電所建設に反対する勢力の反発が強く予想されたため、臨時総会の開催を断念した』及び『Y[2]は、司法書士の指導の下、それまでには存在しなかった四代区規約を作成し、Y[1]会社に対する本件各土地の所有権移転登記手続を実行した』旨を認定している。すなわち、四代区規約は、四代部落の世帯主全員の決議や確認の下に作成されたものではなく、臨時総会の開催を断念したY[2]が、上記登記のため司法書士の指導の下に急きょ作成したものにすぎないのであって、四代区規約の上記記載から、四代区の財産の処分については四代区の役員会の全員一致の決議による旨の慣行があると認定するのは相当でない。

……（中略）……

(7)　以上に述べたことを総合して考慮すると、原判決がその挙示する事実から前記慣行が存在するとした認定は、経験則に違反する不合理なものといわざるを得ない。したがって、四代部落において、本件慣行が成立していたとすることはできないのである。

3　私たちは、四代部落の世帯主は、入会集団を構成し、本件交換契約の締結当時、共有の性質を有する入会権の入会地として本件各土地を総有していたとする点については、多数意見に同調するものであるが、本件交換契約が本件慣習に基づくものとして有効であるということはできないから、原判決を破棄すべきものと考える。」

この判決における多数意見と少数意見の相違は、従来、集落の土地（共有入会地）の処分が組の役員会の決定のみで行われ、住民の総意を聞くことがなかったという事実について、多数意見は、役員会の決定で処理することが当集落の慣習であると認めたが、少数意見は、処分行為を役員会の決議に委ねるというのは例外事柄に属するから、その旨の慣行が存在するというためには、これを相当として首肯するに足りる合理的根拠を必要とする、との立場から、道路用地の売却が役員会の決定のみで行われたとの事実については、住民全員に異議がなかったからであり、その事実からそのような慣行の存在を認定することは不合理であるというのである。

ところで、慣習の効力について、本判決は、「慣習の効力は、入会権の処分についても及び、慣習が入会権の処分につき入会集団の構成員全員の同意を要件としないものであっても、公序良俗に反するなどのその効力を否定すべき特段の事情が認められない限り、その効力を有するものと解すべきである」と判示している。

役員会の決定によるのが当集落の慣習であり、「慣習が入会権の処分につき、入会集団の構成員の同意を要件としないものであっても、公序良俗に反するなどその効力を否定すべき特段の事情が認められない限り」有効であり、本件慣習は、公序良俗に反しないので有効である、というのである。

本判決のこの判示は、入会権の処分には民法九二条の適用があるとの前提に立っていると解される。ところで、同条は、任意規定と異なる慣習に関する規定であり、強行規定には適用がない。入会集団構成員すなわち入会地盤の共同所有権者全員の同意を得ない共同所有権＝共有入会権の処分変更が民法二五一条に違反することは明らかであり、この民法二五一条は、財産権秩序の基本的な法として、いわゆる強行法規であり、これに反する行為は無効である。それを公序良俗に反しないというのは全くの詭弁でしかない。しかも、果たして全員の意見を求めなかったという慣習が存在していたか否かも不明であり、この点少数意見のいうように、差し戻して審理をさせるべきであった。この多数意見は、慣習と公序良俗に名を借りた不当な判示といわざるをえない。

3　全員の同意

入会地の処分、変更については明文の規定がない場合（前述の、その他の事項等として処分、変更の明示がない場合も含む）がほとんどであるが、規定の有無にかかわらず、多数決がこの集落の慣習である、従来すべて集落のとりきめは多数決で行ない総会の全会一致の議決などしたことがない、という意見はかなり一般的である。しばしば、この集落ではすべて多数決で処理してきた、あるいは多数決が慣習であり、規約でも多数決と規定されている、といわれることがある。しかし、これまで多数決で処理してきたのはそのほとんどすべてが入会地の管理に関する事項であって、貸付けや売却などは少ない。

もとより全員の同意を必要とする入会地の変更や処分が従来行なわれなかったというわけではない。とくに入会地の利用目的・形態の変更が行なわれた例は多く、それは前述のように全員の同意ないし承諾のもとに行なわれてきた。他方、入会地の貸付けや売却の例は多くないが、それでも長期間の貸付けともいえる分収造林は各地で見られたし、また、入会地の一部を道路用地として提供、売却する例は稀ではなかった。このような土地売却には、ほとんど全員が賛成し、その上で工事が行われている。

決して少数の意見を無視して、あるいは反対を押し切って、多数決で土地の売却や貸付けをしたのではない。処分（貸付け・売却）対象の土地がごく小面積でまたごく短期間の貸付けは、あまり問題になることはない。人工植林や樹栽培などに積極的に利用されている土地は、対象となることはなく、一般に処分の対象となるのは現実にあまり使用収益されていない土地が多い。しかし、そのような土地であっても、少数の反対意見を無視（否認）して多数決での処分が不当であることは次の例で明らかであろう。

まず、集団あるいは集団構成員の大多数が現在使用収益していなくとも、入会地内に植林や菜園等、割地の権利をもつ少数の者や、灌漑用溜池の利水者が減少し泥沼化しても、なお利水者がいる限り、その利用の権利を奪うことはできない。これらの利用権能は、入会権者として有する持分権であるから、多数決で土地を売却、貸付けしたりしてその権利を奪うことができないのは自明の理である。

一方、入会地を使用していないが、売却や貸付けによって新たな施設が設置されそのため被害を受ける（おそれのある）一部の者が反対であることがある。たとえば、入会権者中ごく一部の者の住居やその所有地などが、処分対象となっている林地の山麓あるいは崖下などの位置にあれば、土砂崩壊、風水害等のおそれがあるため反対する。この場合、そのような被害を蒙るおそれのない多数の権利者が、処分に賛成であるとして多数決で入会地を処分変更することが不当であることはいうまでもない。この被害のおそれのある少数の者は、入会地上の使用収益権者と同様に、自ら有する入会（持分）権にもとづいて入会地の処分変更に反対することができるのである。

入会地の売却や貸付け等に全員の同意を要するということは、その売却や貸付けに反対する者がいない、ということである。積極的賛成、消極的賛成に関係なく、反対者がいなければよいのである。したがって前述の判決例のように、総会等の会合で賛否の意思を問われたときに反対の意思表示をしない場合には、賛成したものとして取り扱うことも認められるべきであろう。ただ多数の賛成意見の中で少数の反対意思の表明は難しい、というわが国一般（とくに村《むら》社会）の風習を考えると、実際は反対であるが反対の意思表明（発言）ができない、という場合が少なくないという事情も十分考慮さるべきである。もとより賛否の決定は必ずしも総会等の会議によらなければならないものではないから、会議の外で意思を表明しても差し支えない。会議の前であれ、その後であれ、会議に出席せず賛否の意思を表明してもよいのである。総会等に欠席した者に対して、集落の役員等が個別に説得にまわることが多く、個別に説得されては反対し難いのが実情であろうが、説得の結果、反対から賛成に転じても差し支えない。ただし、その説得が反対者に対する不当な圧迫や干渉でないことが必要である。

会議の席上反対しても、このような説得によって賛成に転ずることは認められるとして、逆に会議の席上賛成した者がのちに反対することは認められるか。一般には認められないが、しかしその反対に正当な理由がある場合は認められるべきであろう。たとえば、入会地の一部を第三者に貸付使用させることにつき、現在実際に使用されていないので貸付けに賛成したが、後にその第三者使用が著しく環境を破壊し、あるいは近隣に土砂災害を及ぼすおそれのあることが明らかになった、というような場合は当然、正当な反対理由となる。

また、その道路開設によって不利益を蒙る者、たとえば道路予定地に自己の割地が含まれているとか、そのため家畜の放牧地が失われるという者は、その意見には賛成しないであろうが、そのような場合、すでに述べたように、これらの反対意見を無視することなく、若干計画（経路等）を変更するとか、割地や代替地を与える等の措置を講じた上で、これらの反対する者の同意を求めるのが通常である。計画に反対であった者も道路の敷設に反対ではなく、自己の蒙る損害のために反対しているのであるから、その損害が最小限に食い止められるならばということで多少の不満があっても終局的には道路敷設に賛成することになる。こうして全員同意の上、入会地の一部を道路、とくに県道、市町村道の公道として売却処分が行なわれてきたのである。決して少数の反対意見を無視して入会地の処分、変更が行なわれるものではない。

したがって、従来ある事項（たとえば入会地の貸付け）が多数で決められた、といっても、それは多数決による結果を（それに参加しなかった者が）承認した、結果として全員賛成であったからその事項（貸付け）が行なわれたということなのである。決して単純な、多数で決めたからということで少数意見、反対意見を無視、否定して強行されたのではないことを確認すべきである。

入会権の変更、処分はあくまでも入会権者全員の同意が必要である。少なくとも反対のないことが確認されなければならない。しかし、反対するには正当な理由が必要であって、次に反対が認められなかった判決例を挙げる。

福島地裁会津若松支部昭和五〇年一〇月二九日判決〔55〕

福島県会津若松市ほか一村にわたる五三部落共有の入会地について管理団体として大野原組合があり、その管理のもとに入会権者九九六名が使用してきたが、昭和三五（一九六〇）年に各部落総代をもって構成される大野原組合の総代会の決定により、その土地の一部がYらに売却されることになり、所有権移転登記が行なわれた。この売却処分に反対する入会権者Xら六四名は、入会財産の処分は入会権者全員の同意が必要であるにもかかわらず、総代会だけでその決定ができるという組合の規定は無効であり、Xらはこの売却に反対であったから当然Yらへの売買は無効である、と主張し、Yらに対して所有権移転登記の抹消を請求した。

【判旨】「大野原組合においては総会は開催されず、組合規約に従い総会に代わる総代会において本件土地に関する処分を行う慣行が存していたものと認められる。

総有関係にある財産の処分については原則として権利者全員の同意を要することは民法二六三条により同法二五一条が準用《ママ》されていることからも明らかである。

従って、財産の処分に際し権利者全員が一堂に会した上全員の同意を得ることが望ましいことは言うまでもないが、本件のように権利者が九九六名という多数にのぼる場合においては全権利者が一堂に会するいわゆる総会を開催することは社会的物理的に困難であり、また構成員全員の同意は必ずしも権利者が一同に会した上でなされることを要しないものと考えられる。そうしてみると、次善の策として各権利者を代表する者による間接的な形で一定の意思決定について各権利者が事前又は事後に同意するという形式で各権利者の意思が自由にかつ確実に反映される限り権利者全体の意思決定があったものということができるから、これをもって、総会での決定でないとの一事だけでその効力を否定すべきものではないと解するのが相当である。

仮にXらはその主張のように……組合の譲渡につき同意する意思がなかったとすれば、XらがY_1の案内で土地を見分した後手打式を行いYらが未受領であった配分金をY_1が代理受領することを認め、既に受領した配分金をYらに支払った行為は理解できず、右事実はむしろ昭和四五年五月一六日にXらとYらとの間で甲の土地につき売買契約が締結され、その時点でXらはYらに対する前記土地売買に同意したものであり、Yらの右配分金の受領はXらの債務の履行の受領であると解するのが相当である。」

甲府地裁昭和六三年五月一六日判決〔70〕

富士山麓山梨県南都留郡山中湖村の山中集落の入会地で、神社名義で登記されている土地の一部を道路用地として道路公団（Y）に売却することになり、入会地の管理組合の組合員（入会権者）二九一名中二六二名が出席した総会で全員が賛成し、売却が決定した。組合員中X ら一五名が、この売却は全員の同意が得られていないから無効であるという理由で、道路公団に対し道路工事の中止を申し立てた。

〔判旨〕「総有財産の処分の具体的内容につき、一九〇名にのぼる所有権利者（しかも、前記所有権利者の一部には部落との関係が希薄な者も含まれることは前記のとおりである。）の文字どおりの全員一致を得ることは不可能に近いことを総合すると、組合規約三一条一項は、財産処分について従前の山中部落の慣行以上に厳格な要件を定めたものではなく、同項の規定にいう『所有権利者全員の同意』は、やむを得ない事由により総寄合に出席することのできない者が事前に反対の意志を表示していた等の特段の事情がない限り、総寄合に出席した所有権利者全員の同意をもって足りると解すべきである。

次に、組合規約三一条一項にいう『所有権利者全員の同意』についてみると、昭和五九年一一月一二日の総寄合において、X ら四名の所有権利者が退場した後、全員一致で原案を可決したことは前記認定のとおりである。しかし、右四名が退場に先立ち本件契約に反対の意思を明示したことも前記認定のとおりであって、このように総寄合に出席した所有権利者から明確な反対の意思の表明があり、その翻意がなかった以上、その者が自らの意思で退場し、その後に残余の者の全員一致で可決したとしても、これをもって、前記説示の『総寄合に出席した所有権利者全員の同意』があったものとはいえないと解すべきである。

もっとも昭和五七年一二月一六日の総寄合において、出席者全員一致で東富士道路の路線を承認し、用地の処分に同意したことは前記認定のとおりであるが、その当時は、いまだ神社有地のうち処分すべき土地の範囲・面積及びその対価は具体的に決定していなかったから、右承認及び同意の決議のみをもって組合規約三一条一項の同意とみることはできない。

そこで更に、昭和五九年一一月一二日にXら四名の所有権利者が本件契約の締結に同意しなかったことをもって権利の濫用といい得るか否かにつき判断する。

道路用地の買収は、路線の決定、測量に基づく対象土地の確定、代金額の交渉と、順次段階をふんで売買契約に至るものであり、買収の相手方としても、これらの段階に応じ順次意思決定をすべきことはいうまでもないところ、①昭和五七年一二月一六日の総寄合は、そこにYの路線案の承認が諮られることが事前に有力新聞各紙に報道された中で開催され、同総寄合においては、議事の過程において反対論もあったものの、最終的には全員一致で東富士道路の路線を承認し、用地の処分に同意したこと、②従って、管理組合としては、神社有地の一部を道路用地として道路公団に売却することに関しては、その範囲・面積の確定及び代金額の交渉・決定をすべき段階になり、右総寄合において、以後の設計協議については東富士道路対策協議会に交渉を一任する旨の決議がされたこと、③右総寄合後に右路線に対する反対行動をとったX_1らは、いずれも右総寄合には出席せず、X_4は、代理人を出席させたにとどまったこと、④Xらはいずれも東富士道路の建設自体には賛成し、またその反対の理由が、代金額等、昭和五九年一一月一二日の総寄合において初めて明らかにされた事項に関するものではないことは前記認定のとおりである。

他方、証拠によれば、①東富士道路は、富士箱根伊豆国立公園並びに北富士及び東富士各演習場を通過するため、その路線位置及び道路構造に関し、環境庁、防衛庁及び防衛施設庁との協議が必要であること、②神社有地西側（富士山寄り）には演習場の飛行場及び着弾地があり、道路建設にあたってはそれらとの間に一定の保安距離をおかなければならないこと、……⑤従って、昭和五八年又は五九年の時点において、東富士道路の位置を、神社有地付近において前記路線より更に富士山寄りに変更することは、全く不可能とはいえないとしても、極めて困難であったこと、以上の事実を認めることができ、右認定を左右するに足りる疎明はない。

以上の諸点及び組合規約作成の経緯を総合考慮すると、四名の所有権利者が、昭和五九年一一月一二日の総寄合において本件契約締結につき同意を拒んだことは、所有権利者としての権利を濫用するものというべきである。

そうすると、本件契約については、右総寄合において所有権利者全員の同意があったものと同視すべきである」。

右の判決例に見られるように、入会地の売買・貸付けにあたり事前に視察して賛成したり売却代金等を受け取っている場合は賛成したものと見なされるし、またその売却等が公共道路建設等公共性の高いものであり、他に環境悪化を招くものでない限り、正当な理由がない反対は権利の濫用として認められない。そのほか、提案者（集落の役員など）に対する反感、処分による収益配分金の多寡等による反対も権利の濫用として認められない、というべきであろう。

第七章　入会権の発生・解体・消滅
――入会地であるか否か――

一　入会権の発生

入会権が新たに発生するか、については、一般に否定的な見解が多い。入会権は藩制時代からの村（村落共同体）の山林原野等の土地に対する管理支配権能を民法上の権利として認めたものであるから、民法施行後新たな入会権の発生は認められない、というのが主たる理由である。つまり民法はこれまであった権能だけを権利として認めたのであって、いわば封建社会の権利である入会慣習が新たに発生するはずがない、という意見が支配的である。

しかし、入会権が新たに発生することを全く否定したともいえず、明治二六（一八九三）年の民法典編纂の法典調査会第三回で、次のような議論が行なわれている（民法主査会速記録・明治二六年五月二六日）。

横田国臣委員　「〔入会権を――筆者注〕是カラ後ハ作ラセヌト云フ事モ言ヘマイト思フ。物ニ依テハ其村ノ相談ガ整フタナラバ矢張リ然ウセネバナラヌト思フ。夫レダカラ然ウきっぱりハ〔入会権を——筆者注〕作ラセヌトハ言ヘヌト思フ」

高木豊三委員「惟フニ従来我国デ斯様ニ山林若クハ原野ノ入会権ト云フモノハ、実際新タニ殖ヘルト云フ事モアラウト云フ考エヲ持ツテ居リマス」

入会権の発生とはどういうことかという問題があろうが、以前から多く見られたのは、たとえば甲村持入会山に、乙村が甲村との契約（入山契約、入枝山契約などと呼ばれていた）によって新たに入会権を取得する場合であり、この権利は村々入会の、共有の性質を有しない入会権である。また別の例で、たとえば薪材採取等に不足していた丙集落が、近隣の個人丁の所有する山林を買い受け取得した場合、その土地は入会権の主体である集落が取得したのであるから当然、共有の性質を有する入会地であることになる。仮に新たな入会権の取得を認めないというならば、その土地は民法上の共有地となり、処分分割自由となり、当然集落としての共同管理経営は不可能となる。

明治・大正期において採薪採草は住民にとってきわめて重要で、草肥の採取（場）に苦労した集落も数多く、そのような場合、国有林の不要存置処分による林野の売払いによって新たに入会地を取得した例は少なくない。次に掲げる二つの判決のうち、高知地裁昭和四二年七月一九日判決〔43〕は古くからの村集落が戦後国から買い受けた土地を入会地と認定したもの、千葉地裁平成元年一二月二〇日判決〔73〕は民法施行後成立した集落の住民共有墓地が集落住民の入会地である、と認定したものである。

高知地裁昭和四二年七月一九日判決〔43〕

高知県東部（この地帯には国有林野が多い）、安芸郡奈半利町本村郷分（郷分は集落に相当する）は、昭和二一（一九四六）年に郷分の資金で国有林野の一部の売払いを受け、当町郷分の住民一九六名の共有名義で所有権登記がされた。昭和三六（一九六一）年、この山林の立木売却処分が郷分の総会の決議によって売却されたが、この総会に出席しなかったXら五名が、この山林は一九六名の共有であるのにXらが反対であるのを知りながら郷分の総会で立木の売買を決定したのは違法であると申し立て、本件山林が一九六名の共有地か郷分の入会地かが争われた。

〔判旨〕「本件山林は藩政時代一つの独立した村であった本村郷分の管理所有のもとに、住民の薪炭、肥料の採取に供せられていたところ、明治二六年と同三一年に、従来の慣習を成文化して本村旧郷分規約なるものが作成され、郷分居住者に共有権があること、滅家者は共有権を失うが、家を再興した時は共有権を回復すること、明治五年の住民者から分家した者は、当然に共有権を有すること、共有権を有していた者が他村他部落に転出したときは、直ちに共有権を失ない、再び帰村した時は共有権を回復すること、旧郷分の住民でも、全戸寄留であったり、単なる同居者は共有権を有しないこと、他村他部落から新たに転入した者であっても、共有権を取得したいと希望するものは、加入金を納付すれば許可されること、が定められ、そして旧郷分は、相当多数の田畑、宅地、山林、原野を所有しており、右管理、収益、郷分の運営については、各部落から各一名の総代が選出され、それ等と毎年通常総会で選出された扱人（大総代）とが協議の上、総会の決議に従ってなされていた。昭和二一年頃、郷分の山林中七一町歩位を県の開拓地として買収され、その交換として、五一町七畝二五歩の国有林（本件山林）を昭和二四年二月一日払下げて貰うことになったこと、そして郷分としては郷分持ちということで登記したかったけれども、国の方ではそれでは登記の対象にならないから、権利者として構成員個人個人を選定するようにということで、会を開いてA外一九五名を選定した結果登記が完了し、払下げの条件として、払下げた山林は部落薪炭林として共有すること、定められた用途以外には利用しないこと、他に転貸を行なわないこと等であったこと、右の代金四七万余円の支払いは、郷分の貯金四一万円とBら保証のもとに、農業協同組合及びCから計六万円を借り受け、これを合して充当したもので、当時の共有者各人は何等右支払いの負担はしていないことを認めることができる。そして右の事実から見れば、本村郷分という一つの住民の団体が山林等を所有管理し、その薪炭、肥料等の採取は、郷分の住民のみが慣習に基づいてこれをなし得る点から考えて右郷分とは入会であるということができる。」

千葉地裁平成元年一二月二〇日判決〔73〕

新東京国際空港公団はいわゆる成田空港用地拡張のため隣接する千葉県山武郡芝山町横堀集落の墓地の買収を計画し、その墓地が土地所有名義人六名（いずれも地域外在住者で本件土地には墓碑を有しない）の所有地でその土地上の墓地使用権者は借地人的な使用権者であると考えて土地所有権を六名から買い受け移転登記を完了し、墓地使用者には補償金を支払うことによりその明渡しを求めた。これに対して横堀集落住民四名（全員）は、本件土地が横堀集落住民の共有入会墓地であるという理由で明渡しを拒否し、公団を相手として、住民Xら四名に所有権移転登記を求める本訴を提起した。

この横堀集落は明治三五、三六（一九〇二、〇三）年ころ、近在の人々が入植してできた比較的新しい（提訴時より約八〇年前に形成された）集落で、昭和四〇（一九六五）年ころは戸数三〇戸を数え、それぞれ墓を本件土地内にもっていた（ほとんどが土饅頭式の墓に墓碑を立てたもので墓石をもつ者はなく、墓地の登記名義人は早くから居ついた者であった）。それが昭和四一（一九六六）年からの公団からの執拗な買収＝立退要求により昭和五六（一九八一）年当時はわずか四名に減少した（提訴後、二名（戸）が転出。判決言渡し時に原告は二名（戸）となった）。

［判旨］「横堀部落は、大正時代ころには近隣の部落とは区別された共同体としての独立性を有し、開拓によって開かれた歴史的背景から共同体としての結合が強固であり、三〇世帯前後の部落民が居住して主に農業を営み、部落全体の集会を開き、役員を選出し、四つの班に分かれる等の組織を有し、部落全体に必要な費用を集めてそれを支出し、部落民全員で部落のための労働に従事する等の活動を行っており、権利能力なき社団としての実体を備えたものと認めることができる。

そして本件土地については各名義人名の登記がされているが、前記認定のとおり、横堀部落は部落としての墓地の必要性から順次本件土地を取得したものであって、登記名義人については、部落民から墓地使用の対価が支払われたり労役が免除される等の特権は一切認められておらず、部落では人々が横堀墓地は横堀部落の共同墓地であるとの認識を有し、区長が中心になって移転登記手続関係の事務を行ったり、毎年改選される部落の役員とは別に有力者の中から墓地管理人が選出され、区長と共に墓地の区画の決定、変更及び譲渡をし、名義人を含む部落民が自分の使用する区画を勝手に処分することは空港問題が起きるまでは皆無であり、部落民が共同して毎年定期的に清掃を行い、葬式や盆等の儀式を行ってきた等の事実が認められるので、部落の統制下に墓地の管理使用を行ってきたものと考えるのが相当である。したがって、各登記名義は部落名での登記ができなかったことから便宜的に部落の代表者という趣旨でなされたに過ぎず、本件土地の所有権を取得したのは各登記名義人ではなく横堀部落であり、右部落が権利能力なき社団であるため所有権はその構成員に総有的に帰属し、構成員が入会団体としての横堀部落の統制下に使用収益を行ったものであって、大正の終わりころまでには横堀墓地の存する本件土地の大部分については共有（総有）の性質を有する入会権（民法二六三条）が成立し、以後昭和二七年ころまでに右入会権が本件土地全体に拡がったものとみるべきである。

なお、前記認定によると、横堀部落から転出した者は、遅かれ早かれ転出先に墓地をみつけて改葬しているが、それまでは盆や彼岸に墓参りにくる等の行動をして墓地を使用し続け、部落もこれを容認しているので、これは部落の構成員となることによって権利を取得し、転出等により構成員でなくなることによって権利を喪失する入会権の性質に背かないかが問題となる。

しかし、山林原野に対する入会権の場合には、部落からの転出は、直ちに部落の統制下にあっての入会地に対する一定の労務提供ができなくなることを意味することが多いため失権につながりやすいが、墓地に対する入会権の場合には、入会地に対する労務提供が必要とされるのは盆や彼岸等一年のうちのわずかの期間であるため部落を離れた後も比較的提供しやすいこと、また既に遺体が埋葬されている場合には、部落側も心情的に早期の改葬を要求しにくいこと、転出した者の側も遺体や遺骨がある限りにおいてはその供養をするという限度においてまだ権利があるという意識を持ちやすいこと等の墓地の特殊性からいって、部落の構成員でなくなることによって入会権を喪失するという失権効果は部落との関係が完全に断たれる改葬時にまで遷延されるだけであるとみるべきであり、右入会墓地の特殊性をもって本件土地に対する権利を入会権とみることの障害とはなり得ないと考える。

しかしながら、横堀部落は昭和四〇年代初めまでは前記認定のとおりの実体を有して、横堀墓地も管理統制してきたものと認められるが、前記認定のとおり空港問題が起きた昭和四〇年代の後半以降同五二年ころまでに、三七世帯中三三世帯のほとんどの住民が部落を離れ、現在残っているのは原告ら二世帯のみである事実が認められ、これは昭和五二年の時点で旧来の部落の約九割の住民がいなくなったものであって、伝統的な入会集団の崩壊現象であると考えられるし、また、前記認定のとおり、部落を離れた者が移転先に墓地をみつけて改葬しながら、その後に横堀部落との連絡なしに本件土地について個別に被告空港公団との『使用権消滅契約』に応じている事実があるが、これは部落を離れた者らが法律上の形式について熟知していないとしても、少なくとも部落を離れても自己の持分は有しており、その自己の持分については自由に処分してもよいとの認識を持つに至ったものであって、右の使用権消滅契約に対し部落残存者から格別異議の申し出もなかったことを併せると、墓地に対する部落の統制がなくなった一つの証左と考えられる。このように横堀部落は、右の昭和四〇年代後半以降同五二年ころまでの間において横堀墓地を管理統制する入会集団たる部落としての実体が徐々に消滅していき、したがってまた、同墓地に対する入会権がまた右時点までに消滅したものとみざるをえない。」

本判決は、本件墓地が横堀集落の共有の性質を有する入会地である（あった）ことは認めたが、集落の住民（構成員つまり原告）が結審時に二名となったため入会権は解体消滅したと判示した。共有の性質を有する入会権が解体消滅すれば最終構成員（本件原告）二名の共有地ということになる。この判旨はその点不明であり、Xらの住民二名が控訴したが、控訴審では本件土地を折半し、半分はXらが、他の半分を空港公団が取得するという和解が成立した。

この判決は、民法施行後新たな入会集落の発生、入会権の発生を認めた重要な判決である。新たな集落の発生は民法施行後といわず昭和戦後にも見られるところである。しかし入会集落（共同体）であるためには生活、生産に共同性（協力）があり、かつ共同で財産を所有（総有）することが必要である。この集落の場合、共同で土地を開拓し、井戸を共用し、農作業も協力しあい、そして墓地も共同で開設したのであり、そこには生産、生活面での共同性（共働性）があった。そのことがこの集落が共同体性格を有する入会集落となったわけで、単に共同墓地を所有しているだけではない。なお、本判決が墓地に入会権が成立することはもとより、その入会持分権の喪失について判示していることも注目すべきであろう。

このような新たな共同体的集落が成立するのは、主に分村と集団入植であろう。

分村は明治以降いくつか見られたが、これは入会集団である本村から分かれたもので基本的には共同体（血縁的、地縁的）関係があるから、その人々が集団的に土地を取得ないし所有していればそれを入会地といって差し支えない。その土地も親集団たる本家集団から分与されるか、本家分家共同で使用するのが通常である。

他方、集団入植とは、戦後多く行なわれた開拓政策によるものである。これは主に海外からの帰国者や軍需工場での従業員であった者が、集団的に一定地域に入植し開墾事業を行なったものである。入植者たる集団構成員には（たまたま戦友であったり同僚であったりした者はいたとしても）本来的な地縁的・血縁的なつながりはなかった。しかし戦後入植が多く行なわれた昭和二〇年代前半は国民全体が食うや食わずの状態であったし、入植者たちの多くは命懸けで共同で食糧増産に励んだのである。もとより米麦を主とする農業が主で、そのための用水、草肥薪材等も共同で管理採取する必要があった。また諸作業に手まがえは不可欠であった。それ故にこの時期に自給経済を主とする共同体的集団が形成されたということができる。したがって集落の人々は地縁的共同体を構成したといってよく、その集団で所有した山林原野井泉などの財産は入会財産と解してよい。ただ、このような共同体集落が形成されるのは昭和二〇年代までといってよいであろう。

二　入会権の解体・消滅

ある土地が入会地であるか否か（入会権の存否）、あるいはかつて入会地であったがなお現在も入会地であるか、それとも入会地ではなくなったか（入会権は解体消滅したか）が問題になることが少なくない。

ここで存否が問題とされる入会権は集団として有する入会権である。ある土地上に存していた集団の入会権がなお存在するか、それとも消滅したかの問題であって、集団構成員として有する入会権（入会持分権）の存否は第二章に述べたように構成員としての地位の得喪にほかならない（四三頁以下参照）。

入会権は入会権者の総意によって消滅させることができる。いわゆる入会林野近代化法にもとづく入会林野整備がその典型的な例であるが、共有入会地の場合であれば土地を各個人ごとの所有地として配分したり、地役入会地であれば必要度の減少による権利放棄（ただし何が放棄であるか問題となることが多い）した場合などがこれに該当する。対象となっている土地がなくなれば（そういうことはほとんどないが）入会権は消滅するが、土地の形状変化やあるいは収益不能になっても入会権は（そのことによって管理権能を放棄しない限り）消滅しない。

1　公用収用

入会権は土地収用法その他公用負担によって消滅し、あるいはその権能が制限される。土地収用法により土地を収用される場合と、土地上の使用権（地上権、共有の性質を有しない入会権など）のみが収用される場合とがある。収用される権利の範囲は収用の目的によって判断されるべきである。

入会地に多い林野に対する公用制限として保安林への編入があるが、森林が保安林に編入されると、樹木の伐採や下草、落枝等の採取あるいは開墾等が制限される（森林法三四条）。しかし、これらの行為が禁止されるわけではないから、入会権は消滅しない。ただ入会権にもとづく利用行為が制限されるだけで、このことは判決も早くから認めている。

大審院明治三八年四月二六日判決〔5〕

〔判旨〕「森林が保安林に編入されたときは、皆伐や開こんは禁止されるけれども芝草刈りや一部の伐木などは絶対に禁止されるものではないから、入会権の目的となっている森林が保安林に編入されたために入会権が直ちに消滅するものではない。」

農地法には自作農創設等の必要があるとき未墾地を国が買収できる旨を定めている（同法四四条以下）。いわゆる未墾地買収で、戦後農地改革の行なわれた時期に多く行なわれたが、現在では余り行なわれない。この規定（その前身ともいうべき自作農創設特別措置法）によって入会地が国に買収されれば入会権は消滅する。ただ買収された入会地がほぼ構成員を同じくする入会集団に売り払われることがあるけれども、そのような場合は事実上、入会権が復活（理論上一時機能停止）したと考えてよいのではないかと思われる。

このほかに入会権の行使が制限される公用負担として、自然公園法、都市計画法その他環境保全のために入会権の権能が制限されることがある。これらの負担はその目的によって入会権の行使が制限されるだけで、入会権が消滅することはない。

2　共有入会権の解体

共有の性質を有する入会権（共有入会権）は土地の共同所有権（集団的所有）であるから消滅することはないが、解体することがある。解体とは集団的な所有ではなく、集団とは関係のない個人的共有地となるか、あるいは分割して全く各個人の所有地になることである。前述のようにその解体が入会権者全員の意思にもとづく場合や公的負担等の理由によるものでなく、主として入会地の利用形態や管理方法の変化により集団的な統制機能——共有持分の自由な譲渡処分の禁止という入会慣習——が弱化して、入会地であった土地が個人財産的性格が強くなり、入会権が解体を来すことがある。もとよりそれは明確な時期として現われるのではなく、その故に、ある時期において入会地が依然として入会地であるか、それとも入会地でなくなったか——入会慣習がもはや慣習として存在しなくなっているか——が問題とされることが少なくない。

ある土地が入会地であるか、それとも通常の共有地かが問題となるのは、集落内部の間でと、集落と第三者との間での場合とがある。いずれの場合もその土地が集落の管理する土地であるか、それとも住居や集団に関係のない個人の土地であるか、である。

集落の内部で争われる場合とは、主として集落内のいわゆる新戸が従来の入会権者（本戸集団）に対して自らも入会権者であることの確認もしくは入会権者として加入を請求する場合で、本戸集団が権利者の固定（共有名義登記の場合が多い）を理由に入会権の存在を否認することがある。しかしこの場合は、本戸が実質的に集団として共有権を主張しているのであるから入会権は解体したとはいい難い。これまでに見た最高裁昭和四八年三月一三日判決〔28〕、仙台高裁昭和五五年五月三〇日判決〔52〕、長野地裁上田支部昭和五八年五月一八日判決〔63〕はいずれも新戸の本戸集団に対する入会持分権確認請求についてのもので、本戸側は自分達のみの共有権を主張し入会権の存在を否認しているが、判決はいずれも入会慣習（この場合は新戸の加盟を認めるという慣習）を理由として入会権の存在を認め、入会権の解体を否定している。次の判決も同様の例である。

長野地裁昭和三九年二月二一日判決〔39〕

長野県須坂市旧井上村四部落では共有の入会山林につき大正末期に各部落の持分を定め、全体の三分を各部落平等割、七分を入会権者数による戸数割としたが、その後この共有山林から伐採した立木の売却をめぐって、この山林が四部落共有の入会林野であるか、それとも三八四戸だけの共有山林であるかが争われた。

〔判旨〕「井上村四部落は大正一二年三月各部落総代の協議により、本件山林につき共同で治山、治水のための植林事業を営むことを契約した上、その業務を各部落から選出された入会山委員に委任し、かつ全住民の同意を得て、それまでに各住民の有した直接の収益行為を入会山委員の許可があるときに限りこれを行使しうることに制限した。そして四部落は、将来右共同事業から生ずる収益を分配する基準として、平等割、戸数割を定めたが、戸数割は明治初年地租改正の際の四部落の戸数で、その後実際の戸数の変動とは関係なく、四部落の公租公課その他費用分担の基準として使用されて来た戸数をそのまま基準として踏襲したのである。明治四四年頃、四部落三八四名が原告となって本件山林につき他の部落を相手として入会権存在の確認訴訟を提起したことがあり、右三八四名のみが訴訟費用を負担しているが、当時入会の費用として住民から直接徴収したのは右訴訟の費用だけで、その他の費用は多年各住民から徴収した区費から支出されているので、仮に三八四名以外の者が右訴訟の費用を負担しなかったとしてもその一事によって入会山の権利を放棄したものと認めることはできない。のみならず右三八四名の内わけである各部落の住民数は前述のとおり明治初年以来公租公課その他の費用を四部落に割当てる基準として実際の戸数の変動とは無関係に踏襲されてきたものであるから、本件山林は井上村四部落共有の入会山であって、右三八四名の共有地ではない。」

第四章で述べたように、入会地盤所有権の登記は、入会集団から「委任」されたものといえるから、登記名義人の所（共）有地になったわけでなく、入会権者全員の名義で登記されても入会地でなくなり、全員の（民法上の処分が自由な）共有地となるわけではない（一七三頁参照）。次の判決がこのことを示している。

仙台高裁昭和四八年一月二五日判決〔53〕

青森県下北郡大畑町（現むつ市）大畑の小目名部落の山林で、Xのみ持分三四分の二、他は持分三四分の一の共有権登記がされていた。部落管理の入会地として利用されてきたが、地上立木が売却されその収益配分をめぐって、この山林が部落の入会地か、それとも三四名の個人的共有地であるか、X（部落住民）と部落との間に紛争を生じた。

第一審は、小目名部落住民の入会地であると判示したので、Xは控訴して、この土地の共有持分権が抵当権の目的となったり売買されており、薪や秣採取に利用されず杉桧造林のために使用されているから三四名のみの個人的共有地だと主張し、部落側は、この山林に権利を有するのは小目名部落住民に限られ、転出すれば権利を失い、この山林の立木売却代金は従来ほとんど部落公益費に充てられ個人分配したのは今回のみであるから、依然として部落の入会地である、と主張した。

〔判旨〕「従来から小目名部落に居住していた一家の戸主で村経費を負担する者および分家後一五年以上経過し、部落寄合において承認を受けた分家の戸主は、本件山林についてその産物を採取し、または産物を処分して得た金員の分配を受けることができること、この権利は同部落に居住している間に限って認められ、部落住民が家をたたんで部落外に転出したときには、本件山林に対する一切の権利を喪失し、再び帰村したときはその権利を回復すること、右の権利はこれを売買譲渡することができない等のならわし（慣習）が古くから行なわれてきた。昭和一五年ころ、分家後一五年以上を経過し右旧慣によって権利を認められるに至った者達から、この権利を登記しなければ後日登記がないことを理由に権利を否定されては困るから登記手続をして欲しい旨の申出がなされ、部落の元老達は登記がなくとも昔から権利があることに決っているから何ら心配するには及ばないと説得したが納得をえられず、結局右申出を尊重し、これを書類に書き置くことになり、同年五月一九日同部落全員の集会を開き、同集会において、前記のような『ならわし』（慣習）の存在することを確認し、かつ、全員が右慣習に従うべきことを誓約した旨を記載した記録を作成するに至った。昔から部落民は共同かつ平等的立場で自由に本件山林に立入り薪材などを採取してきたし、また部落の神社、寺院、学校、橋等の新築や修理には右山林の立木を伐採して使用してきたこと、本件山林の公租公課は、部落民の積立金から部落総代がこれを納付してきた。以上の事実によると、本件山林は小目名部落所有の同部落民の入会山であり、民法にいう共有の性質を有する入会権の目的となっているものと認めるのが相当である。

登記簿上本件山林が三四名の共有に保存登記されているからといって必ず個人共有であると断定しなければならないものではない。なんとなれば、共有権者として登記されている者のうち半数の一七名は保存登記当時既に死亡しており、その登記が真実を反映していないばかりでなく、その反面、民法にいう共有の性質を有する入会権にあっては、入会地の地盤は実質的には部落（入会集団）の所有（総有）というべきであるが、公簿上独立の権利能力を認められていない部落の所有として記載することは疑義がある関係上、公簿上便宜部落民（入会権者）全員の共有名義また部落を代表する部落民数名の共有名義もしくは右代表一名の単独名義にすることはしばしば行なわれてきたところであるから、当初から共有持分に差等のある場合等部落所有（総有）とすることに矛盾する記載ある場合は格別登記上単に共有名義になっているからというだけで、これを個人共有であって部落所有でないと断定するのは妥当ではない。」

共有入会権が存在するか解体したかが実質的に問題となるのは、集団と集団外の第三者との間、集団にとっていわば対外的に争われる場合である。具体的には、集団からの転出者（またはその相続人）あるいはその者から登記上共有持分権を取得、または抵当権等を設定した者等（以下「第三者」という）と集団との間で争われる。入会集団が入会権を根拠としてこれら転出者や第三者の権利を否定し、転出者や第三者は自らの権利を主張するために入会権の存在を否認し、そこで入会権の存否が争われるのである。この場合の転出者等の相手方はほとんど登記上権利者であることを理由にしているが、さらには割地の権利の取得を理由としている場合もある。

共有入会権が解体したか否かについて、判決は一般に共有入会権の解体を容易に認めない方向にある。そのもっとも代表的な判決は、入会地の利用形態の変化を適切に説明し、かつて所有権登記にかかわらず転出失権の原則を明示した最高裁昭和四〇年五月二〇日判決〔37〕、同様に転出者の権利を否定した広島高裁松江支部昭和五二年一月二六日判決〔46〕であり、そのほか解体を否定した判決の多くは仙台高裁昭和五五年五月三〇日判決〔52〕、長野地裁上田支部昭和五八年五月二八日判決〔63〕のように集落内部における（入会持分権の有無についての）紛争に関するものである。集団と集団外の第三者との紛争となると、ごくわずかであるが共有入会権の解体を判示したものがある。集団とその構成員から持分を取得した第三者との争いである盛岡地裁昭和三一年五月一四日判決〔27〕、最高裁昭和三二年九月一三日判決〔22〕は入会権は共有権に変化した、と判示している（ただし最高裁昭和三二年九月一三日判決〔22〕は最終的に入会地であることを認めている）。ともに昭和三〇年代初期の判決で、盛岡地裁昭和三一年五月一四日判決〔27〕は人工植林利用を、最高裁昭和三二年九月一三日判決〔22〕は割地利用を理由として入会権の解体を判示しているが、これらは入会地の古典的利用のみが念頭にあったものと思われ、それ以降、このような判決はない。なお、次のように理由にならない理由で共有入会権の解体を判示したものがある。

広島地裁平成五年一〇月二〇日判決〔79〕

広島県三原市生田谷集落の入会地は、住民の草肥薪材の供給源として共同利用されてきたが、昭和四〇（一九六五）年ころから余り利用されなくなり、昭和四二（一九六七）年以降、入会地の半分がゴルフ場としてY_1会社

（本社は三原市、その代表者は集落住民で入会権者であるY_2）に賃貸された。賃貸期間二〇年で、その賃料収入は集落の維持費等に充てられるほか、すべての入会権者に配当されてきた。昭和四九（一九七四）年に三原市からの申し入れに応じ入会地の一部を公園用地として売却することにしたが、この入会地は表示登記のみで所有者欄には四五名記名共有で登載されていた。三原市は、その四五名もしくはその承継人である入会権者および転出者に一律に土地売却代金を支払い、所有権移転登記を完了した。その後、前記転出者の相続人から生田谷部落長あてに、残りの入会地（係争地）についても自分の「共有持分権」を買い取って欲しいとの申し入れがあったが、入会集団は、転出者の権利は登記名義上だけのもので、この者らは実体上何ら権利を有しないから、集団がこれを買い取る理由はないと断った。そこで、Y_1会社が転出者の持分登記一〇名分を買い取り、入会地における自分の「共有持分権」が増加したとの理由でゴルフ場賃料の値下げを通告。集団はY_1会社の持分移転登記に異議を唱えたが、Y_1はこれに応じなかった。

入会権者中これを不当とするX_1ら三四名はY_2および他の入会権者Y_3ら一五名を相手として、本件土地がXY_2ら合計五〇名の共有の性質を有する入会地であることの確認（ちなみに土地所有名義人はXYらのうちいずれも一四名）、およびY_1会社ならびに転出した登記名義人（七名）が同地上に入会権を有しないことの確認を求める訴えを提起した（その他Yらの中にはY_1会社の従業員が数名いる）。

【判旨】「入会権は村落共同体若しくはこれに準ずる共同体が、集団的統制の下に、総有的に山林原野等の土地を管理（収益）する、入会集団の土地管理権というべき権利であり、ある土地を管理する共同体的入会集団が存在し、その統制下において利用管理がなされる限りにおいて、その土地に関する入会権は存続し得るというべきである。

入会集団は、歴史的にはその土地（入会地）を、生活に必須の採草、採薪等の目的で利用してきたものであったが、入会地の利用は社会経済事情の変化に対応して変化してきたものであるから、採草、採薪等の古典的共同利用のみを入会権の本質とみるのは相当でない。

本件入会地にあっては、前記認定のとおり、昭和三〇年後半から昭和四〇年代にかけて入会地の利用状況が変わり、特に昭和四二年から昭和四九年にかけて、Y_1会社に入会地の約四割に相当する土地を賃貸するようになって以降は、その利用方法に大きな変化があった。

しかし、賃料収入については、これが一旦部落の会計に入って共益費に使われ、残余について入会権者に均等に配分されていたことや、Y_1会社に賃貸していない残余の土地については、僅かながらにしろ、なおその後も一応部落の統制のもとに伐採がなされ、必要に応じて出役も行われてきた事実に鑑みると、本件入会権の用益内容は、形態を変化させつつ転換を遂げたが、しかもなお全般的に共同体的部落集団が存在し、その統制の下に本件土地の管理（収益）が行われていたとみられるから、右賃貸の事実によって入会権が消滅したとまではいえないというべきである。

しかしながら、このような利用方法の変化は、部落民に入会権の貨幣経済的価値を認識させる契機となり、この後、転入者の山入りを制限する規定を作り、閉鎖的な側面を顕出させるに至った。

その後の三原市への売却は、入会権が、いよいよ貨幣経済に組入れられた顕著な事実であるということができる。

入会権がこのように端的に金銭に転化される事態が生ずるに至って、一方では転出した入会権者も入会権の喪失を認めなくなり、他方において入会権者の相続人も共同相続を主張するに至るものであり、本件における三原市への売却は、図らずもこのような入会権消滅の漸次的移行を促進させる結果を招来したものとみるべきものである。

また、そもそも入会権は、代々戸主に引き継がれる（戸主制度がなくなった後においては、世帯主に引き継がれるものとされる。）とされる、きわめて封建色の強い権利であり、それは入会権が古典的利用法ないしそれに類する利用形態に留まる場合は、共同相続法理を排除するものとして妥当し得るとしても、個人主義的権利関係、なかんずく本件のように専ら金銭的価値として把握され、権利者が自由に処分できる対象として意識されるようになった場合には、これをもってなおも入会集団の統制下にある権利と位置づけることは困難というべきである。

入会権の消滅は、入会地の消滅（入会の客体が存在しなくなる。）や入会集団の全員の合意による廃止、或いは入会権者が一人もいなくなる場合等、極めて限られた場合を除いて軽々に消滅を認めるべきではないとする見解も存在する。

しかしながら、本件においては、すでにみたように、入会権をとりまく諸般の事情の変化により入会集団の統制が極端に低下し、すでに入会地を部落住民として使用収益する状態にもないし、当該入会集団全体の三分の一を超える者がその解体消滅を主張しているのであって、右のような状況下においては、すでにかっての入会対象地はもはや入会集団の統制下にあることをやめるに至り、少なくとも本件訴えを提起する時点において、入会権が消滅していたものと解するのが相当である。」

この判決は本件土地が貨幣経済的に利用されてきていることを入会権解体現象としてとらえているようであるが、そのこと自体は誤りではない。したがって入会地盤が取引価値を有するようになる。ところが本判決は、転出者から登記上の持分を取得するため代金を支払ったのは、転出しても失権しないことを認めたものである、といっている。つまり、これでは入会権における転出失権の原則に反する、という結論を導くための前提と思われるが、誤解も甚だしい。転出失権については第二章に述べたところであるが、入会集団が転出者に共有持分の移転登記を請求するのに無償でなければならないことはない。むしろ必要な経費も含めて一定の金額を支払うことの方が多い。本件の場合、その支払金額が登記上共有権者である入会権者に対する支払額と同額であったことから短絡的に民法上の共有、したがって入会ではない、という結論を導き出したものと思われるが、ともかくこの判決は、大多数の決定はおろか多数決でもなく、三分の一の少数者の意見を偏重して、入会権消滅という判断をしているのである。これは、少数決による入会廃止の合意を適法と認容したに等しい。これでは、この裁判官は民主主義も民法の基礎も理解していないといわざるをえず、不当きわまりない判決といわざるをえない。なお、入会権は必ずしも戸主に引き継がれるものでなく、世帯主によって引き継がれてきたのであり、現在でも世帯主（世帯の後継者）によって引き継がれているが、それを封建的というのは時代錯誤も甚だしい。

共有入会権は、集落に居住する住民が共同で土地を所有する権利であり、しかもその各自の共有持分権は自由に処分することができず、集落の住民でなくなるとその権利を失うという性質のものであり、かつその利用の状態如何を問わない。したがって、その共有持分が集団外の者に売却譲渡されたり（集団内で集団の承認のもとに譲渡されるのは差し支えない）、あるいは集団地域外に転出し居住の如何を問わず持分権を有する、ということであれば、それは入会権ではなく、通常の（登記上共有名義人の）共有権である、ということになる。ただ、このような事実があるからというそれだけの理由で入会権の存在が否定されるわけではない。たとえば、登記名義人である入会権者が集落外に転出し、共有持分を第三者に譲渡し移転登記した上、その第三者が共有持分権を主張しても、それはそれだけのことである。右に掲げた入会権の解体を否定した判決に見られるように、集落、集団として入会慣習を理由にその転出者や第三者が実体上権利を有することを否認している。このように入会集団が転出者や第三者が権利を有することを認めなければよいのである。その土地が集団の入会地である限り、入会慣習に従い転出者や第三者が権利を有することはないからである。

3　要　約

共有入会権の解体とは、入会における慣習すなわち各権利者の持分の自由な譲渡、処分や分割請求が禁止もしくは制限されるというとりきめが効力を失う、あるいはなくなる、ということである。その土地の利用目的や利用形態は、入会権者の総意にもとづいて行なわれる限り問題なく、また、入山差止め、あるいは第三者への貸付け等が直ちに入会権の解体消滅を来すものではない。

共有入会権は村人（集落の住民）として共同所有する権利であるから、村人としての資格を失えばその権利を失うのが当然で、これが入会における「転出失権」の原則である。しかし登記のもつ物神性の故か、登記上共有持分権者である入会権者が転出後も主に登記を理由として入会地上の持分権が通常の共有持分権であること（同時にその土地が入会地でない——入会権の不存在）を主張することが少なくない。しかし、最高裁昭和四〇年五月二〇日判決〔37〕のように、入会集団が転出失権を慣習を理由にその主張を認めない限り、入会権に変動はない。

このことは名古屋地裁岡崎支部昭和四一年三月二二日判決〔40〕に見られるように、登記上共有持分を有する入会権者が自己の共有持分を集団外の第三者に売却しても、それを入会慣習に反するとして認めなければ、入会権として何ら変動はない。問題は、それらの転出者や第三者の権利を入会集団が認めるか否か、である。

入会集団が、このような転出者や第三者の権利を認めるならば、それは入会集団が入会の慣習を否定したことになり、入会権の解体を来すことになる。ただ転出者に対して持分権を認めた例が一、二件あるとしても、それが全く例外的であれば、なお入会権は存在する。しかし、そのような転出者や第三者に当然権利を認める、あるいは認めざるをえない、という状態となれば、入会権は解体した、あるいは解体の色彩が濃厚である、ということになるであろう。

どのような段階になれば入会権が解体したといえるのかの判断はきわめて困難で、具体的な事情と入会権者の意識によって判断するほかはない。次に、入会権が解体したか否か、判断の基準ともいうべきものを挙げておく。各事項のうち、ロに該当するものがすべて、あるいは比較的多いというのであれば、入会権は解体した、と見ることができるのではないだろうか。

①　共有者の資格

イ　一定の地域（集落）に居住する世帯主に限られる（例外的に地域外の者が共有持分権をもつこともある）。

ロ　共有者と居住地とは関係がない。一世帯で二人も三人も権利をもつ場合もある。

②　所有権登記名義

イ　共有権者と登記名義人は必ずしも一致せず、むしろ一致しないことが多い。

ロ　共有権者と登記名義人とは原則として同一である。

③　権利の性質
イ　共有権の（自由な）売買はできない。持分権に抵当権その他の権利を設定することはできない。
ロ　共有持分権の売買、抵当権の設定などは原則として自由である。
④　権利の相続
イ　共有持分は民法上の相続の対象にならず、世帯の後継者（新しい世帯主）だけが権利を承継する。
ロ　法律上の共同相続人全員もしくは複数の相続人が承継する。
⑤　公租公課（課税負担など）
イ　集落もしくは集団として課税等の負担をする。
ロ　各共有者が負担する（課税の都合上、代表者が支払うこともあるが、当然各個人ごとの負担である）。
⑥　収益の使途
イ　集団としての収益であって、通常集団の運営費や地域の公共事業のため使われる。各共有権者に配分請求権はないが、全員の合意により配分することもできる。
ロ　共有権者間で個人配分するのが原則である。

三　地役入会権の解体・消滅

共有の性質を有しない入会権（地役入会権）は他人の所有する土地上に存在する権利（用益物権）であるから、消滅することがあるし、使用収益の目的や管理の機能等の変化によりその存在が問題となることもある。

地役入会権の存否が争われるのは、入会集団と地盤所有者（市町村等）との間で、たとえば地上立木の処分権能をめぐってその権能が入会権にもとづくものか（つまり集団がその土地上に入会権を有するか）、あるいは地盤所有権にもとづくものであるかが争われる場合と、入会集団と地盤所有者から土地所有権あるいは地上権もしくは賃借権等の土地使用権能を取得した第三者（以下、単に「第三者」という）との間で入会権の存否が争われる場合とがある。

ここでもまず、地役入会権の存否をめぐって争われた判決を見ることにするが、判決として現れたものは、共有入会権の場合と異なり、ほとんどが入会権は解体消滅したと判示している。

1　入会集団と地盤所有者間

はじめに入会集団と地盤所有者との間の紛争で、これはそれほど多くない。

盛岡地裁昭和二六年七月三一日判決〔21〕

これは小繋事件と呼ばれた有名な、岩手県二戸郡一戸町小繋山の入会権をめぐる事件で、小繋山は古くから小繋部落住民の入会地で、地租改正後その土地は部落の有力者立花喜藤太の所有地となった。その後も部落の人々は山入りして薪や秣、建築用材等を採っていたが、その山林は鹿志村亀吉に売却された。大正四（一九一五）年、小繋部落に大火があり、住居の大半を失った部落の人々は山入りして建築用材を伐採したところ、鹿志村が山入りを差し止めようとしたために、部落住民が土地所有者鹿志村を相手として入会権を有することの確認を求めて訴えを提起したのがこの事件のはじまりで、このときの訴訟は、大審院昭和一四年一月二四日判決で、部落住民が敗訴した。戦後、前の訴訟に参加しなかった人々が、鹿志村を相手として、小繋山に入会権を有することの確認を求めて訴訟を提起した。この判決では、小繋山が部落住民の入会山であったことを認めたが、しかし次のような理由で住民の入会権は消滅した、と判示した。

〔判旨〕「部落住民は本来有している入会権の作用を妨げる鹿志村方の山林経営実施を許し、その権利の行使をすることなくして経過した事実を認めることができ……鹿志村方では部落住民にたいし明治四〇年頃以来本件山野において薪は自家用として枯木、根どきを採取し、秣も同様に自家用のものを採取し、右薪や秣の採取の対価として一カ年人夫五人を鹿志村方に供給すること、但し右の採取に付ては万事鹿志村方の差図に従い、鹿志村方の必要な場所においては採取することを得ず、又建築用その他用材を必要とするときは鹿志村方の承認をえて伐採することを要請し、昭和二一年九月より二〇年位前には鹿志村方にて本件山野に立入った部落住民から樹木伐採用の鎌や鉈等を取上げたこともあったが、その後右の趣旨に従うようになり、結局その頃から部落住民はその入会権によらずに、右のように制限された範囲で本件山野から、薪、秣を採取し、その採取に付いては万事鹿志村方の差図に従い、用材は特に鹿志村方に懇請しその承諾を得てその伐採をするようになったことが認められ、これらはすべて鹿志村方の恩恵的特志にもとづくものとなったことが認められる。……ここにおいて鹿志村亀吉は所有の意思をもって平穏公然に本件山野（地盤共）を占有したのであるからおそくとも昭和一一年末には本件山野に部落住民の入会権がつかない完全な所有権を時効により取得したというべきで、これにより部落住民の入会権を消滅したといわなければならない。」

全く不当な判決である。入会権者である部落住民が土地所有者の山林使用を認めたのは入会権を行使しなかった証拠であり、薪や秣、用材の採取に土地所有者の承諾を得たから、それは所有者の恩恵によって利用したのであって入会権を行使したのではない、というのが主な理由となっているが、これだけでは入会権は消滅したとはいえないので、土地所有者が入会権のついていない完全な土地所有権を時効によって取得したから、その結果入会権が消滅したといっているのである。前述のように大正四（一九一五）年に小繋山についての紛争が起って以来、部落住民は入会権を有することの確認を求める訴訟を起こすとともに、事実入会利用をしていたのであり、土地所有者の干渉によりその指示に従うことはあったとしても、二度も入会権の確認を求める訴訟を提起したことは、その入会山が生活上不可欠だったからである。そのような状況にあったものが昭和一一（一九三六）年に至るまでの二〇年間、全く山入りしなかったなどといえるはずはない。部落住民は控訴したが、仙台高等裁判所で、一定の条件のもとに住民は入会権の主張をしない、という旨の和解が成立した。

なお、本件のように個人（私）有地上の入会権の存否を争った事件はきわめて少ない。大多数は市町村・財産区有地に関するものである。

最高裁昭和四二年三月一七日判決〔35〕

本件は福島県耶麻郡西会津町の野沢本町財産区と地区住民との入会紛争に関するもので、住民が入会権を有するか否か（本件では地盤が財産区有とされたため地役入会権の存否）についての判示である（一三五頁参照）。

〔判旨〕「原判決の確定した事実によれば、本町区会は、明治三九年奥山の一部を同区所有として郡長の許可をうけて旧野沢村の郷社である諏訪神社に贈与し、明治四一年、大正六年、昭和二六年ないし二八年に郡長又は県知事の許可をうけて本件山林の一部の立木を伐採売却していること、大正年間にいたり本件土地から自由に柴、薪を採取することが禁ぜられ、本町区の住民は旧戸・新戸の区別なく入山料と称する一定の金員を本町区に納めてその指定する地域の柴、薪を採取し、また、貸地料を本町区に納めて本件土地のうちから三反歩をかぎり植林または耕作の用に供するため土地を借り受けたり、また入会の対象たる土地の一部を個人所有に分割したりなどして土地の使用収益の方法は一変し、昭和二八、九年頃旧戸に属する者の一部が本件土地の回復をはかり、その帰属につき争をみるにいたるまでの間本件土地の使用方法につき本町部落民に異議のあった形跡のないこと、『春寄合』は本町区会に意見を具申するために行われたにすぎないというのである（……）。

すなわち、明治二一年町村制の施行から昭和二八年にいたる六五年間に、本件入会地に対する入会団体（本町部落）の統制が次第に本町区会の統制に移行し、本町区が従前の入会地の一部を処分し、全入会地を管理して使用収益方法を定め、この方法に従って区民が本件土地の使用収益をするにいたり、以上の本件土地についての区会の処分・管理につき従前の入会権者からの異議もなく、また従前部落の入会権行使の統制機関であった『春寄合』も区会に対する意見具申の機関に変化したというのである。

徳川時代において農村経済の必要上広汎に認められていた入会権が、明治大正昭和と経過するにつれて、貨幣経済の発展と農耕技術の進歩との結果漸次変質、解体、消滅の過程をたどってきたことは顕著な現象である。もともと、入会権は慣習によって発生し事実の上に成立している権利であるから、慣習の変化により入会地毛上の使用収益が入会集団の統制の下にあることをやめるにいたると、ここに入会権は解体消滅に帰したものというべく、本町部落民が本件土地につき有していた地役の性質を有する入会権は、前記事実に照らし、昭和二八年頃までの間漸次解体消滅したと認めるのが相当である。」

松江地裁昭和四三年二月七日判決〔45〕

本件は島根県能義郡伯太町（現安来市）母里財産区有とされている土地上の、住民の入会権の存否についての判決である。同財産区地域内集落住民の一部のXらが地上立木を伐採したことに端を発し、その伐採が入会権にもとづくものか否か、あわせて地盤所有権の帰属（財産区有か否か）が争われたものである（一三八頁参照）。

〔判旨〕「町村施行後も、明治三四年頃までは、母里村々民は従来どおり、本件各山林に入山して使用収益していたが、村が造林を開始するや、村民は蔭伐地を除いて、本件山林から自由に柴、薪、下草などを採取することが禁止され、ただ同村と保護監守契約を締結した部落住民だけがこれら採取の権限を有するにとどまり、又立木も村が公売によって処分し、その収益は村と保護監守部落が配分し、のちには元来、入会の対象であった山林の一部は村民に賃貸され、更には個人所有に分割されたが、これらについて村民に格別の異議がなかったことは、村民は以上のような本件山林の使用収益の方法の改変を承認支持していたものといえよう。部落においては、造林が進渉するにつれ、蔭伐地が狭隘となり、同部落所在の造林地の保護監守を担当する乙部落と対立するようになり、折しも母里財産区が地元部落の反対を押し切って、甲地の山林に造林を敢行したため、Xらは右造林地区は蔭伐地であると主張して、同所の立木を伐採したことにあり、同事件におけるXらの主張は専ら右伐木地区が蔭伐地の範囲に属するということに尽きるのである。

以上の事実に照すと明治二二年、町村制施行后昭和二八年に至るまでの間、入会団体たる三部落の本件山林

（但し蔭伐地を除く）に対する統制は次第に母里村に移行し、土地の使用収益の方法も内容も一変し、昭和二九年に至る頃までの間、A_1ら三部落民からの異議もなかったのであるから、慣習の変化により、入会地毛上の使用収益が入会団体の統制の下にあることをやめるに至ったといわざるを得ない。

してみると、A_1ら三部落民が、本件山林につき有していた地役の性質を有する入会権は蔭伐地を除き昭和二八年頃までの間に漸次解体消滅したものと認めるのが相当である。」

この松江地裁昭和四三年二月七日判決〔45〕は最高裁昭和四二年三月一七日判決〔35〕にそのまま従った同趣旨の判示であるが、ともにきわめて問題がある。長い間に使用収益の方法が一変したといっても、それは古典的な利用形態が留山利用や割地利用に変わっただけのことであるが、この判決はその利用の変化に伴い、地盤所有者である区会の統制に服するようになり集団が入会地に対する管理統制機能を失った、という理由で入会権は消滅した、と判示しているのであるが、これは不当といわざるをえない。

入会地が市町村有や財産区有である場合、入会集団としては市町村や財産区の使用収益について何らかの指示統制を受けても、その使用収益に著しい不都合がなければ、その指示に従うことに異存はない。たとえば入会地の古典的採草採薪利用のときは集団自らが入会利用について直接指示統制をしていたが、植林のための留山利用となれば、植林成木の後は集団として格別指示統制することはなく、ただ地盤所有者である市町村との分収約款などにもとづく指示に従っておればそれでよいわけである。市町村等の指示が不当に入会権の行使を侵害するものでない限り、集団としてはその指示に従ってよいのであるが、それにもかかわらず、それに対して異議の申立てをせずにその指示に従っていたのでは入会権は消滅する、というのがこの判示であるから、住民が入会権を守るためには区会の指示に従っていてはいけないことになり、不当といわざるをえない。

2　入会集団と第三者間

次は入会集団と第三者との間で入会権の存否が争われる場合である。第三者は地上に建物等工作物建設のため当該土地の権利を取得するのであり、その土地上に入会が存在するという認識はないことが多い。第三者があらかじめ入会集団の承諾のもとに入会地上の権利を取得するのであれば問題はない（入会集団との合意、契約にもとづいて主作物設置等の土地利用をすれば、それは入会地の契約利用となる）が、そうでないため問題が生ずるのである。

次に掲げる判決のうち、甲府地裁平成一五年一一月二五日判決〔91〕以外は入会地の第三者使用について入会集団（すべて全員ではない――三一七頁参照）が第三者に対して入会権にもとづく土地明渡等請求を求めたものであり、甲府地裁平成一五年一一月二五日判決〔91〕のみは逆に入会地盤の第三取得者が割地利用権を有する入会権者に土地明渡しを求めたものである。

東京高裁昭和五三年三月二二日判決〔41〕

東京都の南、伊豆諸島の一つである新島に、国がミサイル試射場を設置するため新島本村（現新島村）から村有地の一部を買い受け、地上草木を伐採し工事に取りかかったところ、試射場設置に反対する村住民（全員ではない）がその山林は住民共有の入会地であるという理由で、国および新島本村を相手として、住民が共有入会権を有することの確認と、採草等住民の入会権にもとづく収益行為の妨害排除を求める訴えを提起した。

第一審**東京地裁昭和四一年四月二七日判決〔41〕**は、共有入会権を有することの確認は、訴えの提起が入会権者住民の一部にすぎないため固有必要的共同訴訟を理由に却下（三二〇頁参照）、妨害排除については次のように判示した。

「本件土地は国の買受け後ほとんど全面にわたり草木が伐採されて宅地または通路等とされ、地上に国のミサイル試射場関係要員の宿舎等が建設されており、部落民はもはや同所において従前のように竹木の植栽、椿の実の採取、枯枝の採取、採草等を行なうことができない状態にあることが認められる。してみれば、本件土地については、原告ら部落民はもはや入会権の目的たる収益権を失ったものというべきであるから、原告らはその収益権を行使することができず、したがって本件土地についての竹木の植栽等についての妨害禁止を求めることもできないものといわなければならない。」

この判旨は、入会地としての使用収益が不可能になれば入会権は消滅するというのであろうが、第三者の侵害によって入会地としての利用が不可能になったにもかかわらず、入会集団がその侵害に対して何の異議も述べずに事実としてそれを承認している、というならばともかく、本件においては入会集落住民が、第三者である国の侵害を、不当である、といって争っているのだから、入会集団が国の使用を認めたわけでなく、もちろん入会権を放棄したのでもない。結果として第三者の入会権の侵害を認めたこの判旨は不当といわざるをえない。住民らは控訴したが、控訴審は次のように、さらに不当きわまりない判示をした。

【判旨】「本件山林を含む山林原野は、東京府知事により下渡される以前から村山と称せられ、新島本村の村民が薪や椿の実の採取等に利用してきたことが認められるが、しかしその当時右土地が村民全体の総有に属し、その結果村民が右山林を右のように利用していたものであった事実は、これを認めるに足りる証拠はない。

新島本村の名主及び年寄は明治一六年四月六日連名で、東京府知事に対し『官有地御下附願』と題する書面を提出し、本件山林を含む山林原野の下渡を申請したところ、東京府知事は同一九年九月二四日新島本村に対し『一島又ハ一村ノ共有トシテ』右土地を下渡したことが認められる。

そもそも明治初年諸藩の直轄地を政府の所有とし、そのころ始まる地租改正、山林原野官民有区分により多くの山林原野を官有に編入し、爾来山林原野につき近代的権利関係の樹立を目途とした時代にあって、東京府知事がことさら部落共同体としての新島本村に対し、山林原野の下渡をする理由は考えられないのみならず、下渡された山林原野が同村地域の大部分を占めていることは、弁論の全趣旨により明らかであるところ、かかる広大な土地を部落共同体を構成する村民に無償で下渡すことは、分割地所有認定願を聞き届けた経緯に照しても到底考えられないところである。

下渡された本件山林を含む山林原野は、行政村たる新島本村の執行機関である名主によって管理され、明治二八年五月二一日村寄合規約が施行されてからは、その管理は村寄合の議決事項とされ、大正一二年一〇月一日島嶼町村制が施行されるに及んで、行政村たる新島本村の基本財産としてその管理は村会の議決事項となり、昭和二九年一〇月一日若郷村と合併して後は、合併後の新島本村の村有地とされ、爾来役場備付の帳簿に村有財産または基本財産として、記載されていることが認められる。

村民は古くから下渡にかかる本件山林を含む山林原野に立入って薪を採取していたが、それには村が予め一戸あて一定数の札を渡しておき、村民は右山林原野で札の数と同数の薪束を作るが、薪束の大きさには制限がなかったこと、村民は春の定められた日に採取した薪を搬出することになっていたところ、その際交付した札は回収され、その札と同数の薪束の搬出が許可されたが、それは村の監視の下に行われたこと、そして薪の搬出が春に行われたために春の薪と呼ばれたこと、大正一二年九月部分林が設定されるに及んで、各戸の薪の需要は私有地及び部分林でまかなえるようになったため、村の決定によって春の薪は禁止されるに至ったこと、現在村民は石油、プロパンガス等の普及により、薪の需要は激減し、薪を採るために部分林に赴くことも少なくなり、時折村により枯木や欠損木等が薪として払下げられるに止まることが認められ、右認定事実によると、新島本村は下渡された本件山林を含む山林原野の薪の採取を管理していることが認められる。

村民は自由に村有地に立入り、枯枝を採取していたが、それは村民がその私有地と春の薪で薪の需要の大部分をみたし、従って採取する枯枝の量も少く、利害の対立を来すことがなかったため、村もこれを放任し、何らの措置を講じなかったことが認められる。従って村有地での枯枝の採取は権利とみるべきものではなく、無害のため自由に採取できたに過ぎないものである。

以上認定の諸事実を総合判断すると、入会団体としての部落共同体の存在はこれを認めるに由なく、従って本件山林を含む山林原野の下渡は、部落共同体としての新島本村に対しなされたものではなく、かえって当時法人化の発展途上にあった、いうならば権利能力なき社団としての新島本村に対しなされたものであって、その後新島本村が行政村として法人格を取得すると同時に、右山林原野の所有権は同村に帰属するに至ったものと認められ、また入会団体としての部落共同体が認められない以上、右共同体が共有の性質を有しない入会権を有することの認められないこともまた理の当然である。」

この第二審判決は、新島本村がいわゆる村落共同体であり、現在もその性格を有することを認めているにもかかわらず、入会団体の機能をもたなかったというが、これは、新島においては山林が村落内部における自給的農業生産機構を保証するものとして機能しなかったから入会権の成立する社会的基盤がない、という国や新島本村の主張をうのみにしたものであって、判決理由中、これに対する説明は全くない。たしかに、新島はその地理的事情の故に本土の村とは異なった状況のもとにおかれ、経済の発展が遅れたことは事実であろう。

事実この判示のように、新島（を含む伊豆諸島）においては大正一二（一九二三）年島嶼町村制によって新島本村が生れるまで、町村制上の地方自治体は存在しなかったのである。したがって明治二〇年代には村落共同体としての新島本村（むら）しか存在していなかったのであるから、その時期に法人化の発展途上にあった、権利能力なき社団――正確には法人ではない近代的な団体――が存在するはずがない。

明治初期に村落共同体である村が国有林の払下げを受けた例はいくつもあり、したがって本件土地が行政体である新島本村の所有に属するというのであれば、いわゆる村持であった山林が大正期に行政村が生れるに伴い、（統一政策等により）新島本村の所有となったと解する方がまだまし（ヽヽ）であろう。しかしそれでは直ちに地役入会権の存在を否定できないので、このような歴史的事実に反する創作をしたのであろうが、いずれにせよ本判旨は、離島なるが故に入会集団が成立しなかったという、島民を蔑視したものとして汚点を拭うことのできないものである。

住民たちは上告したが、**最高裁昭和五七年一月二二日判決〔41〕**は次のように高等裁判所の判旨をほぼそのまま認めて上告を棄却した。

「村会、村議会等における多数決による議決に基づいて村有財産として管理処分され、あるいは村当局の監督下において村民に利用されて来たなど、右山林原野の管理利用について部落による共同体的統制の存在を認めるに由ない諸事情に照らすときは、右山林原野の所有権が行政主体たる新島本村に帰属していて、これに対する共有の性質を有する入会権はもとより、共有の性質を有しない入会権の存在も認め難い。」

京都地裁昭和六二年一二月二四日判決〔69〕

係争地は京都市山科の通称音羽山の一部で、旧音羽村住民の入会地であった。土地台帳上「大字中」と登載されていたが、明治三九（一九〇六）年に氏神である若宮八幡宮の名義に移転登記され、音羽区入会権者と若宮八幡宮との間で期間五〇年の借地契約が締結された。立木伐採および松茸の自由な採取は禁じられた（松茸の売却代金は神社の運営資金に充てられた）が、それ以外の入会利用には変わりなかった。昭和三〇年代から音羽地区の住宅地化が進行し、昭和五四（一九七九）年ころにはこの山林を利用することもなくなった。

若宮八幡宮は昭和四一（一九六六）年ころ、関西電力株式会社と高圧線鉄塔敷地として土地の一部の賃貸借契約を締結するとともに地役権を設定し、さらに同四八（一九七三）年に土地の一部を、氏子多数の賛成を得てY_1に売却。Y_1から$Y_2$$Y_3$を経てさらに$Y_3$が代表者である$Y_4$観光会社に所有権移転登記がされた。$Y_4$会社が本件山林中に道路を造成し、かつゴルフコース用地とする計画を遂行中であるので、音羽地区の古くからの住民Xら三三名がY_1らおよび関西電力を相手として、各土地についてXらが共有入会権を有することの確認およびXらの採取のための入山に対する妨害の排除等を求める訴えを提起した。

［判旨］「音羽部落住民は、明治三九年一〇月四日本件山林を若宮八幡宮に寄付してその所有権を失った後も、自家用薪・小柴の伐採・採集については若宮八幡宮の許可を得る必要はなく、従前どおり自由に本件山林に入り入会稼をしてきた。尤も松・杉の生木については若宮八幡宮がこれを管理していて、入会権者といえども自由にこれを伐採・採集することは許されなかった。そして大正の初め頃入会によって本件山林が荒廃したので、大正六年一二月二五日、当時の音羽部落住民の一部……六〇余名が薪・小柴の育成及び造林目的で本件山林の麓まわりの便利のよい部分を若宮八幡宮から借りて受地とし、音羽部落内の六町の住民で区割をし、薪・小柴用の櫟を植林するなどしたことにより、その後は右受地につき音羽部落住民各人が自由に立ち入って入会稼をすることができなくなり、右受地に対する入会の慣行は右の時点以降消滅した。他方、右受地以外の本件山林に対する薪・小柴の伐採・採集目的の入会稼の重要性は、地の利が悪いこと及び受地における薪・小柴の伐採・採集のため、従前に比し低下した。

明治から大正の初めにかけて約七〇戸ほどであった音羽部落の戸数は、その後漸増していたが、昭和三〇年代頃から住宅化現象が進行し、昭和五四年頃には音羽部落の住民のうち若宮八幡宮に神社費を納める氏子の数が約二五〇〇戸にも達していた。外部から音羽部落内に移住して来た住民の中にはかつて受地を除く本件山林に入って薪・小柴を伐採・採集した者もいたが、その数は多くはなかった。

Xら三三名は、古くから音羽部落に居住してきた世帯主であるが、Xらのうち昭和生れの者について調べてみると、X_1のみは自ら受地を除く本件山林に入り薪・小柴の伐採・採集をした経験を有するが、X_2ら一三名は、その祖父や父又は養父が受地以外の本件山林で薪・小柴の伐採・採集をした事実はあるが、自らそのようなことをした形跡がない。

本件山林に対する入会権者の資格は、音羽部落に居住する世帯主であれば足り、分家や入村者でもよく、農家以外の商工業者でもよいこととされており、その結果、本件山林の入会権者は、明治から大正の初め頃約七〇戸であったものが、昭和五四年頃には約二五〇〇戸となり（もっとも、この点に関しXらは『但し、転勤その他永住の意思のないことが明らかな一時的居住者や村民とのつきあいや生活上のつながりが全くないものは含まれない』旨主張するけれども、右除外の基準は曖昧であって、Xら自身においても総ての入会権者を具体的に住所氏名で特定することができないものと推認できる）、そのため、農地の宅地化、燃料事情の変化と相俟って、音羽部落住民は、少なくとも戦後、本件山林の維持管理につき総意形成のための総会を開いた形跡がなく、その統制の下に本件山林の維持管理行為をしたこともなく、また管理人をおいて右行為をさせたこともない。

右の諸事実、殊に、受地に対する音羽部落住民各人の入会慣行の消滅、受地を除く本件山林に対する自家用薪・小柴の伐採・採集は最近二〇数年間殆ど途絶えていること、若宮八幡宮の氏子が約二五〇〇名に達し、このうち入会権者である者と然らざる者を識別する基準が曖昧で、入会権者の総員を確と定めがたい状態になっており、入会権者の総意の形成ひいてはこれに基づく使用収益の統制が事実上不可能になっていること、少なくとも戦後受地を除く本件山林につき維持管理権を行使したのは専ら若宮八幡宮であり、音羽部落住民がその総意に基づき本件山林の使用収益を統制した事実がないこと等に照らすと、音羽部落住民各人の本件山林に対する入会権は現時点では既にその慣行を失い消滅しているものと認めるのが相当である。」

新潟地裁長岡支部平成二年七月一八日判決〔74〕

新潟県柏崎市刈羽荒浜海岸の同市有となっている土地に東京電力株式会社が原子力発電所建設を計画し柏崎市

から賃借して建設工事に着手したので、これに反対する地元住民Xら一四名は、本件土地が刈羽荒浜集落住民の入会地であることを理由に、東京電力に対して、この土地への立入りと、使用の禁止を求めた。

［判旨］「一定地域の住民に入会権が認められるためには、地域住民らに、その土地において使用収益するにつき各住民の使用収益を規制し、その土地につき管理処分権能を有する各住民で構成される入会団体の存在が不可欠である。かかる入会団体の存在及びその規制の存しない以上、仮に一定の土地において附近の住民が各自長年にわたって、雑木等の採集等をしていたとしても、それはせいぜいその土地が公共用物であれば自由使用の範囲において、またそれ以外の場合であればその所有者又は管理者からの異議のないままに事実上当該土地において右採集等をしているに過ぎず、このような事実上の利用は利用者各自がそれぞれの自由意思でいわば勝手にやっていることであり、これをもって入会権の行使と目すべきものではない。

しかるに本件においては、Xらを含む荒浜住民の先祖が、本件土地において、Xら主張の製塩、干鰯等をなすにつき、これを規律する入会団体の存在及び前記収益がこの入会団体の規制のもとに行われていたことを認めるに足る証拠は存しない。

もっとも前記認定の荒浜地区の歴史・地勢等によれば、同地区には江戸時代には、既に荒浜村が形成されていたものであり、また前記古記録の記述によれば、江戸時代においても荒浜村が一村請で塩や干鰯等を年貢として上納していたことを認めることができる。しかしこのことから直ちに本件土地を含む本件海浜地の荒浜住民による利用につき、荒浜村が同時に入会団体として存在していたとはいえない。蓋し一村請の『年貢』の上納といえば、江戸時代における行政組織上の荒浜村の地位ないし活動を示すものであっても、そのことの故に本件海浜地の利用につき同時に荒浜村が入会団体であることを示す証左とはなし難いからである。

海浜地は荒浜住民の利用密度に比較して余りに広大であって、住民の間で海浜地利用の調整を図る必要は、そもそも存しなかったはずである。現に前記区会（常会）ないし町内会において海浜地の利用調整が話し合われたことはなかったし、浜の利用について文書その他による取り決めもなかった。

従って以上の諸事情を考慮すると、荒浜住民は、入会団体の管理、規制のもとで本件土地を含む海浜地を利用してきたとはいえず、前記荒浜村の住民の年来の海浜地利用をもって、荒浜住民が本件土地を含む海浜地に共有の性質を有する入会権を有していたものと認めることは困難である。」


山形地裁鶴岡支部平成一〇年一月三〇日判決〔85〕

山形県東田川郡朝日村（現鶴岡市）地内、月山の西側に位置する山林は、同村大字大針等六大字の入会地であったが、昭和初期に部落有林野統一が行なわれ、昭和八（一九三三）年八月に朝日村（当時は本郷村）有地としての所有権登記がされた。昭和五八（一九八三）年、係争地にダムが建設されることになり、国は係争地の所有権を朝日村から取得し、ダム建設工事に着手した。国がその工事着手後（昭和六二（一九八七）年）、入会部落であった大字大針等六大字の住民代表X1ら九名（選定者二九〇名）が、国および朝日村を相手として、買収された土地のうち水没地以外の土地に住民が山菜や立木等の産物を採取する入会収益権を有することの確認と、ダム建設工事のための道路工事による右収益権行使の妨害排除を求めた。

第一審判決は、本件土地が昭和七（一九三二）年に当時の本郷村（昭和二九（一九五四）年合併により朝日村）有に整理統一されるまでは住民の入会権が存在していたことを認め、村有統一後については、住民は村から貸付けを受け、あるいは産物の払下げを受けた事実により、ダム建設が計画された昭和五一（一九七六）年ころまでは住民は入会権の放棄を追認した、ときわめて意味不明の理由でXらの請求を認めなかった。

【判旨】「(6)　本郷村は、昭和一二年五月二五日、秋田営林局との間で、東山三番の二外一筆について、官行造林契約を締結し、この右造林には、部落住民も人夫として出ており、右造林契約については六部落住民にも知られていた。

(7)　本郷村村議会は、昭和二九年七月二二日、従来から関係住民として生活上必要欠くべからざる柴薪の払下ヶ所であり、本件整理統一手続の際、団地貸付をなす旨の附帯条件が付された個所につき、村有林野の一部を六部落住民に縁故使用させること及び村有林野の一部を熊出部落住民代表に賃貸することをそれぞれ議決し、本郷村は、各部落住民に使用料を徴収しつつ、一定の条件のもとで使用許可した。

……（中略）……

(10)　本件整理統一手続後に本件六部落有山林から産物を採取するには、本郷村の職員に対して、払下の申請をし、同職員から採取場所の指定を受ける等して採取していたところ、払下げの代金も支払っており、その代金は村の一般会計に入れられた。

(11)　昭和四一年七月九日、近代化法が施行されたことから、同四四年以降、朝日村は、旧慣使用林野整備（事業により）計画の議決、……本件六部落有山林の内、従来、団地貸付地及び山割を受け、各家で使用収益していた山（縁故地）を無償譲渡し、本件山林については無償譲渡の手続はとられなかった。

(12)　国は、赤川ダム調査事務所を通じて、上名川部落、下名川部落等の関係地区や朝日村赤川水系総合開発事業対策協議会、朝日村に事業計画の説明会を開催したが、その際に、六部落関係住民等から本件山林に六部落住民の入会権があるという話は一切なく、また、昭和五六年一一月四日以降補償についての説明、交渉を開始したが、名川部落のほか大網部落、田麦畑部落の住民が相談したうえ、本件山林から山菜を採取していることを理由として天恵物補償を求めることができないのかという話が出たことはあったが、六部落住民からは、天恵物補償を求めるという話は出たことはなく、また、入会権を有しているという話も一切なかった。

(二)　以上の認定事実によれば、六部落住民は、本件整理統一手続後、本郷村ないし朝日村から、本件整理統一手続により本件六部落有山林が六部落から本郷村へ寄付され、村有となったことを前提として、その貸付を受けたり、産物の払下げを受け、無償譲渡を受けるなどしているのであって、このような事実関係を総合すれば、遅くとも、月山ダム建設のための地元住民への説明が開始された昭和五一年頃までには、六部落住民は、本件整理統一手続による本件六部落有山林の本郷村への寄付、同山林における入会権の放棄を追認(無権代理行為の追認の法理の類推適用)したものと認めることができる。」

住民らは朝日村のみを相手として控訴したが、第二審仙台高裁秋田支部平成一二年五月二二日判決〔85〕は第一審とほぼ同様に、村有統一のときに事実上入会権の放棄をしたものというべく、そうでないとしても、現在集団的な収益行為もなく、したがって、入会統制機構の存在を認めがたいので、入会収益権はすでに放棄したものというべきである、と判示した(なお控訴審で請求の追加的変更として、朝日村が係争地の一部を国に売却したことにより取得した代金、ダム補償金等の支払を求めた——三四四頁参照)。

甲府地裁平成一五年一一月二五日判決〔91〕

係争地は山梨県南都留郡山中湖村平野集落の、富士五湖の一つ山中湖畔の土地である。もと平野村（旧村）持の入会地で、一部は秣の採草地、一部は大豆、馬鈴薯等の作付けが行なわれてきた。大正末期にA電力会社が湖畔に水門を設置し発電用水量確保に必要な貯水、湛水のために本件土地を買収した。しかし湛水時期は夏季だけで、それ以外の時期には従前どおり農耕や採草に利用され、採草は共同利用であったが農耕は畑作が主で割山利用が行なわれていた。昭和二二（一九四七）年の自作農創設特別措置法による農地買収は行なわれず、かわってA電力会社と入会集団（平野部落）との間で土地使用貸借契約が締結された。この契約は何回か更新されたが、平成一三（二〇〇一）年をもって打切られ、その地盤を山中湖村が緑地公園建設目的で買収したが、同時にA会社の承継人東京電力株式会社が水門所在地を要役地とする地役権を設定した。共同利用地は採草の必要がなくなった後は入会権者全員でそばを蒔いていたが、これも平成一三（二〇〇一）年をもって終わり、他方割山利用地は一部駐車場になったところもある。入会権者の一員であるYは、入会地の一部（甲地）を湛水池として（地目雑種地）養魚を営んでいたが、山中湖村はYに対してその土地が村有に属し、村の計画する緑地公園建設の障害になるという理由で明渡しを求める本訴を提起した。

本件は入会集団構成員と地盤所有者との間の紛争であるが、現所有者（山中湖村）以前の地盤所有者（Aの承継人東京電力）の所有した時期における入会権の存否が争われているのであるから、この際山中湖村は入会地盤所有の第三者の地位にあるといえるであろう。

〔判旨〕「本件土地のうち個人所有名義となった土地は概ね地盤所有者が利用していたが、一部の土地については、所有権にかかわらず採草地等として平野部落民による共同利用がされていた。

そして、上記利用形態は、本件土地がＡへ売却された後も特段変化がなかった。

終戦直後の食糧難の時代、平野部落においても農地を持たない次男、三男らの生活を保障することが問題となり、優先的に本件土地を割り振りし、これらの者が水田等として利用するようになった。

その後、昭和五〇年代になると国の減反政策により、減反及びこれに伴う奨励金の分配が問題となり、昭和五八年一月ころ、本件土地は平野区の住民であって農業委員会が認める農業適格者全員が共同使用することを確認し、それまで耕作してきた者に水田耕作を放棄させる同意書をとり、その後農業適格者全員によりそばを共同耕作するようになった。そして、減反奨励金は平野部落民全員で平等に分配するようになった。さらに、平成一一年ころになって、本件事業の構想が持ち上がったことにより耕作が中止された。

本件土地の一部はＡに売却された後も、平野部落民による共同利用がされており、さらに、戦後に至っては本件土地の大部分について平野部落の統制のもと個々の構成員が水田として利用するようになり、減反及びこれに伴う奨励金の分配が問題になると、そばを共同で耕作し、奨励金も平等に分配するなど、平野部落の統制のもと利用されてきたことが認められる。

しかしながら、本件土地がＡ電力会社へ売却された後の平野部落民による利用については、入会権や平野部落とＡとの間の永久かつ自由な使用という合意に基づいてなされたものとは認めることができない。

すなわち、昭和二二年八月二七日、Ａと平野区（この時点では平野部落と同一視することができる。）との間に、本件土地について使用貸借契約が締結されているところ、この使用貸借契約の内容は、使用目的を農耕のみに制限し、浸水による農作物被害の補償をあらかじめ放棄するもので、その期間も五年間という短期に区切るなど平野部落構成員の本件土地利用に著しい制限があった。平野部落による本件土地の利用が入会権ないし平野部落とAとの間の永久かつ自由な使用という合意によるものであったのならば、平野区すなわち平野部落がこのような不利な条項の契約を締結するとは到底考えられない。さらに、かかる使用貸借契約が概ね同じ内容で五回にわたり更新され、当初の契約締結から五五年余り続いていたことにかんがみれば、上記使用貸借契約の内容は本件土地がAへ売却された後の平野部落とA等との間の合意内容に即した内容であったものと解するのが相当である。

したがって、Aに所有権が移転した後の平野部落構成員による利用が入会権ないし平野部落とAとの間の永久かつ自由な使用という合意によるものと認めることはできず、むしろ使用貸借契約に基づくものと認めることができるから、仮にAに所有権が移転する以前に本件土地の一部について平野部落の入会権があったとしても、Aへの売却により入会権が消滅したと解するのが相当である。

なお、現在平野部落の入会権の行使を管理統制している平野入会組合の組合長B自ら、本件土地が同組合が権利行使している入会地ではない旨述べていることも上記結論を裏付けるものである。

したがって、たとえYが入会集団たる平野部落の構成員であったとしても、本件土地に入会権又は永久かつ自由な使用を内容とする使用貸借契約類似の無名契約に基づく使用収益権を有することはない。

Yの父Y′が、昭和一二年九月二〇日、山梨県知事から甲地について養鯉場設置の許可を受け、その後Y′及びYが甲地を養魚場として占有使用してきたことは認められるが、上記許可は名勝仮指定地内に養鯉場を設置することを許可したものにすぎず、同土地を占有使用する権原とは関係がない。

また、Yは甲地について、その祖父とAとの間で、永久かつ自由に養魚場として使用できる旨の使用貸借類似の無名契約が成立した旨主張するが、これを認めるに足りる証拠はなく、むしろ上記認定事実によれば、甲地についても、Aと平野区（平野部落）との間で使用貸借契約が締結されており、Y′及びその承継人であるYの占有使用は同契約に基づく事実上の使用にすぎず、仮に平野区（平野部落）からの転借であったとしても、本件土地同様、平成一四年三月三一日に上記使用貸借契約の期限が到来しており、Yの占有権原も喪失したものといえる。」

本件土地はA電力会社に売却されたのちも湛水等の負担を除き、住民の農耕用に使用され、とくに終戦前後の時期は食糧確保のため農作物の作付けが行なわれ、それ以後も共同耕作が行なわれたのであるから、その時期までは住民の使用収益は続いたのであり、住民たちの入会権が存続したことは明白な事実である。それにもかかわらず本判決が入会権が消滅したと判示したのは、昭和二二（一九四七）年における住民集団と地盤所有権者たる電力会社との土地使用貸借契約を理由としている。本件土地は終戦前から住民の農耕用に使用されていたのであるから、本来「自作農創設特別措置法」（昭二二法二四一）にもとづき、いわゆる未墾地として国に買収されるはずなのであるが、それを避けるためこのような土地使用貸借契約を締結したのであって、いわば買収逃れの脱法ともいうべき措置である。それでなければ格別このような措置を講ずる必要はなかったはずであり、それにもかかわらず、この契約を理由に入会権の消滅を判示するのは、事実をねじまげること甚だしいといわざるをえない。

Yは控訴したが、東京高裁平成一七年二月二八日判決〔91〕は原判決同様の理由で控訴を棄却した。

入会権者全員が入会権の放棄に同意すれば入会権は消滅する。本件では、入会集団の代表者が入会権の不存在を表明している、というが、本件当事者（被告）が入会権を主張しているのであるから、その不存在ないし消滅が全員の同意にもとづくものでないことは明らかである。共有入会権の場合、権利者の大部分が入会権の解体を主張すれば、事実上入会権は解体するが、解体に賛成しない少数の者にも共同所有権が保証される。しかし地役入会権の場合、入会権者大多数の意思により入会権を放棄したとしても、少数の入会権者の持分権（この場合は割地使用権）を失わせることはできないはずである（財産権の侵害となる）。それ故に甲府地裁平成一五年一一月二五日判決〔91〕の判旨は不当であるが、このように少数の者が解体を認めない場合、地役入会権は消滅しないと解すべきかであるが、この点は後に検討する。

3　入会権と対価・入山料

地役入会権は他人の土地を管理・使用する権利であるから、入会集団が地盤所有者に土地使用料を入山料、分収金等の名目で支払うことがある。この使用料の不払いや滞納はいわゆる債務不履行となり、地盤所有者は入山拒否あるいは入会権の消滅を主張することができるが、しかし使用料の不払いに相当な理由があるときは入会権の存在に消長を来さない。

これについて次のような判決がある。

大審院明治三五年一二月八日判決〔2〕

〔判旨〕「土地所有者たる高野区が相手方区の入会を拒絶したため当事者間に争を生じそれ以来故障を生じているのであるから、相手方区が入会料を支払わないのを敢て怠慢ということはできない。」

大阪高裁昭和五二年九月三〇日判決〔58〕

京都市の北西にある日吉町四ッ谷にある岡安神社所有の山林は明治期に四ッ谷部落から同神社に寄附され、四ッ谷部落中組の入会地として利用されてきた。松茸の採取ができたので中組では採取し、その売却代金の七割を土地所有者たる岡安神社に支払っていた。ところが神社側は中組の松茸採取を土地所有者からの委任にもとづくものと考え、中組に対して委任契約の解除を申入れ、中組が入会権の対価の名目で支払うのを拒否するとともに、中組住民の松茸採取を妨害する行為に出たため、中組部落は代金の支払いを中止し、神社を相手にして、この土地上に松茸採取を含む入会権を有することの確認を求めた。

第一審は中組部落の主張を認めたため、岡安神社は控訴して、対価の支払いをやめた以上、中組部落の入会権は消滅したと主張したが、第二審も同様に入会権の消滅を認めなかった。

〔判旨〕「本件入会権は共有の性質を有しない入会権に属するが、本件入会権の存在するこの地方に入会権の対価である入会料を支払わない場合におけるその消滅に関する慣習の存在についてはこれを認めるに足る証拠はない。そこで、これについては、総有的権利関係の一般原則ないし多くの入会権に共通する一般的慣習等を斟酌して判断すべきである。

仮に、入会料を支払わない場合に、入会権は当然に、又は、地盤所有者の通知により消滅すると解するとしても、それは入会権者において債務不履行の責任を負うべき場合でなければならないと解すべきであるが、神社側は中組の住民が入会権を有することを否認し、その松茸類採取権の売却は神社の所有権を侵害するものであるとして不法行為を原因とする損害賠償の請求をしており、後に至って予備的に入会料の支払を求めたものの、原則的には中組の入会権の存在を争っていること、中組において神社が中組の入会権を認めるならば直ちに入会料を支払う意思がある旨及びその支払のできるように毎年各年度の神社に支払うべき金員は金融機関に預金してあり、その旨を述べているのに神社はこれに応ずる態度を示していない。そうすると、本件入会料については、神社において入会料名義では受領しない意思が確実であったものというべく、したがって、中組においてその弁済のため提供をしなくとも債務不履行としての責任を負わないといわなければならない。神社側はなお入会権の存在を争っているのであるから中組に入会料の不払があってもそれによって入会権が消滅したとはいえない。」

4　要　約

地役入会権すなわち共有の性質を有しない入会権は他人の土地上に成立する権利（他物権）であるから消滅することがある。集団としての地役入会権が消滅すれば構成員である各入会権者の権利（原則として持分権としての権利行使権）も失われるのであるから、権利者全員の合意によるのでない限り、どのような場合に（いかなる状態になったならば）地役入会権が消滅するかは重要であり難しい問題である。やや重複するが、これまでに掲げた判決をふまえて地役的入会権が消滅する場合について整理しておこう。

①　入会地の使用収益行為と入会権の存否とは直接関係がない。しばしば、山入りをしていないから入会権は消滅したとか、存在しないとかいわれることがあるけれども、入会権は単に土地を使用収益するだけの権利ではない（他人の所有する土地を自らの集団のため便宜に供する権利、そのため土地を管理する権利である）から、たとえば原野を雑種地のままにしておいたり、溜池の利水をせず空池になっても、そのことだけでは入会権

（この場合、原野の使用権や溜池水利権）は消滅しない。しかし使用しないからとてただ放置するのではなく、たとえば溜池の場合は堤塘の維持管理をし貯水が可能な状態を維持し、原野の場合は無制限の立入（車輌の乗入れ等）を禁止し、また放置による被害の防止を講ずるなど、管理を怠らないことが必要である。なお入会地の使用料など支払う慣習のある場合は、その使用料等の支払いがある限り権利を失うことはなく、また仮に支払わないことがあっても、大阪高裁昭和五二年九月三〇日判決〔58〕に示されるように何らかの事情がある場合にはその不払いによって権利が消滅することはない。

②　入会地盤所有者からの要請等によって入会権の行使が制約されることがあっても、入会権の存在に消長を来すことはない。とくに市町村入会地の場合、条例や規定により入会地の利用を規制することがある。入会集団はその条件や指示に従うことによって入会権の行使が著しく制約されるのでない限り、その規制に従うのが通常である。たとえば入会権者が人工植林するにあたり、市町村などが分収造林条例などを制定し、それによって名称が借地林などと呼ばれ主伐、間伐などが規制されても、入会権であることにはいささかも変わりない。それにもかかわらず、最高裁昭和四二年三月一七日判決〔35〕、松江地裁昭和四三年二月七日判決〔45〕のように市町村など地盤所有者の指示に従い異議の申立てをしなければ入会権は消滅する、などというのは入会権に対する基本的な理解を誤ったものである。

③　集団が集団として入会地を利用することがなくなったため入会地を管理せず放任している場合には、入会権は消滅することになるが、ただ甲府地裁平成一五年一一月二五日判決〔91〕の例のように入会権者中少数の者がたとえば蔬菜栽培などに割地利用している場合には、入会権は、少なくとも割地利用に必要な部分については消滅しない。つまり入会地全体に対して集団は管理機能を果たしていないが、その割地利用の入会

権者は割地利用に必要な範囲において入会地を管理しているのであるから、その権利を失うことはないはずである。地役入会地である灌漑用溜池で、離農等によってごく少数の者だけが利水している場合、地役入会権である水利権が消滅したとはいえないはずである。この場合、少数の利水者は溜池の堤塘や水門の管理補修などしているはずである（それでなければ水利用ができない）。

このように、集団としての入会地に対する管理権能は失われても、少数により入会持分権にもとづき入会地の管理が維持されている限り、甲府地裁平成一五年一一月二五日判決〔91〕のように入会集団の大多数が入会権の不存在を主張しても入会権は消滅することはない。ただ、その入会権の権利行使や入会地の範囲が縮小されたりすることはある。集団がその管理機能を失い、集団が解体した場合には、各権利者の権利は入会権ではなく、慣習にもとづく地上権あるいは物権的権利としての借地権、水利権等と解すべきであろう。

④　地役入会権は集団＝集落が土地に対する管理機能を失いあるいは集団としての組織が解体すれば解体消滅せざるをえない。この管理機能の喪失は実際上、入会集団の解体変化によることが少なくないのである。

入会権の主体である入会集団は、旧村（または組）の後身というべき集落で、集落の住民（＝世帯）はほぼすべて入会権者であって、集落と入会集団はほぼ一致していた。それが職業の多様化や住居の移動等によって集落の性格に変化を生じた。集落からの転出によって世帯＝入会権者の数が減少している集落は少なくないが、無人村にでもならない限り、世帯の減少は入会権に直接消長を来すことはない。ただし、そのために入会地利用度、必要性の減少等に伴う管理機能の喪失を来し、入会地に対する権能を放棄せざるをえない、という場合もありうる。問題になるのは外部からの転入者が多い、いわゆる集落の都市化で、具体的に京都地裁昭和六二年一二月二四日判決〔69〕のように、「入会権者を具体的に……特定することができない」場合である。入会権者を具体的に特定できないのは、入会権者の資格についての集落の慣習、とりきめが不明確になったこともさりながら、入会地に対する管理の内容とその義務を果たす者の範囲が不明確になったからであり、このことは従来の入会集団が入会地に対する管理機能を失っていることを示すものである。したがって、たとえば福岡高裁昭和四八年一〇月三一日判決〔44〕、大阪地裁堺支部平成八年一一月二三日判決〔84〕の例のように、従来からの入会権者の組織として入会地の維持管理（地代の支払い、災害の予防）等をしていれば、世帯の増加は問題ではない。

地役入会権の消滅を認めた判決は、地盤所有者としての市町村の権能強化を理由にした最高裁昭和四二年三月一七日判決〔35〕、松江地裁昭和四三年二月七日判決〔45〕を除けば、すべて入会地が第三者によって使用されている事例である。これらの事例では、入会権確認の訴えが提起されたときにはすでに第三者によって入会地上に工作物が設けられていたのではないか、そうでなくとも、すでに第三者によって工作物設置等の準備作業（たとえば整地など）が行なわれようとしている状態にあったのではないか、と推測される。このように第三者によって工事等が行なわれたということは、地盤所有者が第三者に使用（貸付けなど）を認める時点において、地盤所有者も、また第三者もその土地に入会権が存在しない、あるいは入会権は消滅した、という認識であったため、集落に協議することも承認を求めることもしなかったものと思われる。そうであるとすれば、その時点で集落は当該入会地に対する管理機能を失っていた（あるいはその機能がきわめて弱化していた）と判断せざるをえない。仮に入会地が未利用地状態にあったとしても、集落が管理機能を有しておれば地盤所有者が集落に協議を求めるはずであるし、協議を求めることをしなければ入会集落から予め工事中止その他協議の申入れをするはずである。

協議の結果、工事建設を認めるならば、入会地の契約利用もしくは入会権の放棄となる。

この事情は入会集団と地盤所有者との関係においても同様であって、地盤所有者による入会地の使用が入会集団との協議なく、また同意を得ることもなく、入会集団が当初関与しなかった、というのであれば、入会集団の入会地に対する管理機能を十分に果たさなかったことになる、入会権が土地に対する集団の管理権である以上、土地に対する十分な管理機能を果たさず、果たすことができなければ、地役入会権は消滅したといわざるをえないであろう。

第八章　入会裁判の当事者

一　入会裁判の諸形態

入会地に関する判決をつうじて入会地をめぐる紛争がいかなる人々の間で行なわれたか、つまり、訴訟当事者の関係を見ると、①集団と集団相互間、②集団と地盤所有者（主に市町村等）との間、③集団と入会地盤所有者以外の第三者との間、④集団内部（構成員相互間）とに分類される。

時期的に見ると、戦前は①の集団相互間の訴訟がもっとも多く、明治期の訴訟はほとんどこれに属する。大正期から昭和前期に②の紛争が多いが、これは部落有林統一事業と関連があると思われる。戦後（昭和二〇年代）には入会地に関する判決はきわめて少ない）は、①の型の訴訟はきわめて少なく、③④の型の訴訟がきわめて多くなる。

そして、戦後の紛争は、②③の紛争でも訴訟当事者の一方が集団（構成員全員）ではなく、集団の構成員である個人（構成員全員でなく、その大部分もしくは一部、稀には一名単独の場合もある）であることが多い。

他方、入会地の裁判で何が争われたか（争点）を分類すると、㋑集団としての入会権の存否、㋺入会地盤所有権の帰属、㈧入会権の用益権能の有無とその内容、㈡集団構成員としての持分権の効力およびその有無（前記④の構成員たる地位を争うものはこれに含まれるということになる）。なお、これらの紛争で、入会地盤所有権の登記名義に基因するものが少なくない。

明治期には、入会集団である集落相互間の紛争が多く、〇〇村大字△△あるいは△△区などが原告あるいは被告になり、その代表者は、多くの場合町村長であった。これはおそらく入会集落を町村の一部（現在の財産区。地方自治法二九四条以下）と解し、あるいはみなしてのことと思われる。そのため同一町村内の集落相互間の訴訟では、同じ町村長が双方の集落（訴訟の両当事者）の代表となったものもある。ただし、その場合は双方の集落ともそれぞれ区会の決議をもって町村長を代表者としている。

しかしながら大正期に、いわゆる部落有財産統一事業が行なわれるようになると、集落と町村との間の紛争が見られるようになり、その場合は町村長が集落の代表になるわけにいかないので、集落の総代が代表となるか、あるいは集落の入会権者全員（連名で）が当事者（原告）になることが多かった。

民事裁判において、一般的に訴訟の当事者としての資格（当事者能力）があるか、また、具体的な訴訟について当事者としての適格（当事者適格）があるか問題となることがあるが、入会権の裁判は当事者が個人や法人でないことが多いため、また、個人的な権利でなく集団的な権利であるため、とくに当事者能力や当事者適格が問題になることが多い。当事者能力や当事者適格は、訴訟の相手方（被告）が（原告に当事者能力や当事者適格がないとして）抗弁することが多いが、抗弁や主張がなくとも裁判官独自で判断することができる。

前述のように、戦後とくに最近は、入会裁判の訴訟当事者間の関係がさまざまであるので、訴訟当事者の資格などが問題になることが多く、当事者としての資格が不十分であることを理由に、本来認められるべき入会権が認められなかった（そのため入会権が解体消滅した）という例も稀ではない。このような結果をもたらしかねない原因は、訴訟手続上の問題もあるが、基本的には入会集団内部の不統一と入会権に対する正しい理解を欠いているためである。

現在の法律制度で権利の主体となることができる資格（法的人格）は、人（自然人）と法人だけである。国や都道府県・市町村等の地方公共団体は公法人であり、その他のいわゆる法人（財団法人・社団法人）や会社、協同組合等は私法人である。法人となるための要件は法律で定められており、その要件を充たさなければ法人となることはできない（民法三三条）。

ところで、社会的経済的活動をしているのは人（個々人）や法人ばかりでなく、法人でない団体、たとえば町内会や同窓会、ＰＴＡなどの団体も事実上、財産を所有し取引活動を行ない、納税している。そのため、法人でない団体も必然的に外部との紛争に巻き込まれる可能性がある。それにもかかわらず、その団体の名で訴えを提起したり、また、その団体を相手に訴えを提起することができないということは、きわめて不当である。

そのような不合理を是正するために、民事訴訟法は、「法人でない社団又は財団で代表者又は管理人の定めがあるものは、その名において訴え、又は訴えられることができる」（二九条、旧四六条）、すなわち法人でない団体も代表者が決められていれば、その団体の名で訴訟当事者になれると規定している（この規定が設けられたのは大正一五（一九二六）年で、これは大正中期ころから法人でない団体が多く生まれ、活動を始めたことを示すものである）。法人となるためには、かつては公益を目的とする団体（公益法人）か、営利を目的とする団体（会社）か、特に定められた協同組合しか認められなかったが、現在は地縁による団体（地方自治法二六〇条の二）、いわゆるＮＰＯ法人（特定非営利活動促進法）、中間法人（一般社団法人及び一般財団法人に関する法律）など、法人となる道はかなり広くなった。しかし、どのような団体でも法人になれるものでもなく、また、法人となることを望まない団体も少なくない（法人となれば、法人を規定する法律の制約を受けることになる）。なお、入会集団はその性格（実在的総合人――三〇頁参照）上、法人となることはできないといって差し支えない。

あらためていうまでもなく、入会財産は入会集団の財産であると同時にその構成員の共同所有財産であるから、入会集団については、財産は法人という団体が所有するものであって構成員の共有ではない、という考え方はなじまないのである。したがって訴訟上、入会集団は「法人でない社団」に該当する（あたる）というべきである。

一般に、入会集団は、〇〇組合とか△△会などと称しているものが少なくないが、それが訴訟において当事者として訴訟を追行するためには、入会集団としての実体を備えていること（が確認されること）が必要である。したがって、その集団構成員の資格、範囲、そして代表者、財産の管理、運営などが明らかでなければならない（かつて入会集落であったことは明らかであるが、世帯の変動、入会利用の変化等により、組織、運営が必ずしも明確でない場合もある）。

訴訟において、入会集団の当事者能力や当事者適格が問題となるのは、主として、集団として有する入会権（共有の性質を有すると否とを問わず）を有すること（その存在）の確認を求める場合と、その権利にもとづいて入会地上の所有権、地上権等の移転、抹消等の登記請求をする場合である。

二　集団入会権確認訴訟

1　入会集団としての訴訟

集団として有する入会権の確認を求める訴えは、入会集団の名で提起することも、また入会権者（構成員）全員の名で提起することもできる。集団の名で提起する場合は、その代表者の名を併記（たとえば「原告　○○入会組合、代表甲」など）しなければならない。それとともに、その訴えの提起について全員の同意があったことを示す書面の提出が必要である。次の最高裁判決がこのことを判示している。

最高裁平成六年五月三一日判決〔72〕

本件は愛知県豊田市大畑集落で、いわゆる転出者等に対して入会権を有することの確認を求める訴えについて集団である大畑財産管理組合（X組合、代表者X_1）の名で訴えることを正当と認めた判決である（一八〇頁参照）。

〔判旨〕「X組合は、大畑町の地域に居住する一定の資格を有する者によって構成される入会団体であって、規約により代表の方法、総会の運営、財産の管理等団体としての主要な点が確定しており、組織を備え、多数決の原則が行われ、構成員の変更にかかわらず存続することが認められるから、右X組合は権利能力のない社団に当たるというべきである。したがって、右X組合は、本件各土地が右X組合の構成員全員の総有に属することの確認を求める訴えの原告適格を有することになる。また、右X組合の代表者である組合長X_1は、訴えの提起に先立って、本件訴訟を追行することにつき、財産処分をするのに規約上必要とされる総会における議決によ る承認を得たことが記録上明らかであるから、前記の授権の要件をも満たしているものということができる。」

この事案はすでに述べたとおりであるが、判決はこの管理組合が入会集団の実体を有していると判示し、それを「権利能力のない社団に当たる」（傍点筆者）と判断して訴訟当事者能力を認めている。

また、同様の事案である福岡高裁平成五年三月二九日判決〔77〕も、控訴人であるいわゆる区を「不動産の管理主体としての主要な点が定められた権利能力なき社団」と判示して当事者能力を認めているが、前述のように民事訴訟法は「法人でない社団で代表者の定めがあるもの」には訴訟当事者としての能力（資格）を認めており、入会集団はまさに入会権という権利の主体であるのに、これらの判決はなぜ「権利能力なき社団」というのであろうか。一般に、法人でない社団、前述の町内会や未登記・未登録の会社や団体などの訴訟上当事者能力を認めた判決に、「権利能力なき社団」であると判示しているものが多い。たとえば最高裁昭和四九年九月三〇日判決（法人でない労働組合）、名古屋地裁平成三年三月二九日判決（町内会）等、その例は少なくないが、これらの判決における社団は実在的総合人である入会集団とは異なる団体である。

入会集団が「権利能力なき社団」という判示は、入会集団に訴訟当事者能力や適格性を認める前提としての意味をもつものでしかないが、それにしても、「権利能力なき社団」という表現・用語は不当である。

次に掲げるのは、そのような用語を用いることの不当性を証明した判決である。

名古屋高裁昭和五三年七月二一日判決〔42〕

本件は津地裁四日市支部昭和四二年六月一二日判決〔42〕（一五四頁参照）の控訴審判決である。原判決は原・被告三大字（X_1X_2およびY）につき、「いずれも民訴法四六条〔現二九条〕にいわゆる法人に非ざる社団で、代表者の定めのある者に該当し、その名において訴訟する能力を持つ」と判示したにもかかわらず、第二審は各大字を「権利能力なき社団」と解釈を変更して、その資産は社団構成員の総有に属するから、当事者たる大字は当事者能力を有しない、と判示して原判決を取消し、原告の訴えを却下した。

〔判旨〕「かような権利能力なき社団の資産はその社団の構成員全員に総有的に帰属しているのであって、社団自身が私法上の権利義務の主体となるものではない（したがって右資産についての権利確認等請求は社団構成員全員からの出訴（固有必要的共同訴訟）にまつほかはない。）。してみると、X_1X_2がYとの間に本件山林を共有することを前提としてなす本訴確認等請求はすべて、この点において、既に、その理由を欠くことが明らかである。」

権利能力なき社団なのであるから、所有権の主体となる（所有権を有する）ことはできない、ということになるのであろうか。

那覇地裁沖縄支部平成二年一二月二〇日判決〔76〕

係争地は、沖縄県中頭郡北中城村字熱田所在の土地で、字熱田名義で所有権保存登記されているが、この土地につき管理団体たる熱田自治会に対し、隣接する渡口入会組合（X）が所有権を有することの確認を求めたものである。

熱田自治会は、本案前の抗弁としてX組合の当事者能力を争い、かつ、本案の主張として、係争地がX組合の所有に属することを否認し、字熱田における住民の総有にかかるものと主張した。

第一審判決は、X組合が入会集団であることを認めながら、もっぱらX組合に権利能力がないという形式的理由により、その所有権確認請求を退けている。

［判旨］「X組合は、権利能力なき社団にあたると解するのが相当であり、かつ代表者の定めがあるから、民訴法四六条により当事者能力を有するというべきである。しかし、当事者能力があり、かつ当事者適格が肯定される結果、その名において訴訟を追行する資格を有するといっても、権利能力なき社団は、そもそも実体法上の法人格、すなわち権利能力がないのであって、権利能力なき社団自体が土地所有権等の私法上の権利主体となることはできない（最高裁昭和三九年一〇月一五日第一小法廷判決・民集一八巻八号一六七一頁、同昭和四七年六月二日第二小法廷判決・民集二六巻五号九五七頁参照）。権利能力なき社団において、その代表者が、その社団の名で、権利を取得し、義務を負うことはあるが、この場合でも、その効果は構成員全員の総有に属するのであって、実体上、社団自体に権利義務が帰属するわけではない。

そうすると、本訴請求は、権利能力なき社団であるX自体が本件各土地の所有権の主体であることを前提としているから、結局、Xの主張は、それ自体失当であるといわざるをえない。

しかし、権利能力なき社団の構成員全員に総有的に帰属する権利を対外的に主張し、その確認を求める訴は、権利者全員が共同してのみ訴えを提起することが許される固有必要的共同訴訟であると解すべきである。」

つまり、権利能力のない社団は、権利の主体たることができないから、その社団構成員全員で訴えを提起すべきだ、というのである。第二審福岡高裁那覇支部平成七年一一月三〇日判決〔76〕は次のように渡口入会組合に訴えの資格があることは認めたが、字熱田地内に所有権を有することは認めなかった。

「仮に、本件訴え提起時においてX組合の組合長が代表者として本件訴訟を追行するのに必要な授権を欠いていたとしても、X組合の構成員全員によってされた本件追認の議決により、X組合の組合長が代表者として本件訴訟においてした訴訟行為はその行為の時にさかのぼって効力を生ずるに至ったものであって、本件訴えは適法というべきである。」

2　入会集団構成員（入会権者）としての訴訟

入会権確認の訴えは入会権者全員の名ですることができる。入会権者が少数の場合は全員そのままの名でよいが（原告となる）、多数の場合は代表者（一名ないし数名）を選定し、その選定された者（選定当事者という）が代表として原告となるのが一般である。訴訟に参加するのはあくまでも入会権者全員であるから、この代表者の選定には入会権者全員の同意が必要であることはいうまでもない。

次の最高裁判決は、入会権の存在確認訴訟は入会権者全員で提起しなければならない、いわゆる固有必要的共同訴訟であることを示したものとして、しばしば引用される判例である。

最高裁昭和四一年一一月二五日判決〔30〕

本判決は、青森地裁八戸支部昭和三二年七月二九日判決〔30〕の上告審判決で、青森県三戸郡倉石村（現五戸町）又重集落の住民二六五名が、当時倉石村有となっている土地につき、三三〇名の共有名義に所有権移転登記を求めたものである。集落住民が三三〇名であった（と推測される）からであるが第一審棄却。二六五名中一九六名が控訴、訴えを拡張して住民が共有入会権（または地役入会権）を有することの確認を求めたが、控訴棄却（仙台高裁昭和三三年一二月二六日判決〔30〕）。第一審、第二審とも係争地が村有であって住民共有とは認め難いと判示しており、訴訟当事者については言及していない。住民中Xら一二八名が上告したが、最高裁は次のように判示した。

〔判旨〕「職権をもって調査するに、入会権は権利者である一定の部落民に総有的に帰属するものであるから、入会権の確認を求める訴は、権利者全員が共同してのみ提起しうる固有必要的共同訴訟というべきである（大審院明治三九年二月五日判決）。この理は、入会権が共有の性質を有するものであると、共有の性質を有しないものであるとで異なるところがない。したがって、Xらが原審において訴の変更により訴求した『木件土地につき共有の性質を有する入会権を有することを確認する。若し右請求が理由がないときは、共有の性質を有しない入会権を有することを確認する』旨の第四、五次請求は、入会権者全員によってのみ訴求できる固有必要的共同訴訟であるというべきところ、本件右請求が入会権者と主張されている部落民全員によって提起されたものでなく、その一部の者によって提起されていることは弁論の全趣旨によって明らかであるから、右請求は当事者適格を欠く不適法なものである。本件土地をXらが総有することを請求原因として倉石村に対しその所有権取得登記の抹消を求める第二次請求もまた同断である。」

この判決は、集団で有する入会権の存在確認の訴えは、入会権者全員で提起しなければならない。それは民事訴訟法四〇条に、いわゆる固有必要的共同訴訟に該当するからだと判示しているのである。

ちなみに、右最高裁昭和四一年一一月二五日判決〔37〕に引用されている大審院明治三九年二月五日判決〔6〕は、前述（一九五頁参照）のように大字有地上に入会権を有することの確認を求めた事件であるが、原審がXら八八名の権利が合一的に確定すべきであるにもかかわらず共同訴訟人中一七名に呼出し、送達をせずに裁判をしたのは違法である、という上告理由に対して次のように判示している。

大審院明治三九年二月五日判決〔6〕

〔判旨〕本件はXらが大字白木の住民としての資格で住民一般に係争山林に古くから入会権を有することを主張するものである。入会権が村民もしくは区民としての資格にもとづく場合は、住民中その権利を放棄し又は他に移住して権利を失なうほかは、住民全体が均一の権利を有するのが通例であるから、本件訴えの趣旨によれば原告である共同訴訟人に対してはその権利関係が合一にのみ確定すべき事件であり、民事訴訟法第五〇条（現四六条）を適用すべきであるのに、原裁判所が本件第一審の共同訴訟人であるX_2ほか一六名に対して口頭弁論期日の呼出状を発送しないで裁判をしたのは違法である。」

このように、この事件の争点は、入会権者の全員が訴訟当事者になっているか否かにあるのではなく、訴訟当事者となっている者の一部に呼出し、送達をしないで裁判することが違法であるか否かにあるのであって、本判旨は、原告として裁判に参加した者に対してはその権利を合一にのみ確定すべき事件であるから、一部の者に呼出し、送達しないのは違法だといっているのであり、入会権確認訴訟は入会権者全員で提起しなければならない、とはいっていない。

入会権の確認を求める訴えは入会権者全員で提起しなければならないことを最初に判示したのは次の判決である。

東京地裁昭和四一年四月二七日判決〔41〕

本件は伊豆諸島のうちの新島におけるミサイル基地に対する地元住民Xらの入会権確認請求に関するものであるが、原告が住民の全員でないことを理由に、新島本村（現新島村）および国（Yら）に対する入会権確認訴訟および（村から国への）所有権移転登記抹消登記請求を却下した（二八六頁参照）。

〔判旨〕「入会権の性質上、入会団体の個々の構成員は、その資格において、入会権の内容のうち収益権を具体的に行使する権能を有するに過ぎず、入会権自体を管理処分する権能は個々の構成員に与えられておらず、実体法上入会団体の構成員全員でなければ入会権を処分することはできないのである。したがって、その反映として訴訟上も入会団体の構成員全員または入会団体自体（代表者または管理人がある場合に限る。なお、訴え提起につき構成員全員の承認または委任あることを要するものと解する。）でなければ入会権を処分する結果を招来するかも知れないような訴訟についての訴訟追行権を有せず、一部の構成員のみで右のような訴訟について当事者適格を有しない（したがって、このような訴訟はいわゆる固有必要的共同訴訟である。）ものと解すべきである。けだし、入会団体の構成員の一部に過ぎない者に訴訟追行権を認める場合には、その者は他人のため当事者となったものとしてその訴訟の判決の効力は入会団体ないし入会団体の構成員全員に及ぶから、もし敗訴した場合には入会権自体を処分すると同様な結果を招来するからである。

ところで、入会権の確認を求める訴えは、もし原告が敗訴すれば入会権自体を処分する結果を生ずる訴訟であることは明らかであるから、本件共有の性質を有する入会権または共有の性質を有しない入会権の確認を求める訴訟は入会団体の構成員全員の固有必要的共同訴訟であるといわなければならない。しかるに、Xらはいずれもその入会団体であると主張する新島本村部落の構成員の一部に過ぎないことは当事者間に争いがないから、Xらは、Yらとの間で本件山林につき入会権を有することの確認を求める訴えについて原告適格を有しないものといわざるを得ず、したがって、本訴中右確認を求める部分は不適法である。

二　入会権に基づき本件山林につき抹消登記手続を求める申立てについて

前に述べたとおり、入会団体の個々の構成員は入会権の管理処分する権能を有せず単に入会地につき収益権を行使する権能を有するに過ぎないから、個々の構成員は、管理処分権の範ちゅうに属し収益権の行使とは直接関係のない、入会地たる本件土地についてなされたYらのための登記の抹消登記手続を求める申立てについても原告適格を有しないものと解すべきである。したがって、入会権に基づくものとして本件山林につきなされた登記の抹消登記手続を求める申立ても不適法である。」

この、入会権確認訴訟は固有必要的共同訴訟である、という判旨は、その後文字どおり判例としてしばしば引用されているが、ただ、入会権についての訴訟は入会権者全員で提起しなければならないと、やや一般化されて、ときには、この文言が無用な抗弁であったり、集団としての入会権確認ではない事案に不当な判示としてあらわれてくることがあることは以下に見られるとおりである。まず、その先例あるいは判例となった右最高裁昭和四一年一一月二五日判決〔30〕、東京地裁昭和四一年四月二七日判決〔41〕の二判決の訴訟当事者間の関係を明らかにしておく必要があろう。

この両判決とも被告はいずれも町（東京地裁昭和四一年四月二七日判決〔41〕は国も）であり、東京地裁昭和四一年四月二七日判決〔41〕において第一審原告は、「入会団体であると主張する新島本村部落の構成員の一部に過ぎない」のであり、そのことは「当事者間に争いがない」のである。また、最高裁昭和四一年一一月二五日判決〔30〕も同様に第一審原告が入会権者全員でなく住民二六五名が三三〇名の共有であることの確認を求めているのであって、裁判所もそのような判断はできないという理由でこの訴えを却下したのは当然であろう。その後、本判決が入会権についての訴訟原告が権利者全員でない場合の訴えの却下の判例としての役割を果たしていることとは後述のとおりである。

ところで、入会権確認訴訟原告が最初から全員でないため訴訟適格を有しないとした東京地裁昭和四一年四月二七日判決〔41〕の判旨に対して、いち早く川島武宜博士から次のような批判が出された（川島武宜ほか編『入会権の解体Ⅲ』五四二頁）。

「もし判旨（東京地裁昭和四一年四月二七日判決〔41〕をさす——筆者注）のように必要的共同訴訟説を採るときは、ひとたびそのような既成事態を生じた場合には、入会権者内にただ一人の反対者をつくりさえすれば、

『共有の性質を有する入会権』の存在を主張してその入会地盤の総有的所有権の確認と移転登記の抹消とを請求する途を他のすべての入会権者から完全に奪うことができるのであり、このことが権利保護の観点から見ていかに不当な結果であるかは、今さら言うをまたぬところである。」

このような批判にこたえてか、次のように、原告として参加しない他の構成員を被告とすればよい、とする判旨があらわれた。次の判決がそれである。

岡山地裁倉敷支部昭和五一年九月二四日判決〔57〕

岡山市近郊都窪郡早島町矢尾集落の入会地は代表七名共有名義で登記されていたが、入会権者は一〇四名であった。住民の協議によりY会社に売却され、所有権移転登記が行なわれた。集落住民であるXはこの売却を不服として、本件土地は四五名の共有地であり、Xら七名が同意していないから売却は無効である、という理由でY会社に所有権移転登記抹消登記を求める本訴を提起した。判決は、本件土地は集落の入会地で、四五名の共有地でないという理由でXの主張を認めなかったが、判決の傍論として、訴訟当事者につき次のように判示している。

〔判旨〕「入会紛争について、固有必要的共同訴訟の名の下に入会団体の一部の者の訴の提起を認めないことは、きわめて不合理な結果を招く（相手が団体の中のだれか一人でも買収し、あるいは圧力を加え、訴訟に参加させないよう手を打てば、ほかのすべての入会権者の権利は救済されない）から、入会団体の一部の者が提起した入会権確認訴訟については、その原告適格を承認すべきである。Xが入会団体の構成員としての資格において確認を求めているのは、彼らがその構成員であるところの入会団体の権利そのものにほかならず、当該入会団体の権利を保有する権能が、共同権利者としての入会団体構成員に認められるべきであることは、共有の場合におけるのと異ならないとの反対説があり、右説によると本訴もXに当事者適格を認めるべきことになる。しかしながら、この説によると、Y会社は、仮に勝訴しても、他の者による別訴の危険にさらされるばかりでなく、別訴において敗訴の可能性を否定することができないから、本来一個の所有権の総有的帰属形態である共有の性質を有する入会権の存在について、個々の判決が両論に分かれるときは、紛争の統一的解決ができない事態を生じること明らかであること、右反対説が指摘するような共同権利者の一部が提訴を拒んだりした場合には、その者をも被告として訴え、共同権利関係の確認請求とともに共同権利関係に対する妨害者に対する排除請求を同一訴訟をもって追行することが可能であることを指摘することができ、紛争の一回的合一的確定の要請を重視する固有必要的共同訴訟に該当すると解する立場に拠るべきものと解する。」

原告として裁判に参加することを強制できないわが国では、入会権者全員が提訴しなければ権利の確認、保全ができないという不当な結果を招くことになるので、これを避けるため、原告として参加しない者を被告とすればよいという判旨は、訴訟の合一的確定の要請からも適切な措置である。そこで問題を一般化して考えると、次のようにいえるのではないであろうか。

たとえば、ＡＢＣ三名の共有地が何らかの理由でXの所有とされているので、ＡＢＣ三名がXを相手として三名の共有地であることの確認を求める訴えを提起することにしたが、CはXに対する負い目のため訴訟に参加できない、という場合を想定する。

ＡＢ両名が訴訟を提起してこの土地はＡＢＣ三名の共有であると主張しても、裁判所はＡＢ二名の主張では三名共有であるか否か判断できないので、この申し出を却下せざるをえない。そこで、ＡＢは、Ｘとともに Ｃをも相手としてこの土地がＡＢＣ三名の共有であること（つまり、ＡＢはＣに対してあなたのものだという確認）を求めることになる。

したがって、入会権者全員の訴訟参加を要する集団として有する入会権の確認請求等の訴訟において、訴訟参加しない入会権者を訴訟の相手方として同じ座につかせ、同一の判決を受けることが最も正当な道である。

戦後、とくに昭和四〇（一九六五）年以降、社会経済事情の変化が著しく、入会集落住民（入会権者）の生活様式（職業）の多様化、とくに脱・離農化が著しく、また入会地（のみならず土地一般）の利用状況も変化し、それに伴って入会地に対する入会権者の意識も必ずしも一様でなくなり、ときには利害関係が相反することも稀ではなく、必ずしも全員が一致して入会地の訴訟に参加するとは限らない状態になっている。

訴訟に参加しない理由としては、

① 訴訟の趣旨には賛成するが、立場上訴訟参加できない。入会地には市町村有（多くはもと部落有）のものが多いが、被告が市町村もしくはその長であるため入会権者である市町村職員や市町村に出入りする業者などは訴訟に参加し難い。相手方が企業である場合も同様で、またたとえば相手方に有力者（たとえば議員など）がいる場合には訴訟に参加できないという場合が多い。

② できるだけ訴訟にかかわりたくないという者。入会地とは関係がうすく、また訴訟に関する費用も負担したくない、と考える者。

③ 俗にいう相手方（企業など）から買収された者。

④　たとえば集団の総意に反して入会地の共有持分（主として登記上の共有持分）を処分（売却、貸付け等）した者。

等の場合があり、その不参加の態様もさまざまである。ただ、右のうち④に該当する者は、訴訟上原告とし参加する資格はなく、当然被告となるべき者である。

しかしながら、その後、訴えの提起に同調しない者を被告とした訴訟は最高裁平成二〇年四月一四日判決〔89〕の第一審判決（山口地裁岩国支部平成一五年三月二八日判決〔89〕）まであらわれていない。

前掲最高裁昭和四一年一一月二五日判決〔30〕の判決とともに、入会権に関する訴訟当事者について少なからぬ影響を与えているのが次の最高裁判決である。

最高裁昭和五七年七月一日判決〔48〕

本件は、富士山麓での神社有名義の土地に、第三者Xが契約にもとづき地上権設定登記を神社（Y）に請求した事件についての甲府地裁昭和四三年七月一九日判決〔48〕（一六六頁参照）の上告審判決で、地元住民Zらが当事者参加して、本件土地に住民らが入会権にもとづく使用収益権能を有することの確認と、立木伐採等禁止および地上権仮登記の抹消登記を求めたもので、第一審、第二審とも参加人の主張を認めた。第二審で、Xが参加人達は入会権者全員でなく、かつ参加人中入会権者でない者が含まれているので不適法であると抗弁したが、第二審は、参加人の請求は入会権の保存行為であるという理由でそれを認めなかったので、Xが上告した。

〔判旨〕「入会部落の構成員が入会権の対象である山林原野において入会権の内容である使用収益を行う権能は、

入会部落の構成員たる資格に基づいて個別的に認められる権能であって、入会権そのものについての管理処分の権能とは異なり、部落内で定められた規律に従わなければならないという拘束を受けるものであるとはいえ、本来、各自が単独で行使することができるものであるから、右使用収益権を争い又はその行使を妨害する者がある場合には、その者が入会部落の構成員であるかどうかを問わず、各自が単独で、その者を相手方として自己の使用収益権の確認又は妨害の排除を請求することができるものと解するのが相当である。……ZらのX及びY神社に対する右使用収益権の確認請求については、Zらは当然各自が当事者適格を有するものというべく、また、Xに対する地上権設定仮登記の抹消登記手続請求についても、それがZらの右使用収益権に基づく妨害排除の請求として主張されるものである限り、Zら各自が当事者適格を有するものと解すべきである。……

しかしながら、職権をもって、Zらの請求中本件山林について経由された地上権設定仮登記の抹消登記手続請求の当否について検討するに、Zらが有する使用収益権を根拠にしては右抹消登記手続を請求することはできないものと解するのが相当である。……もっとも、かかる地上権設定に関する登記の存在は、入会権自体に対しては侵害的性質をもつといえるから、入会権自体に基づいて右登記の抹消請求をすることは可能であるが、かかる妨害排除請求権の訴訟上の主張、行使は、入会権そのものの管理処分に関する事項であって、入会部落の個々の構成員は、右の管理処分については入会部落の一員として参与しうる資格を有するだけで、共有におけるような持分権又はこれに類する権限を有するものではないから、構成員各自においてかかる入会権自体に対する妨害排除としての抹消登記を請求することはできないのである。」（傍点筆者）

この判決の要旨は、①入会権の内容である使用収益権の確認またはその権利行使に対する妨害の排除・予防は、構成員各自ですることができる。②しかし、本件地上権設定仮登記は入会権者の使用収益権を侵害するものでないから、妨害排除としての仮登記抹消登記請求はできない。本件仮登記抹消登記請求は入会権についての処分行為というべきであるから、入会権者全員でなければすることができない、という点にある。

ところが、この判決はきわめて不明瞭・不当な判示をしているため、最高裁判例として後の入会権判決に不統一ないし混乱を招いている。もっとも訳の分からないのは「入会権そのもの」（傍点筆者）であって、入会権そのものとは何ものであるのか、さらに、「入会権自体に基づいて右登記の抹消請求をすることは可能である」（傍点筆者）と述べているとおり、「入会権自体」ということばまで出てくるが、入会権自体と入会権そのものとはどのように違うのか。ことばの詮索になりかねないので深入りはしないが、入会権そのものも入会権自体も、集団として有する入会権をいうものと思われる。したがって、そのものでない入会権とは、構成員各自が有する入会権すなわち入会持分権がこれに該当することになる。

「かかる妨害排除請求権の訴訟上の主張、行使は、入会権そのもの（つまり集団として有する入会権）の管理処分に関する事項であって」（傍点筆者）という判示は意味不明で全く不当である。いうまでもなく、入会地等共同所有財産に対する妨害排除請求は共有財産の保存行為に該当する。それを管理処分に関する事項というのは明らかに誤りである。本件で入会集団構成員すなわち入会権者は地上権設定仮登記の抹消登記を請求しているのであるが、判決ではその登記の存在は入会権者たちの権利行使を侵害するものといえないから入会権の保存行為に該当せず、保存行為にもとづく抹消登記請求はできない、というのであろうと推測される。しかしながら、その請求権の訴訟上の行使は入会権の管理処分に関する事項、とはいかなる意味であるのか。入会権の管理、処分についてはは第六章で検討したとおりであって、入会権の管理行為は権利者の過半数で決めることができるが、その処分行為は入会権者全員の同意がなければすることができない。入会権の管理行為であるか処分行為であるかの範囲ないし境界は必ずしも明確ではないが、管理行為と処分行為とは明らかに別個の行為であり、入会権の管理処分に関する事項などとあいまいな表現は許されない。入会権利者の意向あるいは利害が必ずしも同様でない集落において、入会地についてのある行為が入会権の管理、変更、処分行為に該当するかを明確にすべきである。このような入会権そのものの管理処分行為などと不明瞭な判示をしたため、この後の下級審判決に不当、不必要な混乱を招いていることは以下に見るとおりである。

次の京都地裁昭和六二年一二月二四日判決〔69〕において、原告らが入会権者全員でないという理由で入会権確認請求が却下されているが、原告らは古くからの住民三三名で入会権者全員でないことを認めているが、本件のような場合、原告適格者が何人であるかを確定して訴えを提起すべきであろう。

京都地裁昭和六二年一二月二四日判決〔69〕

本件は京都市山科の音羽山の一部につき、古くから在住の住民XらがY開発業者を相手として入会権の存在確認等を求めたものであるが音羽地区の市街化により入会権者の範囲が明確でないためか、Xらは入会権者の一部であると認めている（二九一頁参照）。

［判旨］「入会権は権利者である一定の部落の住民に総有的に帰属するものであるから、入会権に基づいて入会権の確認ないし妨害排除（抹消登記手続を請求する場合を含む）を求める訴えは権利者全員が共同してのみ提起しうる固有必要的共同訴訟というべきであるところ（最高裁昭和四一年一一月二五日判決）、原告らが入会権者

の一部であることは弁論の趣旨に照らし明らかであるから、原告らの、共有の性質を有する入会権に基づいてする本件第一次請求に関する訴えは、既にこの点で不適法といわざるを得ず、したがって、他の争点に立ち入るまでもなく、原告らの右訴えは却下を免れない。」

入会権存在確認を求める訴訟に原告として参加しない同一集団内の入会権者を被告として訴訟提起した事例は最近になって現れた。

前述の入会権確認訴訟の提起に参加しない者のうち、④に属する者は、全員の同意なしに入会地を処分したり、あるいは自己の持分を処分したり、いわば入会慣習すなわち入会権についての規範に反した行為をしているのであるから、入会権の存在を否認する第三者とともに当然相手方（被告）となるべき者であって、原告として訴えに参加することはできない。訴えの提起に原告として参加できるものであれば、その者が入会慣習に反した行為をしたことを認めたことになり、それならば提訴の必要はないことになる。したがって、入会地の多数決処分や任意の持分譲渡の無効確認のため、入会権存在の確認を求める訴訟においてこれら④に属する者を相手方（被告）として訴えを提起すればよいのである。

このような自明の理であるにもかかわらず、下級審判決の中には、固有必要的共同訴訟という抽象的概念にとらわれてか、あくまで入会権者全員が原告として訴えに参加しなければならない、という非常識な理由で訴えを却下した（入会権の実質審議を拒否した）ものがあった。

しかしながら、最高裁平成二〇年七月一七日判決〔96〕は、右の④に属する者はもとより訴えの提起に同調しない者がいるならば、その者を被告（相手方）にすればよい、と明白な判断を示した。

最高裁平成二〇年七月一七日判決〔96〕

鹿児島県の南種子島の沖に浮かぶ馬毛島（鹿児島県西之表市）という小島の唯一の舟着場は対岸の塰泊《あまどまり》集落の入会地で、同集落のY_2ら四名の名義で所有権登記されていた。採石業者Y_1は石材搬出のため、その舟着場の買入れを同集落に申入れ、入会権者中の約三分の二のY_2ら四〇余名が賛成し、Y_2らは、その持分の三分の二相当分をY_1に売買による所有権移転登記を完了した。売却に反対した入会権者Xら二〇余名は、Y_1に採石を認めれば海が汚れて漁に害を及ぼすという理由で売却に反対し、一部の者による売買が無効であることの前提として、Y_1およびY_2ら四〇余名を相手として、Xら二〇名及びY_2ら四〇余名塰泊住民共有の入会地であることの確認を求める訴えを提起した。

第一審**鹿児島地裁平成一七年四月一二日判決〔96〕**は、次のように訴えを却下した。

「入会権は権利者である一定の入会集団に総有的に帰属するものであるから、入会権の確認を求める訴えは、権利者全員が共同してのみ提起し得る固有必要的共同訴訟である（最高裁昭和四一年一一月二五日判決）。

したがって、Xらが、本件各土地につき、入会集団たる塰泊浦集落住民の構成員たる地位に基づく使用収益権の確認ではなく、共有の性質を有する入会権自体の確認を求めている本件訴訟は、入会権者全員によってのみ訴求できる固有必要的共同訴訟であるというべきところ、本件訴訟が、入会権者と主張されている入会集団構成員全員によって提起されたものではなく、その一部の者によって提起されたものであることに争いはないため、本件における訴えは、原告適格を欠く不適法なものであるといわざるを得ない。」

Xら控訴。第二審福岡高裁宮崎支部平成一八年六月三〇日判決〔96〕も同様の理由で棄却したので、Xらは上告し、Y_2らはすでに自己の持分を処分しており、そもそも本訴を提起する原告として参加しうる立場になく、また、本訴においてY_2らを入会集団の構成員として、相手方（被告）に加えており、その結果、入会権者全員が原告または被告として訴訟当事者となっており、本訴は適法であると主張した。

最高裁判所は、次のように判示した。

〔判旨〕「Xらは、本件各土地について所有権を取得したと主張するY_1に対し、本件各土地が本件入会集団の入会地であることの確認を求めたいと考えたが、本件入会集団の内部においても本件各土地の帰属について争いがあり、Y_2らは上記確認を求める訴えを提起することについて同調しなかったので、対内的にも対外的にも本件各土地が本件入会集団の入会地であること、すなわちXらを含む本件入会集団の構成員全員が本件各土地について共有の性質を有する入会権を有することを合一的に確定するため、Y_1だけでなく、Y_2らも被告として本件訴訟を提起したものと解される。

特定の土地が入会地であることの確認を求める訴えは、原審……の説示のとおり、入会集団の構成員全員が当事者として関与し、その間で合一にのみ確定することを要する固有必要的共同訴訟である。そして、入会集団の構成員のうちに入会権の確認を求める訴えを提起することに同調しない者がいる場合であっても、入会権の存否について争いのあるときは、民事訴訟を通じてこれを確定する必要があることは否定することができず、入会権の存在を主張する構成員の訴権は保護されなければならない。そこで、入会集団の構成員のうちに入会権確認の訴えを提起することに同調しない者がいる場合には、入会権の存在を主張する構成員が原告となり、同訴えを提起することに同調しない者を被告に加えて、同訴えを提起することも許されるものと解するのが相当である。このような訴えの提起を認めて、判決の効力を入会集団の構成員全員に及ぼしても、構成員全員が訴訟の当事者として関与するのであるから、構成員の利益が害されることはないというべきである。

最高裁昭和四一年一一月二五日判決は、入会権の確認を求める訴えは権利者全員が共同してのみ提起し得る固有必要的共同訴訟というべきであると判示しているが、上記判示は、土地の登記名義人である村を被告として、入会集団の一部の構成員が当該土地につき入会権を有することの確認を求めて提起した訴えに関するものであり、入会集団の一部の構成員が、前記のような形式で、当該土地につき入会集団の構成員全員が入会権を有することの確認を求める訴えを提起することを許さないとするものではないと解するのが相当である。

したがって、特定の土地が入会地であるのか第三者の所有地であるのかについて争いがあり、入会集団の一部の構成員が、当該第三者を被告として、訴訟によって当該土地が入会地であることの確認を求めたいと考えた場合において、訴えの提起に同調しない構成員がいるために構成員全員で訴えを提起することができないときは、上記一部の構成員は、訴えの提起に同調しない構成員も被告に加え、構成員全員が訴訟当事者となる形式で当該土地が入会地であること、すなわち、入会集団の構成員全員が当該土地について入会権を有することの確認を求める訴えを提起することが許され、構成員全員による訴えの提起ではないことを理由に当事者適格を否定されることはないというべきである。

以上によれば、XらとY$_2$ら以外に本件入会集団の構成員がいないのであれば、Xらによる本件訴えの提起は許容されるべきであり、Xらが本件入会集団の構成員の一部であることを理由に当事者適格を否定されることはない。

5　以上と異なる原審の判断には、判決に影響を及ぼすことが明らかな法令の違反がある。論旨は理由があり、原判決は破棄を免れない。」

この判決は、入会権確認訴訟は、入会権者全員が訴訟当事者とならなければならないとした上で、そのうち、その訴えの提起に参加しない者がいる場合、それらの者が前掲④に該当する場合に限らず、その理由如何にかかわらず、訴え提起に参加しないすべての者を相手方（被告）とすればよい、と判示しているのである。

いわゆる固有必要的共同訴訟は、判決の効果が関係権利者に合一的に確定する必要があるために、その権利者全員が訴訟当事者とならなければ（訴訟に参加しなければ）ならない、ということである（前述のように、共同所有＝集団として有する入会権の存否は、入会権者の者の一部の者のみの訴訟参加では判断することができない）。

この最高裁平成二〇年七月一七日判決〔96〕と似た事案は、最高裁昭和四三年一一月一五日判決〔40〕で、この事案は入会権者である共有名義人Y_1が自己の持分を第三者Y_2に売却したことについて、これを不当とする他の構成員全員XがY_1とY_2を相手に入会権の確認等を求めた事件で、第一審はこれを認め、最高裁判所もこれを支持した。第一審から最高裁判所まで、入会権者であるY_1が原告として参加していないから訴訟適格を有しない、などとはいっていない。

また、福岡地裁飯塚支部平成一六年九月一日判決〔95〕も共有入会地の所有権登記の名義を新たな代表者への移転登記、その前提として共有入会権の確認請求訴訟に、入会権者であり登記上共有権者であるY_1以外の入会集団全員がY_1および入会権者でない他の登記名義人を相手としている。この場合、Y_1が移転登記に反対であったか否か不明であるが、仮に賛成であっても被告とならざるをえない。当然原告は入会権者全員でないことになるが、本件も最高裁昭和四三年一一月一五日判決〔40〕も、当事者適格を問題にせず正当な判示をしている。

ちなみに、最高裁平成二〇年七月一七日判決〔96〕の第一審鹿児島地裁平成一七年四月一二日判決〔96〕は、このことを理解しなかったため、「入会権は、入会集団の構成員全員に総有的に帰属し、構成員の一部によって管理処分できないという性質のものであって、入会権の管理処分は構成員全員でなければ行使できないのであるから、構成員の一部の者による訴訟提起を認めることは実体法と抵触することにもなり、原告らに当事者適格を認めることはできない」と、少数の者が全員の総意に反して共同所有財産を売却したとき、それを取り戻すには全員でしなければならないという、結果として不可能を強いるような不当な判示をしている。

このほかにも、訴えの提起が入会権者全員でないため、固有必要的共同訴訟を理由として訴えを却下している下級審判決が若干あるけれども、そのほとんどが最高裁昭和四一年一一月二五日判決〔30〕を引用、それを根拠としている。しかし、ほとんどは、この最高裁昭和四一年一一月二五日判決〔30〕とは事案を異にするものであるが、入会集団構成員各自が立場や利害関係を異にし、全員が一致して訴えを提起することが必ずしも容易でない現在、単にそのことを理由として訴えを却下するのは入会権についての実質審理を避けたものといわざるをえない。

入会地に関する訴訟で、入会権者＝集団構成員全員が訴訟に参加しなければならない固有必要的共同訴訟である、とされるのは、「集団として有する入会権」の存在確認である。それは、東京高裁昭和五三年三月二二日判決〔41〕の判決中に示されているように、その訴訟の結果敗訴すれば入会権の処分となるからである。入会権の処分に関する事項である以上、入会集団構成員全員が訴訟当事者となるのは当然である。したがって、集団として有する入会権の存在確認以外の入会権に関する訴訟、たとえば、入会地の妨害排除の請求などは、固有必要的共同訴訟でないことはいうまでもない。

集団で有する入会権の確認を求める訴訟は、入会権者全員が訴訟に参加し（訴訟当事者となら）なければならない。つまり、固有必要的共同訴訟である。それでは、入会権についての訴訟でそれ以外の事項に関する訴訟——たとえば入会権者である（入会持分権を有する）ことの確認を求める訴えや入会地に対する妨害排除（立入禁止など）を求める訴えなど——についてはどうなのか。以下、具体的にこれらの問題を取り扱った判決を見ることにするが、いずれも、固有必要的共同訴訟という用語を、安易に、というより、不当に援用して一部入会権者の請求を却下している。いずれも前掲最高裁昭和四一年一一月二五日判決〔30〕の判例の誤用と悪用というべきであるが、なお、最高裁昭和五七年七月一日判決〔48〕の「入会権そのものの管理処分に関する事項」（傍点筆者）という意味不明の文言がその後の判決に少なからず影響を及ぼしている。

三　集団入会権確認以外の訴訟

前述のように、入会権確認訴訟は「固有必要的共同訴訟」であるという判旨が不当に誤用され、また、「入会権そのものの管理処分」という理解に苦しまざるをえない判旨が故意に悪用され、入会権に関する訴訟に混乱を招いている。次の二判決がその典型的な例である。

入会集落の住民であるが入会権者でない者、たとえば分家や村外からの転入者などいわゆる新戸は、ある条件を充たせば各自入会権者として加入を請求することができる。

1　構成員として有する入会権（持分権）の確認請求

最高裁昭和五八年二月八日判決〔52〕

本件は岩手県気仙郡住田町世田米集落内の三八戸ある新戸のうち三五戸が住民として入会権を有することの確認を本戸集団（六五名）に対して求めた事件で（五〇頁参照）、第一審はこれを認めたが、第二審仙台高裁昭和五五年五月三〇日判決〔52〕は次のように新戸全員でないからという理由で却下した。

「入会権確認の訴は、入会権が共有の性質を有するかどうかを問わず、入会権者全員で提起することを要する固有必要的共同訴訟であるというべきところ（最高裁昭和四一年一一月二五日判決）、Xらの主張によれば、被控訴人らのほかA ら三名も新加入による入会権者であるというのであるから、右請求に係る訴は当事者適格を欠く不適法なものとして却下すべきである。」

同じ集落内の分家や新戸といっても親族関係や定住の期間その他で条件が異なり、すべての新戸が入会権者としての資格を有するとはいえない。そのような条件を無視して全員で訴えを提起せよ、というのは非常識きわまりない。最高裁判所は、この仙台高等裁判所の判断を否定し、各自が入会権者であることの確認を求めることができると判示して、この判決を破棄差戻した。

【判旨】「入会権の目的である山林につき、入会権を有し、入会団体の構成員であると主張する者が、その構成員である入会権者との間において、入会権を有することの確認を求める訴えは、入会団体の構成員に総有的に帰属する入会権そのものの存否を確定するものではなく、右主張者が入会団体の構成員たる地位若しくはこれに基づく入会権の内容である当該山林に対する使用収益権を有するかどうかを確定するにとどまるのであって、入会権を有すると主張する者全員と入会権者との間において合一に確定する必要のないものであるから、いわゆる固有必要的共同訴訟と解すべきものではなく、入会権を有すると主張する者が、各自単独で、入会権者に対して提起することが許されるものと解すべきである。」

この最高裁判所の差戻判決の結果、新戸三五名が入会権者であることが認められたが、先に挙げた非常識きわまりない仙台高裁昭和五五年五月三〇日判決〔52〕は、単に「入会権確認の訴」というだけで、短絡的に固有必要的共同訴訟の理論に飛びついたといわざるをえないが、それは、入会権には「集団として有するもの（入会集団権）」のほか、「構成員として有するもの（入会持分権）」があることすら理解しなかったためと思われる。

入会権を第三者が入会集団の承諾なしに不当に侵害した場合、たとえば立木を伐採し、土地を掘削し、あるいは重機車両の乗り入れ等をした場合、その侵害者が何人であっても、これらの侵害工事の中止を求め、その妨害の排除や予防を求める訴えは、各入会権者で提訴することができる。これは共有物の保存行為に該当する（民法二五二条ただし書）ので当然のことである。それにもかかわらず、次のような不当な判決がある。

2　入会権にもとづく妨害排除

東京高裁昭和六二年八月三一日判決〔67〕

長野市近郊の高野部落住民の管理する原野で、入会集団（管理組合）と第三者Y（開発業者）との間に土地の賃貸借契約および管理契約が締結され、Yが土地の開発、立木の伐採をはじめたので、この貸付けに反対する入会集団構成員であるXは、Yを相手として、本件賃貸借契約等は入会権利用形態の変更をきたすものであるから全員の同意が必要であるにもかかわらず全員の同意を得ていないから無効であるという理由で、Yの賃借権等の不存在確認と、係争地への立入りならびに立木伐採の禁止を求める本訴を提起した。

第一審長野地裁昭和六一年一一月一三日判決〔67〕はYに対する土地立入りおよび立木伐採禁止の訴えを認めなかったので、Xは控訴したが、第二審もXの妨害排除請求に対しては第一審と同様、次のように判示してこれを認めなかった。

【判旨】「本訴請求の適否について判断するに、入会権は、一定の地域の住民が、一定の山林原野等において共同して収益をする権利であって、住民（入会部落民）全体に総有的に帰属するものであるから、入会部落の個々の構成員は、入会権について、共有におけるような持分権又はこれに類する権限を有するものではなく、入会権そのものの管理処分については入会部落の一員として参与しうる資格を有するだけで、各自が単独で右管理処分の権能を行使することは許されないというべく、したがって、入会権自体を侵害する者がある場合には、右管理処分権能の行使として、入会部落民全員が共同してその者に対し妨害の排除を請求しなければならないと解するのが相当である（最高裁昭和五七年七月一日判決）。」

入会地の侵害――たとえばブルドーザーによる工事など――に対して、その侵害の禁止請求は入会権者全員でなければできない、ということであれば、入会地の侵害はいともたやすくできることになる（俗ないい方であるが、入会権者の一人でも買収してしまえば勝ちということになる）。侵害禁止請求は共有物の保全行為ともいうべきであるから、各自がすることができるのは当然である。それにもかかわらず「入会権そのものの管理処分行為である」（傍点筆者）という意味不明の理由で訴えを退けたのは、入会権のみならず共有財産に対する全くの無理解を示したものである。なお、本件において入会集団内でただXのみが開発に反対であったというのであるから、Xの主張の当否、たとえばその主張が正当なものであったか、あるいは権利の濫用となるものであったか否かを判断すべきであり、それにもかかわらず共有入会権の保存行為（妨害排除請求）を財産の管理処分行為と判示したのは不当といわざるをえない。

そのほか前掲最高裁平成二〇年四月一四日判決〔89〕の第一審判決は、原告Xらが入会権者の一部でしかないため次のように入会権確認請求は却下したが、Y会社に対する立入禁止の請求は認めている。

山口地裁岩国支部平成一五年三月二八日判決〔89〕

［判旨］「Xらの入会権を有することの確認を求める訴え、入会権による妨害排除請求権に基づく抹消登記手続……を求める訴えは、いずれも入会権者全員によってのみ訴求できる固有必要的共同訴訟であるというべきところ、上記各訴えが入会団体とされている四代部落の世帯主全員によって提起されたものでなく、その一部の者によって提起されていることは弁論の全趣旨によって明らかであるから、上記各訴えは当事者適格を欠く不適法なものである。

一方、立木を伐採したり、整地等により現状を変更したりする行為は、薪採取のための立木や枯れ木を減少又は消滅させる行為であるから、Xらの上記権能を現実に侵害する行為に該当するので、Xらは、Y会社に対し、上記権能に基づき、Y会社が立木を伐採したり、整地等をして現状を変更することの禁止を求めることができる。」

3　補償金等支払請求

次は入会地の処分または放棄等による処分代金または補償金等の支払請求に関する事件である。この紛争を生ずるのは、主に入会集団が地盤所有権を有しない、つまり共有の性質を有しない入会地である。

入会地の使用、工事等による補償金・使用料等は、地盤所有者である市町村等に支払われるが、その金額のうち何割かが入会権者に、地役入会権に対する補償ないし対価（分収金）として支払われることが少なくない。この場合、地役入会権の存否を含め金額の多寡をめぐって地盤所有者と集落住民等との間で紛争を生ずることがある（もっとも共有入会地の場合でも、入会地の賃貸あるいは使用させたことによるその借地料や補償金の支払いをめぐって争いになることがないわけではない）。

このように、入会集落住民が地盤所有者たる市町村に対する、分収金等、地役入会権の対価の支払請求に関しての判決には次の三件があるが、いずれも請求訴訟の原告が入会集団全員でないという理由で申立てを却下している。

鹿児島地裁昭和五九年一一月三〇日判決〔64〕

鹿児島県奄美大島の大島郡大和村字名音地内の村有林は、もと名音村持山であったが明治四〇（一九〇七）年大和村有となり、同村が県行造林を設定した。昭和四六（一九七一）年に契約の解除により村が造林木を第三者に売却したところ、名音部落住民Xら八六名が入会権の侵害を理由に、村を相手として、村は入会権の存在を知りながら無断で地上立木を第三者に売却して、住民の入会権を侵害したという理由で損害賠償を請求した。Xらは、入会権者たる名音部落住民は一〇三名であるがそのうち一七名が訴訟参加しなかったと述べ、本件のような損害賠償請求の訴えは、入会権者の一部でも可能であると主張した。

鹿児島地方裁判所は、本訴提起後一一年目に、本件請求は入会権の存在を前提とするものであり、入会権に関する訴訟は固有必要的共同訴訟であるのに原告らは名音部落住民全員でないから訴えの適格を欠くという理由で、Xらの訴えを却下した。なお訴訟係属中、承継人なく死亡した者や転出した者以外に訴訟を取り下げても訴訟の進行には影響はないと判示している（三四九頁参照）。

〔判旨〕「Xらの本訴請求は、本件土地に関する入会権が侵害されたことを理由としてその損害賠償を求めるものであるところ、入会権は権利者である一定の部落民に総有的に帰属するものであるから、入会権そのものを侵害する理由とする損害賠償請求権も、その性質上入会部落の個々の構成員に個別的に帰属するものではなく、構成員に総有的に帰属するものというべきである。したがって、右損害賠償請求権の訴訟上の主張、行使は、入会権の管理処分に関する事項として、構成員全員が共同してのみ提起しうる固有必要的共同訴訟と解するのが相当である。本件訴が、従来名音部落において入会権者としての資格を有していた者全員によって提起されたものではなく、その一部の者によって提訴、維持されていることはXらの自認するところである。Xらは、本件訴訟に参加しなかった入会権者が部落常会の決議によって本件損害賠償請求権に限り入会権を放棄したことにより、本件訴訟を提起したXらを構成員とする入会集団の右請求権を客体とする入会権が発生したと主張するが、右部落常会の決議が入会部落の構成員全員によってなされたものでないことはXらの自認するところであり、他に入会権の放棄についての主張立証はなく、本件訴訟を提起したXら以外の入会権者全員が右入会権を放棄したとの主張自体理由がないうえ、そもそも右債権のみを客体とする入会権が発生するとは認められない。したがって、本件訴訟は当事者適格を欠く不適法なものというべきである（なお、本訴は右のように固有必要的共同訴訟であるから、本訴における訴の取下は、他の共同訴訟人に不利な行為として当然にその効力を生ぜず、本訴取下のうち、死亡者及び名音部落から転出して入会権を喪失した者についてのみその効力を生じたものと解せられる。）。」

新潟地裁長岡支部平成二年七月一八日判決〔74〕

新潟県柏崎市荒浜の原子力発電所設置をめぐる紛争で、反対派住民Xら一四名が土地所有者たる柏崎市に対し、市が受領した電力会社からの補償金につき、不当利得返還を求めたことについての判示である（二九三頁参照）。

〔判旨〕「Xらの柏崎市に対する本件不当利得返還の訴えは、Xらを含む荒浜住民が構成員である生活共同体としての荒浜村が本件土地に有すると主張する共有の性質を有する入会権を前提に、同市が東京電力から本件土地を賃貸して取得した賃料相当の金員を不当利得であるとして、その返還を求めるものである。しかし、共有の性質を有する入会権であっても、その所有の形態はいわゆる総有であって、入会団体の個々の構成員は、通常の共有におけるように入会地に対し割合的持分権あるいはその類の権限を有するものではない。個々の構成員は入会権の内容たる使用収益権能を個別的に有しており、これの行使はその性質上、当然単独でできるものと解されるが、入会権それ自体の管理処分に関する権能については、原則として通常の共有と異なり個々の構成員単独で行使はできず、入会団体を構成する構成員全員が共同してこれを行使することを要するものと解される。従ってまたこれを訴訟上行使するためには、入会団体を構成する構成員全員が訴訟当事者となることを要するいわゆる固有必要的共同訴訟によるべきものと解するを相当とする。しかして、柏崎市に対する本件不当利得返還請求は、帰するところ、本件土地に存するという入会権そのものの管理処分に関する事項に外ならず、これを訴訟上主張し行使するためには、入会団体を構成する構成員全員で提訴すべきところ、Xらは、入会団体と主張する荒浜住民の一部に過ぎないことは、前記認定のとおりである。

したがって、Xらの柏崎市に対する本件不当利得返還の訴えは、当事者適格を欠き不適法である。」

仙台高裁秋田支部平成一二年五月二二日判決〔85〕

この判決は、山形地裁鶴岡支部平成一〇年一月三〇日判決〔85〕（二九五頁参照）の第二審判決で、山形県東田川郡朝日村（現鶴岡市）のもと部落有であった現村有地のうち、ダム建設用地として国に買収された土地について、集落住民が入会権を有することの確認を求めた事案である。第一審はこれを認めなかったので、住民らは朝日村のみを相手として控訴し、その控訴審の中で、その土地に対して国から村に対して支払われた補償金のうち、入会権者として有する権利に相当する金額の配分を追加請求した。ただし、本件訴訟に参加した控訴人が入会権者五五〇名のうち三一五名であるので、集落が収受すべき金額の五五〇分の三一五の支払いを請求した。

〔判旨〕「Xらの金銭請求のうち主位的請求は、Xらを含む六大字住民がそれぞれ構成する入会団体が一の山林に有すると主張する共有の性質を有する入会権を前提として、村が取得した月山ダムの補償金等を不当利得としてその一部の支払を求めるものである。しかし、共有の性質を有する入会権であっても、その所有の形態はいわゆる総有であって、入会団体の個々の構成員は、通常の共有におけるように入会地に対して割合的持分権あるいはその類の権限を有するものではない。個々の構成員は入会権の内容たる使用収益権能を個別的に有しており、その行使はその性質上、単独でできるものであるが、入会権それ自体の管理処分に関する権能について、個々の構成員単独で行使することはできず、入会団体を構成する構成員全員が共同して行使することを要するものと解される。したがって、また、これを訴訟上行使するためには、入会団体を構成する構成員全員が訴訟当事者となることを要するいわゆる固有必要的共同訴訟によることが必要である。

本件請求は、入会権者が単独に行使しうる使用収益権能に基づくものではなく、一の山林に存する入会権それ自体の管理処分に関する事項にほかならないが、Xらが、入会団体と主張する六大字住民の一部にすぎないことは、Xらにおいて自認するところである。したがって、Xらの不当利得返還請求は、当事者適格を欠く不適法なものである。なお、Xらは、入会権が金銭債権に転化した場合は当然分割されるなどと主張するが、独自の見解であって採用できない。」

右の三判決とも、市町村有地に対する集落住民の訴訟に関するもので、相手方たる市町村はいずれも住民が係争地に入会権能を有すること、したがって補償金等の請求権能を否認しているが、判決はいずれも補償金支払請求の権原（入会権の存否ないしその消滅等の経緯等）にふれることなく、支払請求権の行使は入会権（そのもの）の管理処分に関する事項であるから、入会権者（集団構成員）全員で訴えを提起しなければならない、という理由で訴えを却下している。

ここでもすべて「入会権そのものの管理処分に関する事項」（傍点筆者）という得体の知れない用語が災いしている。入会権に対する対価等の支払請求権が入会権の処分に関する事項であるのか、それとも管理事項であるのかを明確にした上で、支払請求権の有無を判断すべきであろう。なお、仙台高裁秋田支部平成一二年五月二二日判決〔85〕では、控訴人らが入会権者中の約五分の三程度でしかなかったために、集団が取得すべき（と控訴人らが主張する）金額の五分の三相当額を請求しているが、しかし、入会権ないし入会財産の処分等による収益金は、集団構成員全員の共同所有（総有）に属し、各自配分請求権を有しないので（最高裁平成一五年四月一一日判決〔86〕）、原則として権利者の一部の者でその一部の支払いを請求することが認められないのは当然であろう。

入会権確認等の裁判で訴訟当事者が適格を有するか否かは裁判所が判断することであるが、訴訟提起者たる原告が入会権者全員であるか否かを裁判所が独自に決定することはできない。何人が入会権者であるかは、それぞれ入会集団が決めるべきことであるからである。もとより裁判所は、原告らが入会権者全員であるか、また入会権者全員は何名であるか等の釈明を求めることができ、また、訴訟参加者（原告）のうちも何某が入会権者ではない（原告適格がない）という判断はすることができる。

ここで、固有必要的共同訴訟を理由として訴えを却下した判決について、どのような事情により、入会権者全員でない、と裁判所が判断したかを見ると、最高裁昭和四一年一一月二五日判決〔30〕は、前述のように訴訟提起が入会権者全員でなく不参加者があった、というのであり、前掲鹿児島地裁昭和五九年一一月三〇日判決〔64〕、新潟地裁長岡支部平成二年七月一八日判決〔74〕のほか地役入会権の消滅を判示した東京地裁昭和四一年四月二七日判決〔41〕、京都地裁昭和六二年一二月二四日判決〔69〕はいずれも訴訟提起者すなわち原告ら（入会集団の大多数）が入会権者全員でないことを自ら認めている。他方、最高裁昭和五七年七月一日判決〔48〕は原審東京高裁昭和五〇年一二月二六日判決〔48〕において、入会権存在確認の相手方である上告人Xが当事者参加人である住民Zら「二八四名のうちには入会権者として認められない者が約一〇名含まれているばかりでなく、入会権者でありながら本件訴訟に参加していない者も約一〇名に及んでいるのであるから、本件参加申立は当事者適格を欠く」と主張している。入会権確認請求訴訟における原告らに対して、相手方が原告らのうち何某は原告として資格がない（たとえば当該集落に居住していないなどの理由により）と主張することはできるが、逆に、何某が原告として参加していない（その故に相手方に当事者適格がない）と主張（抗弁）することはできないはずである。

そして、それを主張すれば、少なくとも入会集団の存在を承認することになる。そのことは直ちに当該入会集団が係争地に入会権能等を有することを認めるものではないけれども、原告ら住民が、入会権者全員が訴訟参加している、と主張すれば、相手方がそれに反論するためには、入会権利者であると確認される非参加者がいること、そして、その者が入会権者であることを立証しなければならないが、そのようなことは事実上できるものではない。

他方、鹿児島地裁昭和五九年一一月三〇日判決〔64〕、新潟地裁長岡支部平成二年七月一八日判決〔74〕、仙台高裁秋田支部平成一二年五月二二日判決〔85〕におけるような、市町村有地の入会権にもとづく分収金もしくは補償金の支払請求において、入会権者中に市町村職員や市町村出入りの業者等がいて訴訟に参加し難いという場合が少なくない。この場合、これらの者を「非同調者」として被告にするわけにはいかないのである。なぜなら市町村は分収金等の支払義務を負う債務者であるが、これらの者は非同調者ではあっても債務者ではないから、入会権確認請求のように被告にするわけにはいかないのである。そうすると、入会権者中に市町村職員や出入り業者がわずかでもいれば（補償金支払等の）原告とならないであろうから、市町村は分収金や補償金の支払をしなくてすむ、という不当なことになる。鹿児島地裁昭和五九年一一月三〇日判決〔64〕、新潟地裁長岡支部平成二年七月一八日判決〔74〕、仙台高裁秋田支部平成一二年五月二二日判決〔85〕の判決はみな、補償金の支払請求は「入会権そのもの（それ自体）の管理処分に関する事項」だから、という理由でこれを認めていない。補償金請求の根拠そして請求金額の適不適を判断せず、あたまから不払いを認めることは不当といわざるをえないが、それは「入会権そのものの管理処分」という迷文句にわざわいされたからである。

入会集団にしてみれば、補償金を収受する権限があり、かつその金額が相当でありさえすれば当然、入会集団が取得、管理すべきものである。その補償金債権が市町村等の管理下にあるので、それを自らの管理下におくよう引渡しを求めるものであり、入会集団にとってその補償金等の請求は入会財産の管理行為にほかならないのである。したがって、その引渡しは入会権者の過半数の決議で可能である。その管理行為により補償金が集団の管理下におかれて後、それを各権利者に配分することについては入会財産の処分行為となるので全員の同意を要することはいうまでもない。

入会地をめぐる権利関係もその利用の形態や集団構成員の変動等により複雑となり、したがってそこに生ずる紛争の形態も種々の態様がある。これまで見たようにいくつかの判決ではきわめて不合理、不本意な結果を示しているが、それはほとんど「入会権そのものの管理処分」という全く内容のない理解し難い言辞（判示）にとらわれているからである。また「入会権確認請求は入会権者全員が参加しなければならない」「入会権には共有におけるような持分はない」という判示がいくつか見られるが、これらはきわめて不正確である。入会権においては民法の共有におけるような自由に譲渡処分できる持分はないけれども、入会権者として行使できる持分はあり、その総和が集団としての入会権なのであるが、各入会権者は自己の持分にもとづいて割山利用の請求や妨害排除の請求もできるのである。また入会裁判で入会権者全員が訴訟参加しなければならないのは、集団として有する入会権の確認そして処分や変更に関することがらである。集団として有する入会権において、その管理行為は構成員として持分の過半数の決定で、妨害予防や排除については各入会権者単独でも訴えを提起することができる。「入会権そのものの管理処分」などという無内容な概念にとりつかれず、紛争の目的と内容を確かめて訴訟当事者を判断すべきである。

とくに入会権に関する裁判は訴えの提起から判決言渡しまで長い期間のかかることが多く、訴訟当事者の変動を生ずることが少なくない。とくに入会権者全員が訴訟当事者となることが要請される訴訟（固有必要的共同訴訟）においては、訴訟係属中当事者の脱落が問題となることがある。ただ、訴訟当事者である入会権者中、転出や、死亡したがその後継者がいないような場合は、入会権者としての資格を失うのであるから、その者の訴えを取り下げる（当事者からはずす）ことになるが、そのことは訴訟の進行に関係がない。問題となるのは、相手方に対する思惑や威嚇などにより中途で訴えを取り下げる場合であるがこれは「他の共同訴訟人に不利な行為としてその効力を生じない」（前掲鹿児島地裁昭和五九年一一月三〇日判決〔63〕）ので訴訟の進行には影響を及ぼさない。なお、その脱退が入会集団に著しく損害を与えるような場合、その脱退者は入会権者としての地位を失うことになる、というべきであろう。

おわりに

入会権は古い権利だといわれることがしばしばある。環境の悪化をもたらすような土地の開発に対して入会権を理由（根拠）として、反対の主張をすると、「何をいまさら入会権のような古い権利をもち出すのか」といわれることも稀ではない。

確かに、入会権は近世社会に発生した権利である。しかしながら、その入会権は特殊な土地の共同所有権（または使用収益を含む管理権＝地役入会権）として現在の社会に活きているのである。

この特殊な共同所有権は、一定の集落に定住し、かつ、共同の負担を果たす（ことができる）世帯（主）に限って有することができる権利である。しかも、その共同所有権にもとづく持分権は、自由に処分することも、また分割請求することもできない。さらに、共同持分権者（共有入会権者）でも、当該集落の構成員（世帯）でなくなればその権利を失う、いわゆる転出失権の原則があるが、これは基本的にはその構成員でなくなることによって入会地に対する管理義務の負担ができなくなることによるのである。

近代的土地所有権は、何人でも個人で取得することができるし、居所に関係なく（国外に出ても失うことはない）、また、自ら使用収益および管理の義務を負うこともなく（ただ、公租負担等公法上の制約を伴う）、さらに譲渡処分も自由である。近代的な共同所有権にあっては、共同所有権者としての負担を負わなければならないが、その持分の譲渡処分は自由であり、また、共有財産の分割を請求することができる。しかし、このような近代的所有権とは理念的・抽象的なものにすぎず、現在の土地所有権についてその所有・管理は、各種の制約を伴い（農地法、都市計画法等）、必ずしも所有権者個人の自由というわけではない。

我が国の入会地は、一般に不毛の原野でも樹木の生立しない岩山でもなく、そのほとんどが針葉樹・広葉樹の生育する山林か、野草が叢生し菜類・穀類を栽培しうる土地である。そこから清らかな水が生まれ、また、求められるのである。

これらの土地が入会地でなく、いわゆる近代的所有権にもとづく通常の共有地であったならば、共有者はどこに居住しても、また、何ら管理の責任を負わなくてもよいから、緑の山は枯れ、原野は荒野となる結果を招くことになる。共同所有地の共有持分権者がその土地を恒常的に管理することのできる位置（土地）に定住して、かつ、管理の任を分担している——それが可能でない者は持分権者となることはできない——からこそその共同所有権者すなわち入会権者は、何人でもよいというのではなく、一定の要件を備えた者に限られるのである。そして、それらの者の不断の管理があればこそ山の緑が守られ、それによって清流も保たれているのである。

右の事情は、共有入会地のみならず地役入会地においても同様である。現在、地役入会地は、かつて集落有（住民共有）であって、部落財産統一によって市町村有となった土地が多く、市町村の直轄（利用）地でない限り、集落住民の地役入会地である。仮に集落住民（もとより住民すべてではなく、入会権者である住民である）が全く入会権を有しないというのであれば、当該土地にどのような事情（土砂崩壊や盗伐等）が発生しようと自身に危険が及ばない限り、住民には何の義務も責任もなく、放置して差し支えないはずである。しかし、住民は、土地の保全や不当な侵入に対する警戒など、当該集落住民集団として常時その土地に対して管理の任を果たしているのである。このような集団として土地を管理する義務ならびにその権能が地役入会権である。この入会権は、一種の用益物権とされているから、共有入会権とは異なり、その権能（いうならば、地盤所有権との持分割合）はさまざまであろうし、また、消滅を来すこともある。

入会権は、個人としてでなく、一定の集団で有する権利である故に若干特殊な地位におかれるが、民法上の権利である以上、その権利行使はすべて民法の原則に従うのであり、決して古い権利ではない。

しばしば「入会権は慣習上の権利である」という判決や「入会権は慣習に基づくものである」という解説書（教科書）があるけれども、いずれも慣習に名を借りて入会権の実質審議を避けあるいはその実体の究明を避けているといわざるをえない。少なくとも、慣習という以上、何が慣習であるか、その慣習が公序良俗または強行規定に反しないものであるか否かを確認する必要がある。

入会権は民法上の権利であり、現在の社会に適応して生きている権利である。

美しい緑の山々、そしてそこから得られる清らかな水、それの源が入会地であり、それを守ってきた、そして、現在も守っている権利が入会権である、という事実を十分認識すべきであろう。

事項索引

あ　行

か　行

さ　行

た　行

な　行

は　行

ま　行

わ　行

判決・決定索引

(1) 判例の番号は事件番号．入会権に直接関するものではない場合は特に番号を付していない．

(2) 最高裁は最高裁判所，高裁は高等裁判所，地裁は地方裁判所の略．

(3) 判例集等の略称は以下のとおり．

民録＝大審院民事判決録
民集＝最高裁判所民事判例集
裁集民＝最高裁判所裁判集民事
高民集＝高等裁判所民事判例集
下民集＝下級裁判所民事裁判例集
家月＝家庭裁判所月報
新聞＝法律新聞
法学＝東北大学雑誌『法学』
判時＝判例時報
判タ＝判例タイムズ
戦後＝中尾英俊編『戦後入会判決集』1～3巻（信山社，2004）
解体＝川島武宜ほか編『入会権の解体3』（岩波書店，1968）
解説＝中尾英俊『入会権の判例総合解説』（信山社，2007）

大審院明治33年6月29日民録6輯6巻168頁〔1〕……43, 75
大審院明治35年12月8日民録8輯11巻31頁〔2〕……302
大審院明治36年6月19日民録9輯759頁〔3〕……28, 123,124
大審院明治37年12月26日民録10輯1682頁〔4〕……17, 18
大審院明治38年4月26日民録11輯589頁〔5〕……266
大審院明治39年2月5日民録12輯165頁〔6〕……195, 318,319
大審院明治40年12月18日民録13輯1237頁〔7〕……28
大審院明治41年6月9日新聞514号15頁〔8〕……29
安濃津地裁明治45年2月20日新聞777号22頁〔9〕……76
東京控訴院大正3年7月9日〔10〕……203
大審院大正4年3月16日民録21輯328頁〔10〕……203, 206
大審院大正6年11月28日民録23輯2018頁〔11〕……95
大審院大正9年6月26日民録26輯933頁〔12〕……18
大審院大正10年11月28日民録27輯2045頁〔13〕……124
長崎地裁大正12年12月17日解体3巻355頁〔14〕……132
大審院昭和3年12月24日新聞2948号10頁〔15〕……30
盛岡地裁昭和5年7月9日新聞3157号9頁〔16〕……37
大審院昭和9年2月3日法学3巻6号88頁〔17〕……196
大審院昭和11年1月21日新聞3941号10頁〔18〕……196
大審院昭和14年1月24日判決新聞4380号5頁……280

大審院昭和17年９月29日法学12巻６号517頁〔19〕……133
大審院昭和19年６月22日新聞4917＝4918号15頁〔20〕……197
盛岡地裁昭和26年７月31日戦後２巻７頁〔21〕……280
新潟地裁昭和26年11月21日〔22〕……104
長野地裁伊那支部昭和29年３月２日戦後１巻３頁〔23〕……101
東京高裁昭和29年６月26日民集11巻９号1518頁〔22〕……104
新潟地裁昭和29年12月28日戦後２巻23頁〔24〕……61, 62
東京高裁昭和30年３月28日下民集６巻３号538頁〔23〕……101
秋田地裁昭和30年８月９日下民集６巻８号159頁〔25〕……37
大阪高裁昭和30年10月31日高民集８巻９号634頁〔26〕……147
盛岡地裁昭和31年５月14日下民集７巻５号1217頁〔27〕……41, 77, 96, 272
青森地裁鰺ヶ沢支部昭和32年１月18日民集27巻２号312頁〔28〕……205
最高裁昭和32年６月11日裁集民26巻881頁〔23〕……102
仙台高裁昭和32年７月19日(決定)家月９巻10号28頁〔29〕……42
青森地裁八戸支部昭和32年７月29日民集20巻9号1294頁〔30〕……318
最高裁昭和32年９月13日民集11巻９号1518頁〔22〕……104, 111, 272
最高裁昭和32年11月14日民集11巻12号1943頁……32
青森地裁昭和33年２月25日下民集９巻２号308頁〔31〕……45
仙台高裁昭和33年12月26日解説111頁〔30〕……318
千葉地裁昭和35年８月18日下民集11巻８号1721頁〔32〕……148
秋田地裁大曲支部昭和36年４月12日下民集12巻４号794頁〔33〕……46, 198
長崎地裁昭和36年11月27日判タ127号84頁〔34〕……106, 134
仙台高裁昭和37年８月22日民集21巻２号408頁〔35〕……136
大阪高裁昭和37年９月25日判タ136号89頁〔36〕……134
広島高裁昭和38年６月19日民集19巻４号836頁〔37〕……78, 108
鳥取地裁昭和38年９月27日下民集14巻９号1881頁〔38〕……152
長野地裁昭和39年２月21日下民集15巻２号324頁〔39〕……268
最高裁昭和39年10月15日民集18巻８号1671頁……33, 316
最高裁昭和40年５月20日民集19巻４号822頁〔37〕…78, 108, 111, 177, 272, 277, 342
名古屋地裁岡崎支部昭和41年３月22日戦後１巻144頁〔40〕……177, 185, 278
東京地裁昭和41年４月27日下民集17巻３＝４号353頁〔41〕……286, 320, 322, 346
仙台高裁秋田支部昭和41年10月12日民集27巻２号5324頁〔28〕……206
最高裁昭和41年11月25日民集20巻９号1921頁〔30〕
……32, 318, 322, 326, 329, 331, 333, 335-337, 346
名古屋高裁昭和42年１月27日下民集18巻１号73頁〔40〕……177, 185
最高裁昭和42年３月17日民集21巻２号388頁〔35〕……135, 138, 282, 285, 305, 307
津地裁四日市支部昭和42年６月12日戦後２巻73頁〔42〕……154, 315
高知地裁昭和42年７月19日戦後１巻233頁〔43〕……258, 259

福岡地裁昭和42年９月22日戦後１巻293頁〔44〕……69
松江地裁昭和43年２月７日判時531号53頁〔45〕……138, 284, 285, 305, 307
松江地裁昭和43年３月27日戦後２巻80頁〔46〕……82
東京地裁昭和43年５月10日下民集19巻５＝６号247頁〔47〕……227
甲府地裁昭和43年７月19日下民集19巻７＝８号419頁〔48〕……166, 326
最高裁昭和43年11月15日判時544号33頁〔40〕……171, 177, 185, 334, 335
千葉地裁八日市場支部昭和43年11月22日戦後１巻362頁〔49〕……94, 216
岐阜地裁大垣支部昭和44年11月17日判時606号13頁〔50〕……169
長崎地裁佐世保支部昭和45年７月27日戦後２巻99頁〔51〕……179
名古屋高裁昭和46年11月30日判時658号42頁〔50〕……169, 185, 188
盛岡地裁昭和47年５月18日戦後２巻116頁〔52〕……50
最高裁昭和47年６月２日民集26巻５号957頁……316
福岡高裁昭和47年７月24日判時700号104頁〔51〕……94, 178
仙台高裁昭和48年１月25日判時732号58頁〔53〕……269
最高裁昭和48年３月13日民集27巻２号271頁〔28〕……94, 205, 268
長野地裁昭和48年３月13日判時732号80頁〔54〕……47
福岡高裁昭和48年10月31日判タ303号166頁〔44〕……68, 307
最高裁昭和49年９月30日判時760号97頁……314
東京高裁昭和50年９月10日下民集26巻９＝12号769頁〔47〕……94, 227
福島地裁会津若松支部昭和50年10月29日判時812号96頁〔55〕……252
東京高裁昭和50年12月26日民集36巻６号953頁〔48〕……347
盛岡地裁一関支部昭和51年３月26日戦後２巻154頁〔56〕……64
岡山地裁倉敷支部昭和51年９月24日判時858号94頁〔57〕……323
広島高裁松江支部昭和52年１月26日下民集28巻１号15頁〔46〕……35, 81, 88, 272
大阪高裁昭和52年９月30日下民集28巻12号1044頁〔58〕……303, 305
東京高裁昭和53年３月22日判時882号14頁〔41〕……286, 335
名古屋高裁昭和53年７月21日戦後２巻78頁〔42〕……155, 315
鹿児島地裁昭和55年３月28日戦後２巻195頁〔59〕……86
仙台高裁昭和55年５月30日判タ421号104頁〔52〕……50, 57, 268, 272, 337, 338
熊本地裁宮地支部昭和56年３月30日判時1030号83頁〔60〕……58, 199
福岡地裁飯塚支部昭和56年９月24日戦後２巻239頁〔61〕……219
最高裁昭和57年１月22日最集民135号83頁〔41〕……290
最高裁昭和57年７月１日民集36巻６号891頁〔48〕……167, 326, 336, 339, 347
大分地裁昭和57年７月19日戦後２巻254頁〔62〕……139, 163
最高裁昭和58年２月８日判時1092号62頁〔52〕……53, 337
福岡高裁昭和58年３月23日戦後２巻239頁〔61〕……35, 94, 218
長野地裁上田支部昭和58年５月28日戦後２巻274頁〔63〕……53, 57, 268, 272
鹿児島地裁昭和59年11月30日戦後２巻337頁〔64〕……341, 346, 347, 349

大阪高裁昭和60年８月29日判タ584号74頁〔65〕……141
大阪地裁昭和61年７月14日判タ620号108頁〔66〕……155
長野地裁昭和61年11月13日戦後２巻385頁〔67〕……339
徳島地裁昭和62年３月17日判タ849号220頁〔68〕……142
東京高裁昭和62年８月31日戦後２巻385頁〔67〕……338
京都地裁昭和62年12月24日戦後２巻415頁〔69〕……291, 306, 329, 347
甲府地裁昭和63年５月16日判時1294号118頁〔70〕……254
新潟地裁平成元年３月14日判時1325号122頁〔71〕……94, 238
名古屋地裁平成元年３月24日民集48巻４号1075頁〔72〕……180
千葉地裁平成元年12月20日戦後３巻９頁〔73〕……94, 258, 260
新潟地裁長岡支部平成２年７月18日判時1361号15頁〔74〕……293, 343, 346-348
那覇地裁石垣支部平成２年９月26日判時1396号123頁〔75〕……94, 221
那覇地裁沖縄支部平成２年12月20日戦後３巻23頁〔76〕……315
名古屋地裁平成３年３月29日判時1397号90頁……314
名古屋高裁平成３年７月18日民集48巻４号1095頁〔72〕……180
仙台高裁平成３年８月28日戦後２巻159頁〔56〕……61, 63
福岡地裁平成３年10月23日戦後３巻60頁〔77〕……184
高松高裁平成５年１月28日判タ849号217頁〔68〕……142
福岡高裁平成５年３月29日判タ826号271頁〔77〕……94, 184, 314
那覇地裁平良支部平成５年４月16日戦後３巻91頁〔78〕……102
広島地裁平成５年10月20日戦後３巻111頁〔79〕……272
神戸地裁豊岡支部平成６年２月21日戦後３巻128頁〔80〕……239
福岡高裁那覇支部平成６年３月１日判タ880号216頁〔75〕……223
最高裁平成６年５月31日民集48巻４号1065頁〔72〕……36, 94, 180, 313
広島地裁福山支部平成６年６月２日戦後３巻155頁〔81〕……229
福岡高裁那覇支部平成６年７月12日戦後３巻93頁〔78〕……103
神戸地裁豊岡支部平成６年８月８日戦後３巻164頁〔82〕……158
山口地裁徳山支部平成７年６月30日戦後３巻188頁〔83〕……89
東京高裁平成７年８月30日戦後２巻291頁〔63〕……55
福岡高裁那覇支部平成７年11月30日判時155号71頁〔76〕……317
大阪地裁堺支部平成８年２月23日戦後３巻221頁〔84〕……72, 307
大阪高裁平成９年８月28日戦後３巻164頁〔82〕……158
山形地裁鶴岡支部平成10年１月30日戦後３巻262頁〔85〕……295, 344
広島高裁平成10年２月27日戦後３巻188頁〔83〕……89
秋田地裁本荘支部平成11年４月14日戦後３巻313頁〔86〕……115
福岡地裁小倉支部平成12年１月20日戦後３巻328頁〔87〕……160
大阪高裁平成12年１月28日戦後３巻139頁〔80〕……239
和歌山地裁平成12年３月28日戦後３巻365頁〔88〕……242

仙台高裁秋田支部平成12年５月22日戦後３巻262頁〔85〕…………297, 344, 346-348
仙台高裁秋田支部平成13年１月22日戦後３巻313頁〔86〕…………115
大阪高裁平成13年10月５日戦後３巻365頁〔88〕…………241
山口地裁岩国支部平成15年３月28日戦後３巻481頁〔89〕…………244, 326, 340
最高裁平成15年４月11日判時1823号55頁〔86〕…………115, 346
那覇地裁平成15年11月19日判時1845号39頁〔90〕…………38
甲府地裁平成15年11月25日戦後３巻514頁〔91〕…………286, 298, 302, 305, 306
佐賀地裁唐津支部平成16年１月16日戦後３巻532頁〔92〕…………65
大阪地裁平成16年１月20日戦後３巻540頁〔93〕…………144, 163
鹿児島地裁名瀬支部平成16年２月20日戦後３巻555頁〔94〕…………232
福岡地裁飯塚支部平成16年９月１日解説173頁〔95〕…………182, 334
福岡高裁那覇支部平成16年９月７日判時1870号39頁〔90〕…………38
鹿児島地裁平成17年４月12日民集62巻７号2002頁〔96〕…………331, 335
東京高裁平成17年７月28日解説３巻255頁〔91〕…………301
広島高裁平成17年10月30日判時2007号58頁〔89〕…………244
最高裁平成18年３月17日民集60巻３号773頁〔90〕…………21, 36, 38, 98, 112
福岡高裁宮崎支部平成18年４月28日〔94〕…………231
福岡高裁平成18年５月26日〔92〕…………67
福岡高裁宮崎支部平成18年６月30日民集62巻７号2008頁〔96〕…………332
最高裁平成20年４月14日民集62巻５号909頁〔89〕…………244, 326, 340
最高裁平成20年７月17日民集62巻７号1994頁〔96〕…………330, 331, 334, 335

著者略歴

1924年　生まれる
1949年　九州大学法文学部法科卒業
　　　　佐賀大学教授，西南学院大学教授を経て
現　在　西南学院大学名誉教授，弁護士
主　著　『林野法の研究』（勁草書房，1965）
　　　　『入会林野の法律問題』（勁草書房，1969）
　　　　『私営猟区制度創設のための法制に関する研究』（環境庁自然保護局，1971）
　　　　『林業法律』（農林出版，1974）
　　　　『全国山林原野入会慣行調査昭和49年』（共編，青甲社，1975）
　　　　『日本の社会と法』（共著，日本評論社，1975）
　　　　『物権法』（青甲社，1978）
　　　　『民法概説［改訂版］』（共著，法律文化社，1982）
　　　　『入会林野の法律問題［新版］』（勁草書房，1984）
　　　　『入会裁判の実証的研究』（法律文化社，1984）
　　　　『日本社会と法』（日本評論社，1994）
　　　　『戦後入会判決集』１～３巻（信山社，2004）
　　　　『入会権の判例総合解説』（信山社，2007）

入会権　—その本質と現代的課題—

2009年４月25日　第１版第１刷発行

著者　中《なか》 尾《お》 英《ひで》 俊《とし》

発行者　井 村 寿 人

発行所　株式会社　勁《けい》 草《そう》 書 房

112-0005 東京都文京区水道2-1-1　振替　00150-2-175253
（編集）電話 03-3815-5277／FAX 03-3814-6968
（営業）電話 03-3814-6861／FAX 03-3814-6854
本文組版 プログレス・三秀舎・鈴木製本

入会権
その本質と現代的課題

2016年6月1日　オンデマンド版発行

著者　中尾英俊

発行者　井村寿人

発行所　株式会社　勁《けい》草《そう》書房

112-0005 東京都文京区水道 2-1-1　振替　00150-2-175253
（編集）電話 03-3815-5277／FAX 03-3814-6968
（営業）電話 03-3814-6861／FAX 03-3814-6854
印刷・製本　(株)デジタルパブリッシングサービス http://www.d-pub.co.jp

AJ718

ISBN978-4-326-98240-0　Printed in Japan